Anonymous

Abhandlungen der baierischen Akademie

über Gegenstände der schönen Wissenschaften, 1 Band

Anonymous

Abhandlungen der baierischen Akademie
über Gegenstände der schönen Wissenschaften, 1 Band

ISBN/EAN: 9783744690195

Hergestellt in Europa, USA, Kanada, Australien, Japan

Cover: Foto ©Suzi / pixelio.de

Weitere Bücher finden Sie auf **www.hansebooks.com**

Abhandlungen
der
baierischen Akademie
über
Gegenstände
der
schönen Wissenschaften.

Erster Band.

München, 1781.
Bey Johann Baptist Strobl, akademischen Buchhändler,

Vorrede.

Die Klaſſe der ſchönen Wiſſenſchaften liefert der gelehrten Welt den erſten Band ihrer Abhandlungen, mit
der Erinnerung, daß ſie das Nützli-
che mit dem Schönen zu verbinden
ſuchte. Nicht ein Zuſammenhang von
harmoniſchen Worten, ſondern die Verbindung derſelben mit weſentlichen Din-
gen beſtimmt den Werth eines äſtheti-
ſchen Werkes. Ob ſie das Ziel erreichte, darüber ſoll der Kenner ent-
ſcheiden. Ihre Meinung bleibt dem
beſſern Urtheile unterworfen.

Inn-

Innhalt.

Alexan=

Alexander Graf Savioli Corbelli.

über die

Stärke des Menschen

im

gesellschäftlichen Stande.

O peuples! O mes freres!
Pourquoi vous dechirer?

Der Mensch, das Geschöpf, das nackend, der Selbsterhaltung, wie der Vertheidigung unfähig, aus dem Schooße der Mutter blickt, das Leben mit Thränen anfängt, und mit Seufzern endet, dieser Mensch ist schwach; aber Schwäche wird ein Leitfaden zur Stärke, sobald die Urtheilungskraft sich mit der Empfindung vereint. — Begierde nach dem Wohl ist die erste Regung des menschlichen Herzens, die Empfindung des Kindes, des Mannes, und des Greises. Sich dem Glücke nähern, das Unglück fliehen ist das Werk entwickelter Fähigkeiten des Verstandes, die den Mangel an den Kräften, die Lücke der Natur ersetzen.— *a*) Durch die Urtheilungskraft lebten unsere ersten Väter unter den wilden Thieren, ohne daß sie ih-

A 2   rer

---

a) Nos te, nos facimus, fortuna Deam, cœloque locamus. *Juv.*

4

rer Gewalt unterlagen; durch die Urtheilungskraft
schlossen sie das gesellschäftliche Band, das sie von
den Thieren trennte, und durch Tugend, und
Weisheit der schaffenden Gottheit näherte. — Ein
Blick auf jeden dieser Stände soll von der Stärke
des in Gesellschaft lebenden Menschen entscheiden.

Nicht so unglücklich, als es durch Bequem=
lichkeit verwöhnte Philosophen schildern, war im
Naturstande der Mensch. Was ist das Unglück,
als eine Zahl von Bedürfnissen, die man nicht be=
friedigen kann? — Die Grösse der einen bestim=
met die Grösse des andern, und im Stande der
Natur waren nur Erhaltung, Vertheidigung, und
Fortpflanzung Bedürfnisse. — In den Wäldern ge=
bohren, an dieselben gewöhnt, war die Frucht ei=
nes Eichbaums seine Nahrung, b) das Wasser
sein Trank, die Erde seine Ruhestatt, und Speise,
Trank, Ruhestatt waren ihm gesegnet, weil er
sie für die beste hielt, weil er keine andere kannte.
— Von unzähligen Thieren umgeben bemerket er
ihren Fleiß, die Früchte des Fleisses, und erhebt
sich selbst durch Nachahmung über den Thierstand,
weil

---

b) Glandis appellatione fructus omnes percipiuntur.
Tribonian.

weil jedes Thier nur dem eignen Triebe folget, und
Vernunft ihn die verſchiedenen Triebe, und in
denſelben das benützen lehret, was ihn umgiebt,
was er erblicket. — Was würden demjenigen Pal-
läſte, Kleider, und Schätze ſeyn, der ſich Herr
über Wälder, Berge, und Flüſſe däucht? —
Laſſet mich, — würde er rufen: — Euere Pal-
läſte ſind Gefängniſſe, euere Kleider Feſſeln, und
euere Schätze glänzende Täubeleyen, die den Körper durch den Genuß entnerven, den Menſchen unter den Menſchen ſetzen. Ein Sohn des Jaſſe
konnte Schaaren von Wilden zum Chriſtenthume
bereden, aber Schaaren von Jaſſen würden kaum
einen Wilden von den Vorzügen des geſellſchäftli-
chen Standes überzeugen. c)

A 3   Na-

___

c) C'eſt une choſe extremement remarquable, que de-
puis tant d'années, que les Européens ſe tourmentent
pour amener les ſauvages de diverſes contrées du
monde a leur maniere de vivre, ils n'aient pas pû
encore en gagner un ſeul, non pas meme a la fa-
veur du chriſtianiſme. — Je me ſouviens de l'hi-
ſtoire d'un chef de quelques Américains ſepten-
trionaux, qu'on menna a la cour d'Angleterre il
y a une trentaine d'années. On lui fit paſſer mille
choſes devant les yeux pour chercher a lui faire
quelque preſent, qui pût lui plaire, ſans q'on
trouvât rien, dont il parût ſe ſoucier. — Enfin

Nackend, aber der Heftigkeit der Witterung,
dem Wechsel der Jahreszeiten ausgesetzet, wurde sein
Körper gehärtet, und der Vertheidigung fähig.
Seine Kräfte mit den Kräften der Thiere gemessen,
setzten Gewalt der Gewalt entgegen; Behendig=
keit kam zu Hülfe; Aeste, und Steine wurden Waf=
fen, womit er tödtete; das Besteigen der Bäume,
und die Flucht wurden Mittel, wodurch er der Ge=
walt entkam. — Wenn der Bewohner der Städte
dem Ackersmanne im Ringen unterliegt, was wür=
de er demjenigen seyn, der Bären, und Wölfe be=
streitet, damit ihre Haut seinen Körper bedecke? —
Nur zu sehr mindern die Bequemlichkeiten des ge=
sellschaftlichen Lebens die menschlichen Kräfte: ohne
Stahl, ohne künstliche Donner würden wir uns
zu den Wilden wie Lapländer zu den Patagonen
verhalten, und denselben unterliegen.

Durch die Erde ohne Mühe, ohne Schweis des
Angesichts genährt, durch eigne Kräfte, und Be=
hänbig=

---

on s'aperçut, qu'aiant pris une couverture de laine,
il semblait prendre plaisir à s'en couvrir les epaules.
— Vous conviendrés au moins, lui dit'on aussi-
tot, de l'utilité de ce meuble? — oui — repon-
dit-il, cela me parait presqu'aussi bon qu'une peau
de bete. *J. J. Rousseau sur l'ineg. parmis les hommes.*

händigkeit geschützet, was konnte den Menschen an
der Fortpflanzung hemmen? — Schamröthe wi=
dersprach noch nicht dem Rufe der Natur; man
kannte keine Grade der Verwandschaft, die
der Befreyungen bedürften; keine Gelübde, die
die Nachkommenschaft vor ihrem Daseyn tödten;
d) keine Vorurtheile über Geburt, und Stand,
die die Menschheit entehren. Ein Blick zeugte Em=
pfindung, ein Gegenblick Befriedigung, und da=
her Menge von Menschen, die wieder Menge
hervorbrachten.

Gleichheit der Nahrung, Gleichheit der Le=
bensart befreyten den Menschen von tausend Uebeln,
die die Kunst gleichsam mit Gewalt der Natur ent=
riß. Der Magen nicht mit Geburten der Unmäß=
sigkeit beladen, die Glieder nicht durch geistige
Getränke geschwächet, die Zeugungsquelle nicht
durch Mißbrauch vergiftet, alles leistete den be=
stimmten Dienst, und nur Wunden wurden Krank=
heiten, die selbst von der Güte der innerlichen Säfte
geheilet wurden, bis das graue Alter die ohne

A 4 Schmerz

---

d) Man gebe dem Ausdrucke keine ungleiche Wendung.
Wenn dergleichen Gelübde nicht zur Bevölkerung bey=
tragen, so erkennt man doch ihren Werth, und ist
ganz entfernt denselben zu bestreiten.

8

Schmerz gesponnenen Lebenstage fast ohne Schmerz
zerriß. So brennt die Flamme ununterbrochen
fort, bis sie zu Funken wird, die unbemerkt ver-
löschen.

Dieser war der so wenig gekannte, und so
sehr verschmähte Stand der Natur. Glücklich in
Ansehung der Bedürfnisse, unglücklich in Ansehung der Kenntnisse, wenn doch der Mangel an
dem, was man nicht kennt, ein Unglück ist. —
Tugend und Weisheit mangelten dem Menschen,
weil Tugend eine Gewalt über sich selbst ist zum
Vortheile der Mitmenschen; e) weil Weisheit
aus Beobachtung, und benützter Erfahrung kömmt,
welcher nur vereinigte, und geübte Kräfte des Verstandes fähig sind. — Diese Gaben waren dem gesellschäftlichen Stande vorbehalten, den nur Bedürfnisse hervorbringen konnten, weil er dem Triebe
der Natur, dem Willen Schranken setzet. Der
Vogel, der nach der Flöte singt, singt die verlohrne Freyheit.

Durch

---

e) Le mot de vertu vient de force; la force est la
base de toute vertu. La vertu n'appartient qu'à un
être faible par sa nature, et fort par sa volonté.
Emile par J. J. Rousseau.
Il semble, que le nom de la vertu présuppose de
la difficulté, et du contraste. *Montaigne.*

Durch die vergrösserte Zahl der Menschen wur=
den die Nahrungsmittel gemindert: Jagd, Fische=
rey, Viehzucht erklecketen nicht mehr zu ihrem Un=
terhalt, und daher—Gewalt, und das blos auf
phyfischer Macht ruhende Recht des Stärkern,
das nur ein Band schwächen konnte, das durch
das Opfer einzelner Theile der Freyheit die zerstreu=
ten Kräfte zum Widerstande versammlete.— Viel=
leicht war dieses Band nur eine Erweiterung des
mit der Natur verbundenen Familienstandes, *f*)
wo das Oberhaupt den Vater, das Volk die Kin=
der vorstellte; aber gewiß begab sich jeder nur des
Theils der Freyheit, der den andern retten konnte;
gewiß ist der Stand der glücklichste, der am näch=
sten an die Natur gränzet. — Das gesellschäftliche
Band schwächte die Gewalt, doch durch den Man=
gel gezeugt konnte sie nur Befriedigung zernichten,
und Befriedigung konnte nur das Werk des Feld=
baues seyn. Der Erste, der in den Schooß der
Erde brang, und den Saamen streute, der unter=

A 5   stützte

---

f) Il semble que l'homme en ouvrant les yeux a la lu-
    miere, a des rapports avec ce qui l'environne :
    il doit avoir un pere, qui le protége, une mere, qui
    le nourrit. Si ces êtres bienfaifants fuivent la pente
    de leur coeur, l'enfans eft lié par le pacte focial,
    s'ils l'abandonnent, il meurt.

ſtützte das Socialgebäude, das ſchon in der Ent=
ſtehung den Umſturz brohte.

In daſſelbe verſetzet, wider Mangel, und Ge=
walt geſchützet, fühlte der Menſch Bedürfniſſe, die
er vormal nicht kannte, und nur durch Mitmen=
ſchen befriedigen konnte. g) Der geſellſchäftliche
Stand iſt eine Kette, wovon die Glieder aus Be=
dürfniſſen, und Hilfe beſtehen: Zerreiß dieſe Glie=
der, ſo iſt es um den Zuſammenhang, um die
Kette geſchehen.— Das Bündniß, das dem Men=
ſchen Sicherheit, Schutz, und Gerechtigkeit ver=
ſprach, foderte einen Theil des perſönlichen Wohles
zum allgemeinen Beſten. Der Menſch ward dem
Menſchen das nothwendigſte Geſchöpf, und daher
wechſelſeitige Hilfe, die Dörfer, Märkte, und
Städte hervorbrachte; daher die Eintheilung der
Einwohner in Vorgeſetzte, und Untergebene, die
Ordnung, und Geſetze vorſchrieb; daher Eigen=
thum, Ueberfluß, Handlung, die durch Liebe zum
Vaterlande, und Politik Dörfer in Städte, und
Städte in Reiche verwandelten. Rom, das elende
Rom, das ſich ſogar durch den Raub der Weiber .

fort=

g) Quand l'homme ſe ſoûmet au pacte ſocial, il ajoûte
des beſoins factices, a ces beſoins élémentaires,
qui entraient dans ſa compoſition.

fortpflanzen muß, wird Beherrscherinn der Welt; giebt den Königen Gesetze.

Das Kenntniß eines Vortheiles erwecket Begierde nach andern Vortheilen, die am Ende wahre, oder eingebildete Bedürfnisse werden. Der Gedanke *Bedürfniß* zeugt den Gedanken *Befriedigung*, aus dem die Mittel fliessen. Man hatte in den Wäldern wenige Begriffe, weil man wenige Bedürfnisse kannte. Durch das gesellschaftliche Band vermehrt entwickelten sich die Fähigkeiten des Verstandes; aus Begriffen entstunden Begriffe, die vereinigt, geprüft, verbunden Wissenschaften, und Künste hervorbrachten.—Der Mensch, der sich im Stande der Natur nur mit den Thieren beschäftigte, schwingt sich im gesellschaftlichen Stande bis zu ihrem Schöpfer; schließt von den eigenen Fähigkeiten auf seine Vollkommenheit; bestimmt den Lauf der Planeten, die Größe unzähliger Körper, die kaum das Aug erblicket; verwandelt Höhlen in Palläste, Wüsteneyen in Gärten, und Steine in Bildsäulen. Alles erhält eine neue Gestalt, alles Regeln, und Ordnung, und was Bedürfniß nicht vermag, das bewirket Vorwiß, der selbst am Ende ein Bedürfniß wird. *h*)

Diese

---

h) Les Desirs de l'homme s'irritent sans cesse par la facilité même qu'il trouve a les satisfaire.

Diese waren die Folgen des geschlossenen Ban=
des, die Vorzüge des in Gesellschaft lebenden Men=
schen. Stark durch die vereinigte Kräfte konnte
er der Gewalt widerstehen; stark durch die Wissen=
schaften, und Künste ward die Bildung seines Ver=
standes eine Vervollkommung seines Herzens, die
ihn im möglichsten Grade an die Gottheit anschloß.
— Doch, der Mensch wollte glücklich seyn; Glück
war sein Wunsch, sein Bestreben; hat er es er=
reicht? — Täuschender Schatten, warum entfliehst
du dem menschenfreundlichen Auge! — Irrthum
wäre Wonne, und Erkenntniß wird Schmerz.
Der Thurm steht, aber zertrümert, unausgebauet,
weil die Arbeiter einander nicht verstehen, und
die Mittel dem Ziele widersprechen.

Wer die Geschichte liest, liest die Sätyre der
Menschheit. i) Für das Licht, das Egypten in
seinen Tempeln verschließt, und mit Hyrogliphen
umhüllet, herrschet ausser denselben undurchdring=
liche Finsterniß. Laster schwingen Könige auf
den Thron, Laster schleudern sie hinab. Das
Reich, das heute steht, fällt morgen; sein Sturz
zieht den Sturz eines andern nach sich; jeder thürmt
Leichen

Leichen auf Leichen, und unter einem steten Wech=
sel von Lorbern, und Cypressen schmachtet die be=
drückte Menschheit. Ihre Rechte sind verkannt,
vergessen, dem Eigendünkel der Beherrscher über=
lassen, und der dem Tode entkömmt, kriecht in
Sklavenketten.

Griechenland bringt in das Innere der egypti=
schen Tempel, entlehnt Wissenschaften, und Ge=
heimnisse; Isis wird in Ceres verkleidet; Freyheit
herrschet unter dem Schatten der Gesetze, aber
schnell wie Luftzeichen verschwindet ihr Glanz. —
Zwietracht bringt in die verschiedenen Republiquen,
und mit ihr Unordnung. Das Volk, das zu Ma=
raton, Salamin, und Plate persische Heere zer=
nichtet, die zur Entvölkerung der Welt bestimmt
schienen, unterliegt den persischen Schätzen. — Ei=
fersüchtig, undankbar gegen seine Wohlthäter
straft es in Cimon seinen Beschützer, in Aristides
den Gerechten, k) und in Sokrates den Weisen.
—Eitelkeit zeichnet körperliche Vorzüge in den Jahr=
büchern

---

k) Un payſan ne le connoiſſant point, vint le prier de
mettre ſur ſa coquille le nom d'Ariſtide. L'A-
thénien ſurpris lui demande, s'il avoit a ſe plaindre
de celui, qu'il vouloit proſcrire. — Point du tout —
repondit cet homme — mais je ſuis fatigué de l'en-
tendre toujours appeller le juſte. *Plutar. Vie d'Ariſt.*

büchern auf; verschwendet Schätze auf Schauspiele;
l) belohnt gelehrte Küsse, und errichtet den be=
sten Ringern Bildsäulen, *m)* bis Philipp der
Macedonier in Epaminonds schule die Kunst ler=
net, ausgeartete Griechen zu unterjochen. — Sein
Sohn ein durch Eroberungssucht besiegter Sieger
bezwingt Persien, Indien, betrachtet den ganzen
Erdkreis als eine Beute, die ihm der Tod entreißt,
und sein Reich durch Ehrgeiz, Habsucht, und Mord
unter seinen Feldherrn getheilt, erwartet römi=
sche Fesseln.

Rom errichtet seinen Thron auf den Trümern
des kartaginensischen, und alexandrinischen Reiches,
streitet unter seinen Königen, aus Bedürfniß, un=
ter den Consuln, Decemviren, und Kriegstribu=
nen aus Habsucht, und unter den Despoten für die
Erhaltung. Armuth bereitet seine Grösse, Reich=
thum seinen Verfall, und die besiegte Welt seinen
Untergang. — Patriotismus zeugt ein Volk von
Helden, aber Helden werden Wütheriche, die nach

Zer=

---

l) Einige behaupten, daß die Aufführung dreyer Tragödien
des Sophokles mehr kostete, als der ganze pelo=
ponesische Krieg.

m) Pythagoras, Plato, und Chrisipp mußten vorher in
die Wette ringen, ehe ihre Landesleute auf ihre
Weisheit aufmerksam wurden. Schlözer

Zernichtung dürſten. *n*) — Der Cato, beſſen Tu=
genb die Nachwelt knechtiſch anſtaunt, unterzeichnet
kaltblütig Karthagos Untergang; den Tod der ent=
waffneten Bürger, die auſſer ihrem Daſeyn keine
Schuld tragen; und wenn ein Alexander des Po=
rus edle Kühnheit bewundert; demſelben Reich, und
Freundſchaft ſchenkt, ſo ſchleppt Rom beſiegte Kö=
nige an den Triumphwägen; tritt ihre Kronen
mit Füſſen, und ſtraft ſelbſt den Muth, der ihre
Freyheit vertheidigte. *o*) — Griechenland giebt
den Römern Geſetze, Wiſſenſchaften, Künſte, aber
auch Laſter. Rom wird ein zweytes Athen, das
ſtolz auf ſeine Fabricius, Regulus, und Cincin=
natus von denſelben abartet, und in der äuſſer=
lichen Stärke innerliche Schwäche fühlet. — Zwie=
tracht herrſchet zwiſchen dem Volke, und dem Se=
nat.

n) Cet amour de la patrie conſiſta pendant quatre ſie-
cles a rapporter a la maſſe commune, ce qu'on
avoit pillé chés les autres nations. C'eſt la vertu
des voleurs. Aimer la patrie c'étoit tuer, et de-
pouiller les autres hommes.

o) C'eſt ordinairement dans les plaiſirs d'un peuple,
qu'il faut chercher à le connoitre. On ſait, a quel
point ils furent paſſionés pour les combats des
gladiateurs, et c'eſt aux Romains, qu'on peut
attribuer l'invention de ce plaiſir barbare, et cruel
juſqu'au dernier point. *Lozembrune. Abus du bien
moral.*

nate. Jenes fodert die Theilung der eroberten
Felder; dieſer widerſetzet ſich, handelt beſpotiſch,
und daher innerliche Unruhen, die durch den Ver=
fall der Sitten Bürgerblut vergieſſen, und aus dem
Gedanken Befreyung den Gedanken Eroberung
hervorbringen. — Rom unterliegt dem Erſten, der
es zu bezwingen wagt. Durch Sulla entvölkert,
p) durch Cäſar beſiegt, rächet ein Funken von
römiſcher Gröſſe die verlohrne Freyheit; aber der
Funken verliſcht, und ſchon der Ketten fähig
küſſet der Römer knechtiſch die Hand, die ihn auf
ewig feſſelt. — Auguſt löſcht durch Wohlthaten
die Laſter des Octavius aus; ſchenket der Welt
Ruhetage, wo Wiſſenſchaften, und Künſte blühen,
Talente Belohnung erhalten, aber nur Tage. Sei=
ne Nachfolger ſind Wütheriche ihrer Völker, Skla=
ven ihrer Heere, die ſelbſt in der Tugend den ſtil=
len Vorwurf ihrer Laſter ſtrafen; und wenn ſich
ſolche unter den Aurelien, und Antoninen auf den
Thron ſchwingt, ſo ſind es die letzten Bemühun=
gen eines Sterbenden. Die bedrückte Menſchheit
fühlet unter weichen Knechten ihrer Günſtlinge,

unter

---

p) Le Maſſacre fut ſi grand, que Confidius lui repre-
ſenta, que s'il vouloit être le maitre des Romains,
il ne devait pas les detruire tous. *Echard. Hiſt.
rom.*

unter Fanatikern, die den Schöpfer wegen der den
Reichsgeschäften geopferten Stunden um Nachsicht
bitten, daß sich der Augenblick ihres Verfalles
nähert. — Rom durch Konstantin verlassen, durch
Theodosius getheilt, durch innerliche Unruhen, und
Religionsirrungen gequält, durch äusserliche Fein=
de zertrümmert, stürzt schnell in Westen, langsam
in Osten, und sein Sturz gleich dem Sturze eines
Berges streuet Verwüstung um sich.

Sicherheit unter dem Schutze der Gesetze,
Stärke durch vereinigte Kräfte, Weisheit durch
entwickelte Fähigkeiten des Verstandes, alles ist
im westlichen Theile dahin. Die Menschen sind
den Menschen Wölfe, entweder Raub, oder Räu=
ber. q) — Gewalt herrschet über das Geschick der
Staaten, Aberglaube über Ehre, Gut, und Le=
ben. Zweykampf, Wasser = und Feuerproben
entscheiden über Unschuld und Laster, geheiligte
Gegenstände über zweifelhafte Rechtsfragen. Un=
erwartete Zufälle sind nach dem Verhältnisse der Um=
stände Wunderwerke, oder Verfolgungen des
Satans, dem magische Kraft eine unumschränkte

B   Ge=

q) Ferarum iste conventus est, nisi quod ille placida
     inter se sunt, morsuque similium abstinent; hi mutua
     laceratione satiantur. *Seneca.*

Gewalt über den Erbkreis schenkt. Theologische
Streite erwecken Unruhen, fürchterlich wie die Un=
gewitter, wo Donnerschläge auf Donnerschläge
folgen; Ströme vom Blut fliessen, und Urthei=
lungskraft durch Mord, Verwüstung und Elend
geschwächt, durch Furcht betäubt, scheint nur
mehr ein Trieb nach Unthaten. Selbst Theodo=
rich, an dem die Geschichte wahre Größe rühmt,
tödtet im Symachus seinen Wohlthäter, und im
Odoacer einen besiegten König, dem feyerliche Versi=
cherungen das Leben versprachen. — Karl der
Grosse reißt das westliche Reich aus seinen Trü=
mern, aber nicht Sitten, nicht Wissenschaften, nicht
Künste. Seine menschenfreundlichen Verordnun=
gen sind Heilungsmittel, doch ist die Heilungs=
kraft dem Untergange des östlichen Reiches vor=
behalten, den Kreuzzüge durch Entvölkerung der
Länder befördern.

Kreuzzüge entvölkern Länder, aber sie bereiten
ihre Aufheiterung. Freyheit durch Geld erkauft,
das zu den Wanderungen von einem Welttheile
zum anderen beyträgt, belebt Italien, Frankreich,
Deutschland, Engelland, und wird die Mutter der
Kenntnisse. — r) Italien hatte schon Dichter,
bevor

r) Les Rois furent interessés à etendre la liberté, pour

bevor Muhamedts Schwerd die Mufen aus Konstan=
tinopel verdrang. *f*) Diefe gleich dem Baume,
der im Anfange Blätter, dann Blüthe, dann Früch=
te hervorbringt, befchäftigen fich mit dem Ange=
nehmen, bis fie zum Nützlichen bringen. Man
bewundert das Gedachte, bis man felbft denkt;
man zweifelt, irrt, bis man entdeckt. Den Träu=
men eines Deskarts folgen Locks Wahrheiten, und
dann nützet die Philofophie einer jeden Wiffenfchaft,
und jede Wiffenfchaft der Philofophie. Der ge=
meinfchaftliche Nutzen läßt in der Aufheiterung des
Verftandes die Befferung des Herzens fühlen, aber
nicht im möglichften Grade. Die Menfchheit hat
dem Lichte einen Schritt näher gethan, aber ganz
ift die Finfterniß nicht verfchwunden.

Welttheile fchmachten noch unter einem eifer=
nen Defpotismus, wo Sultane fich in Seraile ver=
fchlieffen, nur vom ferne fich zeigen, nur durch

B 2 We=

---

abaiffer le pouvoir des Nobles. Ils rendirent, par
intérêt, des edicts, que l'intérêt fit executer. Les
Nobles fe depouillerent de la tyranie par avarice,
et employerent même la violence pour vendre la
liberté a des ferfs, qui trop obrutis pour en connoitre le prix, refuferent de l'acheter. *Levesque*
L'homme penfant.

f) Dante, Petrarcha.

Beziere sprechen, wovon die Worte Donnerschläge
sind, die Sklavenvölker zerschmettern.—Europa
preist den Werth der Freyheit, und kauft Skla=
ven für Kolonien. Die Rechte der Staaten sind
geschrieben, aber das Schwerd entscheidet, und
Menschen werden durch Menschen zernichtet. Wohl=
thätige Beherrscher streben nach dem Glücke der
Völker, doch giebt es Artoxares, t) die die ver=
traute Gewalt mißbrauchen, Wahrheit und Ver=
dienste von dem Throne entfernen, und freye Men=
schen durch kriechende Knechte unterdrücken. Ge=
setze sorgen für Ehre, Gut, und Leben, aber mei=
stens entlehnt, nicht den Gegenden, nicht den Völ=
kern angemessen, die sie beglücken sollten, blei=
ben ihre Strafen ohne Besserung, Tugenden ohne
Belohnung, und der Asmode, u) der Menschen
in das Innere der Wohnungen blicken läßt, fin=
det in der Liebe, im Ehrgeize, und in der Hab=
sucht Quellen von Unruhen, die Stuffenweise
Jünglinge, Männer, und Greise kränken, und sich wie
der Saame bis in das Unendliche vervielfältigen.

Doch, wenn Begierde nach dem Glücke das
gesellschäftliche Band schloß, wenn Gesetze die ge=
opfer=

---

t) Minister des Darius Ochus, der durch Bedrückungen
   zum Verfalle des persischen Reiches vieles beytrug.
u) Le diable boiteux.

opferten Theile der Freyheit in sich faffen, wenn
vereinigte Kräfte und Kenntniffe die Stärke des
Menschen im gebundenen Stande bestimmen; wo=
her diese fortgesetzten Unruhen? Der Abstand
vom Wunsche zur Erfüllung? — Weil Eigenliebe
blendet, und Menschen Kinder sind, die sich an
dem Stahle verwunden, der sie vertheidigen sollte.

Derjenige, der sich den Menschen bösartig
vorstellte, träumte einen häßlichen Traum, der die
Natur beleidigte. Das Kind, das zum ersten male
ten Tag erblickt, ist nur der Thränen fähig, wo=
durch es Bedürfniffe anzeigt, die es nicht befrie=
digen kann. Unwiffenheit ist sein Loos. — Erst
bey Entwicklung der Fähigkeiten des Verstandes
folgt der Mensch dem innerlichen Triebe nach dem
Wohl, mehr durch fremde, als durch eigne Be=
griffe. Nicht jedem ist Selbstdenken gegönnt,
und wäre es, so hinderten ihn Erziehung, Bey=
spiele, und Trägheit. w) Brutus würde in einem
despotischen Staate kein Brutus gewesen seyn; die
Furcht hätte ihn zum Sklaven erzogen. — Sind

B 3   die

---

w) Soyons de bonne foi. Nous ne refléchiffons gueres
plus. que des fauvages. - - - Si notre tête eft rem-
plie de principes réflechis, tant bons, que mauvais,
c'eft que nous fommes venus dans un pays, et dans
des tems, ou nous avons trouvé un énorme affem-

die Begriffe gut, so wird der Mensch tugendhaft;
sind sie es nicht, so wir der ein Bösewicht, nicht
weil seine Natur zum Bösen zielet, sondern weil er
in dem Bösen das Glück zu finden glaubt. Ka-
tilina liebte nicht den Verrath des Vaterlandes,
aber die höchste Gewalt, so von demselben abhieng. — Selbst die Tugend kann schädlich
werden, wenn sie aus widrigen Begriffen entspringt.
Kurtius, der sich in den Abgrund stürzt, weil
er das Vaterland zu retten glaubt, beraubt dasselbe eines guten Bürgers, weil der Abgrund auch
ohne seinen Tod sich geschlossen hätte, und daher
ist jeder Misbrauch ein Irrthum, jedes Laster ein
falscher Schluß. Der ruhmsüchtige Krieger würde
die Menschen nicht auf die Schlachtbank liefern,
wenn er wüßte, daß der Ruhm von der Erhaltung derselben abhängt, und der Straßenräuber
würde nicht die allgemeine Ruhe stören, wenn er
außer dem Müßiggange ein Glück kannte.

Die Menschen sind nicht glücklich, weil sie ihre
Vortheile verkennen, und sie verkennen dieselben,

weil

blage de réflexions faites peu a peu, recueillies de
siecle en siecle, et dont s'est formé un ridicule
amas, ou l'on trouve jettés confusement des verités
précieuses, et des prejugés aussi absurdes par eux-
mêmes, qui se rendent respectables par leur anti-
quité *Levesque L'homme pensant.*

weil sie sich von der Natur zu sehr entfernten. Man nähere sie derselben, man unterrichte sie, und das Uebel wird, wo nicht ganz, doch nach Möglichkeit verschwinden. x) — So lange der Mensch durch Eigenliebe angeführt nur sich allein auf dem Erdkreise betrachtet, so lange wird das Maaß seiner Bedürfnisse die Mittel zur Befriedigung übersteigen, und daher widrige Zufälle, und Laster, die dem Glücke widerstreben. Erforschet er seine Schwäche, die Nothwendigkeit einer gemeinschaftlichen Hilfe, und Abhängigkeit, den Einfluß des Einzelnen auf das Ganze, und des Ganzen auf das Einzelne, so wird sich das Maaß der Bedürfnisse mindern; er wird des Vortheiles überzeugt sich selbst in einer Gattinn lieben, die sein Herz wählte; in seinen Kindern, die seine Zärtlichkeit hervorbrachte; in den Mitmenschen, die ihn unterstützen; und Eigenliebe zur Tugend geschwungen, wird ihn dem möglichsten Grade des Glückes nähern, ohne welchen seine Stärke im gesellschaftlichen Stande nur eine gekünstelte und wankende Stärke wäre.

B 4 Viel

x) Le bien, et le mal semblent les deux limites de notre existence; si nous nous plaignons d'avoir inutilement parcouru la carriére, qui les sépare, c'est, que nous sommes partis du bien pour aller a sa rencontre.

Vielleicht ist diese Veränderung nahe, vielleicht
entfernt sie das Vorurtheil. Auch die erneuerte
Lehre des Philolaus ertrug lange Widersprüche,
doch sprach am Ende Erfahrung für die Bewegung des Erdballes. Sollten die Schritte der
Moral langsamer, als die Schritte der Physik
seyn? — Wenn Memphis und Eleusis durch ihre
Geheimnisse der Vorwelt gesellschaftliche Tugen=
den gaben; wenn in den neuern Zeiten geistliche,
und auch weltliche Verbindungen Gleichheit der
Begriffe, Gleichheit der Handlungen zeugten, so
scheint der Erziehung, die Menschen aus Wilden,
Weise aus Menschen bildet, und gleich dem Feuer des
Prometheus nach dem Verhältnisse der Regierungs=
form Liebe zum Vaterlande, Ehre und Furcht belebt, eine noch höhere Macht gegönnet zu seyn;
der Grundriß bedarf nur der Ausführung. y) —
Doch, sollten diese Gedanken nur ein eitler Wunsch
seyn; Vernunft, Thorheit, Mittel und Ziel bis
zur Auflösung des Erdballes einander widerspre=
chen, so wünschte ich das Wohl der Menschheit,—
und bin zufrieden.

y) Comme il faut de la vertu dans une république,
et dans une monarchie de l'honneur, il faut de la
crainte dans un goubernement déspotique. - - - - -
La vertu dans une république est l'amour de la république. *Montesquieu.*

J. G. Herder,

fürstl. sächs. Oberkirchenraths = und Generalsuper-
- intendenten des Herzogthums Weimar.

über die

Wirkung der Dichtkunst

auf

die Sitten der Völker

in alten und neuen Zeiten.

Vtcunque defecere mores
Dedecorant bene nata culpae. *Horat.*

Nach vielen Zeugnissen der Alten war Poesie bey ihnen vom stärksten Einflusse auf die Sitten. Sie, die Tochter des Himmels, soll den Stab der Macht gehabt haben, Thiere zu bändigen, Steine zu beleben, den Seelen der Menschen einzuhauchen, was man wollte, Haß und Liebe, Muth und Sanftmuth, Ehrfurcht gegen die Götter, Schrecken, Zuversicht, Trost, Freude. Sie solls gewesen seyn, die rohe Völker unter die Gesetze, Verdrossene zu Kampf und Arbeit, Furchtsame zu Unternehmungen und Todesgefahren muthig und geschickt gemacht. Sie war das älteste und nach der Erzählung das wirksamste Mittel zur Lehre, zum Unterricht, zur Bildung der Sitten für Menschen und Bürger. *a*)

Wie?

---

a) Mercuri, nam te docilis magistro
   Mouit Amphion lapides canendo —
   Mercuri facunde, nepos atlantis
   Qui feros cultus hominum recentum
   Voce formasti —
   — gelidoue in Haemo
   Vnde vocalem temere insecutae
           Orphea syluae
   Arte materna rapidos morantem
   Fluminum lapsus etc. —
   Unzählige Stellen mehr.

Wie? sind alle diese Nachrichten Fabel und
selbst Poesie? oder, wenn sie Wahrheit enthalten,
wie konnte Plato und andere Wächter der Sitten
ihr den Eingang in ihre idealische Republik ver=
sagen?

Oder hatte sie die Wirkung; hat sie sie noch?
was hat sich geändert? sie selbst, oder die Welt um
sie? Zeit, Sitten, Völker?

Und hätte sie sie nicht mehr; was ist an ihrer
Stelle? was besser? schlechteres? nichts? und
wie könnte man ihr in den beyden letztern Fällen
etwas von ihrer alten Würde und Hoheit wieder=
geben? ihr zurückhelfen auf den Thron ihrer Väter?

Oder wäre sie so tief verfallen, daß sie übeln
Einfluß auf den Charakter und das Glück der
Menschen hätte; wie könnte man diesem Uebel
steuern? ihr ihr Gift nehmen? oder die Seelen
der Menschen wieder aufschließen zur reinern Spra=
che des Olympus? —

Mich dünkt, diese und andere Fragen liegen
vor mir. Ein weites Gebiet! groß, wie die Ge=
schichte gebildeter und ungebildeter Nationen, und
zugleich tief, wie die menschliche Seele, ihre edel=

ften

ſten Kräfte in Wirkung und im Empfange fremder
Wirkung, zugleich in dem, was wir Sitten, Cha=
rakter, Gutes und Böſes im Einzelnen und Gan=
zen, Menſchen= und Völkerglückſeligkeit nennen.

Nichts iſt angenehmer und lehrreicher als ein
ſolches Feld und ſolche Ausbeute der innerſten Men=
ſchengeſchichte; nichts iſt aber auch ſchwerer. Soll
ich alſo, da ich von der Poeſie ſchreibe, eine poe=
tiſche Muſe, oder da ich von ihrem Einfluſſe auf
die Sitten ſchreibe, Wahrheit und Geſchichte
zum Beyſtande rufen? Mich dünkt, das letzte.
Von Poeſie als ein Poet zu ſchreiben, bringt
nicht weit: biſt du der, ſo ſchreibe nicht davon,
ſondern dichte. Auch über Wirkungen und em=
pfangene Einflüſſe der menſchlichen Seele allge=
mein zureden, ohne beſondere Zeugniſſe, Pro=
ben und Gewährleiſtung deſſen, was man be=
hauptet, kann nie weit bringen; und am minde=
ſten weit, bey einer ſo groſſen und verflochtenen
Sache, als hier die Wörter „Poeſie, Einfluß,
Sitten, alte und neue Zeiten‚‚ in ſich ſchlieſ=
ſen müſſen. Allgemeine Abhandlungen *b*) über
ein

---

b) Auſſer dem, was in allen Poetiken zum Beſten der
   Poeſie ſteht und ſtehen muß, haben Fraquier (T. I.
   II. der memoir. de l'acad. des belles - lettres) Maſ=

ein solches Thema ließt man mit Widerwillen und
Eckel: man weiß nie, wo man ist, noch wovon
man, bestimmt gesagt, redet. Die Akademie hat
also durch die ausdrückliche Bestimmung „ alte
und neue Zeiten „ Winkes genug gegeben, daß die
Frage nach der Geschichte, aus den Sitten der Zei=
ten und Völker, beantwortet werde; und das sey
nach einem kurzen Kapitel ins Allgemeine der Zweck
dieser Abhandlung, einzelne Früchte und Blumen
einer langen und mühesamen Ernte.

I. Was ist Poesie, wirkende Dichtkunst? und
wie wirkt sie auf die Sitten der Menschen? gut
oder böse?

II. Wie wirkte sie bey den vornehmsten Na=
tionen der Alten, die wir näher kennen? bey
Ebrä=

fien (T. II. derselben memoir.) Racine (T. VIII.)
und andere genug darüber geschrieben, deren Ver=
zeichniß man in Schmids Literatur der Poesie (Leipz.
1775.) S. 154—57. finden und sich selbst vermeh=
ren kann. Das gröbste, was wohl meines Wissens
gegen die Poesie gesagt ist, und zwar nicht unter
dem Scheine der Andacht, sondern des gesunden
Verstandes und der Wahrheit, steht in den Parrha=
sianis p. 1—130. deren Verfasser aber durch Proben
in Erklärung biblischer Poesien genugsam gezeigt
hat, daß ihm für Dichtkunst der Sinn völlig fehle.

Ebräern, Griechen, Römern und norbischen Nationen?

III. Welche Veränderung geschah mit ihr in den mittlern und neuen Zeiten? und wie und was wirkt sie etwa jetzt? c)

Nothwendig fodert ein Umfang solcher Fragen, daß ich mich, so viel ich kann, in jede Zeit, unter jedes Volk ganz hinstelle und nicht, wie die Schnecke ihr Haus, überall meine enge viereckte

Stu=

---

c) Die Preisschrift der Akademie zu Mantua „über den Einfluß der Dichtkunst in die Politik „ vom Jahr 1770. habe ich nicht gelesen. Die Schrift, die am meisten Aehnlichkeit mit unsrer Aufgabe hätte, wären Dr. Browes Betrachtungen über Poesie und Musik (übersf. Leipz. 1769.) deren Verfasser bekanntermaßen die scharfe Schätzung der Sitten seiner Zeit geschrieben hatte. Da er aber mehr einer Kunst-hypothese nachgeht, der bey allem Falschen und Uebertriebenen, worinn sie sich berirret, doch noch nicht ganz Gerechtigkeit geschehen ist: so hat er freylich die besten Sachen nur berühren und oft sehr schief berühren müssen. Ueberdieß scheint sein Kenntniß der Poesie und des Alterthums fundus mendax und er blos anderswo allegirte Stellen gebraucht zu haben. Ich geschweige, was sonst über die Sittlichkeit der Schaubühne, anakreontischer Dichter u.s.w. häufig für und gegen geschrieben worden. Praschii Werk de variis modis moralia tradendi ist eine elende Kompilation.

Stube umhertrage. Die schönsten und schlechtesten
Einflüsse der Dichtkunst sind doch fein und vor=
übergehend genug, um von entlegenen Völkern
und Zeiten auch nur einen Schatten hinwerfen zu
können, der Wahrheit gewähre.

Erster Abschnitt.

Was ist Poesie? wirkende Dichtkunst? und
wie wirkt sie auf die Sitten und Völker der
Menschen? gut oder böse?

Nur ein Kapitel fürs Allgemeine.

Ist Poesie das, was sie seyn soll, so ist sie ih=
rem Wesen nach wirkend. Sie, die Spra=
che der Sinne und erster mächtiger Eindrücke, die
Sprache der Leidenschaft und des allen, was diese
hervorbringt, der Einbildung, Handlung, des
Gedächtnisses, der Freude oder des Schmerzes,
gelebt, gesehen, genossen, gewirkt, empfangen
zu haben, und der Hoffnung oder Furcht, es künf=
tig thun zu werden — wie sollte diese nicht wir=
ken? Natur, Empfindung, ganze Menschenseele
floß in die Sprache, und drückte sich in sie, ihren

Kör=

Körper, ab; wirkt also auch durch ihn in alles,
was Natur ist, in alle gleichgestimmte, mitem=
pfindende Seelen. Wie der Magnet das Eisen
ziehet, wie der Ton einer Saite die andre regt,
wie jede Bewegung, Leidenschaft, Empfinduug
sich fortpflanzet und mittheilt, wo sie nicht Wi=
derstand finden; so ist auch die Wirkung der Spra=
che der Sinne allgemein und im höchsten Grade
natürlich. Sie macht Abdruck in der Seele, wie
sich dies Bild und Siegel in Wachs oder Leim
formet. d)

Je wahrer also, kenntlicher und stärker der
Abdruck unsrer Empfindungen ist, d. i. je mehr
es wahre Poesie ist; desto stärker und wahrer ist
ihr Eindruck, desto mehr und länger muß sie
wirken. Nicht sie, sondern die Natur, die gan=
ze Welt der Leidenschaft und Handlung, die im
Dichter lag, und die er durch die Sprache aus sich
zu bringen strebet — diese wirket. Die Sprache
ist nur Kanal, der wahre Dichter nur Dollmet=
scher oder noch eigentlicher der Ueberbringer der

C   Natur

---

d) Es sind dies meistens Gleichnisse und Bilder, die Pla=
to, Cicero und noch mehr die Dichter selbst von
der Art ihrer Wirkung gebraucht haben; es wäre
aber zu weitläuftig, die Stellen als bloße Blumen
zu citiren.

Natur in die Seele und in das Herz seiner Brü=
der. Was auf ihn wirkte und wie es auf ihn
wirkte, das wirkt fort, nicht durch seine, nicht
durch willkührliche, hinangeflickte, konventio=
nelle, sondern durch Naturkräfte. Und je off=
ner die Menschen sind, diese zu fühlen oder zu
ahnden; je mehr sie Augen haben, zu sehen, was
in der Natur geschieht, und Ohren zu hören, wie
es ihnen der Bote der Schöpfung mittheilt; desto
stärker wirkt nothwendig die Dichtkunst in ihnen.
Und sofort wirkt sie aus ihnen weiter. Je mehr
sie auf Menschen in Menge wirkt, die ihre Ein=
drücke gemeinschäftlich empfangen, und einander,
wie zurückgeworfene Stralen der Sonne, mitthei=
len: desto mehr nimmt Wärme und Erleuchtung,
die aus ihr quillet, zu; der dichterische Glaube
kann Glaube des Volkes, Handlung, Sitten, Cha=
rakter, Theil ihres Schadens oder ihrer Glücks=
ligkeit werden. — —

Nun haben es schon trefliche Männer unter=
sucht, in welchem Zustande und Zeitalter das
menschliche Geschlecht und seine Gesellschaft dieser
Sprache der Natur, ihrer Sinne und Leidenschaf=
ten am offensten und fähigsten sey? und alle e)

haben

---

e) Ich will besonders und vor allen nur Blackwells Un=

haben es für die Kindheit und Jugend unsers
Geschlechts, für die ersten Zustände einer sich
bildenden Gesellschaft entschieden. So lange ein
Mensch noch unter Gegenständen der Natur lebt
und diese ihn ganz berühren, je mehr er Kind f)
dieser lebendigen, kräftigen, vielförmigen Mutter
ist, an ihren Brüsten liegt, oder sich im ersten
Spiele mit seinen Mitbrüdern, ihren Abdrücken
und seinen Nebenzweigen auf einem Baume des
Lebens freuet; je mehr er ganz auf diese wirkt und
sie ganz auf sich wirken läßt, nicht halbiret, mei-
stert, schnizelt, abstrahiret; je freyer und göttli-

C 2   cher

***

tersuchung über Homers Leben und Schriften,
(übersetzt Leipz. 1776) Woods Versuch über das
Originalgenie Homers übers. Frankf. 1773.) Blairs
Abhandlung über Ossian (vor der dänischen Uebersetzung desselben) nennen; denn die meisten
Neuern haben aus diesen geschöpfet, so wie sie wiederum die Samenkörner ihrer besten Betrachtungen
in den Alten selbst fanden. Wenn viele den Satz so
mißverstanden haben, als ob in gebildeten Staaten kein Dichter leben und werden könne: so muß
man den Mißverstand bessern, nicht aber die Wahrheit der Geschichte aufgeben oder verändern.

f) ἰδιώτης παντ᾽. απαιδευτος τροπον τινα παις
εςι. Στραβ.
Det primos versibus annos
Moeoniumque bibat felici pectore fontem.
                                    Petron.

cher er, was er empfangen hat, in Sprache brin=
gen kann und darf, sein Bild von Handlungen
ganz darstellt und durch die ihm eingebohrne, nicht
aufgeklebte Kraft wirken läßt; endlich je treuer
und wahrer die Menschen um ihn dies alles em=
pfangen, aufnehmen, wie ers gab, in seinen Ton
gestimmt sind und Dichtkunst auf seine, des Dich=
ters, nicht auf ihre, der respektiven Zuhörer, Weise
wirken lassen; da lebt, da wirkt die Dichtkunst:
und gerade ist dies in den Zeiten der ganzen wilden
Natur, oder auf den ersten Stuffen der politischen
Bildung. Weiterhin, je mehr Kunst an die Stelle der
Natur tritt und gemachtes Gesetz an die Stelle der
lautern Empfindung: Zustände, in denen die Men=
schen nichts mehr sind, oder was sie sind, ewig=verheh=
len: wo man sich Sinne und Gliedmassen stüm=
melt, um die Natur nicht zu fühlen oder nicht von
sich weiter wirken zu lassen; wie ist da ferner Poe=
sie, wahre, wirkende Sprache der Natur möglich?
Lüge rührt nicht; Kunst, Zwang und Heucheley
kann nicht entzücken, so wenig als Nacht und Fin=
sterniß erleuchten. Dichter (im wörtlichen Ver=
stande) dichtet immer; g) erdichtet euch eine Natur,

Em=

---

g) ȣ ϑεχνη ποιȣσι αλλα ϑεια δυναμει —
εχ̓ ȣτοι εισιν, οι ταυτα λεγοντες, αλλ

Empfindung, Handlung, Sitten, Sprache; die
grosse Mutter der Wahrheit und Liebe sieht euerm
Spiele zu, sie lacht oder jammert. Die wahre Poesie ist todt, die Flamme des Himmels erloschen und
von ihren Wirkungen nur ein Häufchen Asche
übrig.

Das ist also Dichtkunst und so wirkt sie; aber
was wirkt sie? wie bringt sie Sitten hervor?
und sind diese gut oder böse?

Mich dünkt, diese Fragen allgemein zu beant-
worten, ist gar nicht möglich. Alle Gabe Gottes
in der Natur ist gut, und so auch die grosse Gabe über sie alle, ihre lebendige Sprache. Sinne,
Einbildung, Handlung, Leidenschaft, alles was die
Poesie ausdrückt und darstellt, ist gut; mithin kann
auch ihr Eindruck auf andere, durch Harmonie und
Einstimmung, nicht böse genannt werden. *h)*

C 3   So

---

h) S. Basil. de legend. graecor. libr.

ο Θεος αυτος εςιν ο λεγων. Πλατ. Σοφος
ο πολλα ειδως φυα,
μαθοντες δε, λαβροι
παγγλωσια, κορακες ως,
ακραντα γαρυετον
Διος προς ορνιχα θειον. Πινδρ.

So wie aber alles in der Schöpfung und gerade
das edelste am meisten mißbraucht wird; so kann
auch die Poesie, der edle, entzückende Balsam aus
den geheimsten Kräften der Schöpfung Gottes, süsses Gift, berauschende, tödtende Wollust werden.
Saecli incommoda, pessimi poetae ———
Das liegt alsdenn nicht an der Sache, sondern
am Mißbrauche; und eben weil es nur an diesem,
und also ganz in den Händen der Menschen
liegt, müssen die Gränzen um so sorgfältiger ge-
schieden, die Gegend des Mißbrauches um so genauer verzäunt und verwarnet werden.

Wir öffnen also ohne alle weitere metaphysi-
sche Umschweife von dem, was Poesie, Einfluß,
Zeitalter, gut und böses heisse, das Buch der
Geschichte: sie soll beweisen, lehren, warnen
und entscheiden.

Zwey-

Zweyter Abschnitt.

Wie wirkte Poesie bey den vornehmsten Nationen der alten Welt, die wir näher kennen, bey Ebräern, Griechen, Römern und nordischen Völkern?

Erstes Kapitel.

Wirkung der Dichtkunst bey den Ebräern.

Daß dieses Volk herrliche wirkende Poesie gehabt habe, können auch seine Feinde nicht läugnen; und was insonderheit den Geist ihrer Dichtkunst, die Art und Absicht ihrer Wirkung betrift, darinn, dünkt mich, sind sie das sonderbarste und einzige Muster der Erde. Auch blos in Wirkung ist ihre Poesie göttlich. Gott ists, der da spricht: vom Geiste Gottes sind ihre Gedichte voll: auf Gott fliessen sie zurücke. Ihn darzustellen, zu preisen und zu offenbaren, das erwählte Volk zu seinem Volke, zu einem Volke Gottes zu bilden; das allein ist ihre grosse reine Absicht.

Ich übergehe die ersten Denkmaale von der Schöpfung und den ersten Schicksalen des Men-

C 4

schen=

Menſchengeſchlechts bis auf die Trennung der Völker. Sie ſind, obwohl ſie dichteriſche Stellen haben, nicht eigentlich Poeſie; jene aber müſſen ſie
haben, weil ſie gerade den Innhalt „ Himmel und
„ Erde, Schöpfung des Menſchen und ſeinen er-
„ ſten Zuſtand, die Umarmung der erſten Braut,
„ die erſte Sünde, Gefühl und Fluch des erſten
„ Mörders, das groſſe Gericht der Ueberſchwem-
„ mung, nebſt dem Wiedergefühle der erneuerten
„ Erde beym erſten lachenden Regenbogen „ —
dieſe und dergleichen groſſe Dinge enthalten. Die
einfachſte Erzählung des Allen, jedesmal nach dem
erſten urſprünglichen Eindruck muß natürlich die
wunderſamſte Wirkung machen: ſie macht ſie noch
auf alle Kinder und unbefangene Gemüther: ja ſie
hat ſie auf der ganzen Erde gemacht, unter allen
Völkern, wo je dieſe Urſagen der Welt hindran-
gen. Ueberall finden wir ſie in der älteſten Geſchichte, Einrichtung und Religion ſelbſt der entle-
genſten und wildeſten Völker; nur meiſtens ver-
ſtellt, verändert und oft tief verkleidet wieder, finden ſie immer deutlicher wieder, je älter das Volk
iſt und je mehr es ſeine erſten Denkmaale erhalten,
ſehen ſodenn immer deutlicher, wie die erſten Geſetzgeber, Dichter und Weiſe in Bildung einzelner Völker auf dieſe Urſprünge der Menſchen-
kennt-

Kenntniß mehr oder minder gebauet haben; *i)*
mithin hatten diese geringen poetischenUeberbleibsel
die größte Wirkung und ein ziemlich unerkanntes,
oft angestrittenes, aber um so edleres Verdienst
um die Sitten der Welt und um die Bildung
der ersten Völker. — Indessen, da dieser Gegen=
stand zu fern liegt, er auch in einzelnen Büchern
oft bis zum verwegensten Uebermaasse ausgeführt
worden, und wir ihn bey Gelegenheit der Grie=
chen, vielleicht auf seiner deutlichsten Stelle, ins
Auge bekommen werden; so sey hier genug von
demselben. Wir wenden uns zur eigentlichen Na=
tionaldichtkunst des ebräischen Volkes.

Dies Volk war dichterisch selbst in seinem
Ursprunge. Ein göttlicher poetischer Segen wars,
der das Geschlecht Sems, Abrahams, Isaaks,
Jakobs und seiner zwölf Söhne unterschied
C 5   *k)* und

---

i) Cythara crinitus Jopas

  Perfonat aurata, docuit quem maximus atlas
  Hic canit errantem lunam, folisque labores
  Vnde hominum genus etc.
  —Silenus—canebat vti magnum per inane coacta
  Semina, terrarumque etc.
Von den Griechen f. das ganze erste Buch von Fa=
  bric. Bibl. Gr. und von allen Völkern ihre alte My=
  thologie, Kosmogonie u. dgl.

k) und vom sterbenden Vater ihnen als Kron
auf ihr Haupt gesetzt, als Balsam auf ihre Schei-
tel gegossen wurde. Esaus Thränen und seine
lange Rache beweisen es, wie hoch dieses Erbe
göttlicher Worte geschätzt wurde. Es gieng bis
auf Kinder und Kindskinder hinab: das Geschlecht
Chams blieb verflucht und ist es noch bey den mor-
genländischen Nationen: das Geschlecht Jsmaels
hat noch die Sitten des poetischen Spruches, *l*)
der auf ihren Urvater fiel, erhält sich darinn, und
,, rühmet sich dessen. ,, Ihre Hand gegen jeder-
,, mann, jedermanns Hand wider sie — die Wü-
,, ste, das freye Feld ist ihnen gegeben. ,, Mit
eben dem Glauben und mit noch grösserer Entzückung und stolzer Freude konnte Jsaaks und Jakobs Geschlecht an seinem Geschlechtsliebe hangen. Sitten und Schicksale waren ihm darinn
vorgeprägt: das Gesicht Jakobs über seine Söhne enthält auf eine bewundernswürdige Weise ihr
Bild,

―――――――――――

k) I. Mof. 9, 24—27 I. Mof. 15, 12—17. I. Mof. 27,
27—46. I. Mof. 49, 1—27.

l) S. Sale Einleitung zum Koran, und eine eigne Abhandlung davon in *Delany's* revelat. examin'd with
candour T. II. Was Genealogien, Geschlechtssegen
und Ruhm der Väter auf alle Stämme und Völker der Morgenländer für Wirkung haben, ist aus
Nachrichten und Reisebeschreibungen bekannt genug.

Bild, ihre Sitten, ihre Geschichte im ersten Ab=
drucke und bis in die spätesten Zeiten. Die Wir=
kung dieser Lieder aufs ganze Geschlecht war
mehr als ein Golderbe, als todte Wappenbilder und
erstrittene Fahnen. Als nach Jahrhunderten ihr
Befreyer und Gesetzgeber dem muthlosen, und un=
terdrückten Volke erschien, sollte er ihnen keinen an=
dern Namen nennen, der ihnen Muth und Gefühl
von der Würde ihres Ursprungs gebe, als den Gott
ihrer Väter, den Gott Abrahams, Isaaks und
Jakobs.

Er thats, er errettete sie durch Wunder, und
Zeichen, und als er sie, nun sein Volk, ein Volk
Gottes, in seinen Händen hatte, wie umfieng
er sie? womit gab er ihnen den ersten Eindruck?
Durch Poesie! durch das herrliche Lied ihres
Ausgangs, m) das in der Ursprache, auch dem
Schalle nach ganz lebendige Dichtkunst, als Mau=
er dasteht am Schilfmeere, so wie sein letztes
Lied n) als die andere Mauer am Berge Pisga.
Dort ist man unter Pauken und Tänzen der erret=
teten Männer und Weiber; hier — wer hat dies
Lied gelesen und hat nicht gefühlt: so hat kein
Gesetzgeber geendet! „ Die ganze Seele und das
Herz

m) 2. Mos. 15, 1—21.   n) 5. Mos. 32, 1—44.

Herz Moses, sein Gesetz, sein Leben, das Herz,
die Sitten des Volks, seine Bestimmung, Glück
und Unglück, seine ganze Geschichte, ist in dem
herrlichen Liede. Es sollte ein Denkmaal des Ge=
setzgebers, ein Lied seyn, daß auf die Sitten und
das Herz des Volkes ewiglich wirkte. Die
rührende Wiederholung des Gesetzes im fünften
Buche voll Geschichte, Fluches und Segens war
dazu Vorbereitung, lebende Grundlage zu einer
lebendigen Denksäule, und der darauf folgende
Segen o) (der wenig veränderte Segen ihres
letzten Stammvaters) war der dichterische Kranz,
der die Bildsäule krönte. Welcher Gesetzgeber
wollte tiefer auf Sitten seines Volkes wirken,
als Moses? Selbst Lykurg ist ihm nicht zu verglei=
chen; und wenn er nun die Wirkung seines Da=
seyns in Worte zusammennahm, wards —
ein Lied.

Auch umliegende Völker mußten so auf dies
Volk wirken. Die Geschichte Bileams p) zeigt,
welche Kraft Moab seinen poetischen Flüchen zuge=
trauet habe; die sich in Segen über Segen auf Is=
rael wandeln müssen. Noch jetzt kann man den
höchstpoetischen Ausdruck dieser Gesichte und Ent=
jückun=

---

o) 5. Mof. 33, 1—29.   p) 4. Mof. 22. bis 24.

zückungen *q*) nicht ohne Ehrfurcht und heiligen
Schauer, zugleich aber auch mit wie hochaufwal-
lender Brust lesen; wie mag sie Israel gehört, gelernt, gesungen, empfunden haben! Den Fluch seiner Feinde wand es sich als Siegeskranz des Lobge-
sanges um seine Schläfe.

So zogs in sein Land: seine Siege wurden
in Gesängen, die wir nicht mehr haben, dem
Volke preisgegeben. *r*) Einen derselben haben
wir und er ist national, voll Wirkung aufs Volk,
auf Freunde und Feinde, auf sieghafte und müssige Stämme, selbst auf die verschiednen Stände
und Klassen des Volkes, als ich sonst keinen kenne—
Das Lied der Heldinn und Dichterinn Deborah.
s) Lob und Tadel, Spott und Ruhm fliegen
aus der Hand der Siegerinn in mehr als pindarischen Pfeilen: an seinem lebendigen Feste muß er
große Wirkung gehabt haben! Wie sie unter Pal-
men, so wohnte Israel damals unter Weinstöcken
und Feigenbäumen, genoß die Natur und Verstand ihre Sprache. Als der unterdrückte, ver-
folgte, kaum entkommene Flüchtling, Jotham,
seine Landsleute zur Barmherzigkeit gegen sich und
zur

zur Einsicht über ihren blutigen Unterbrücker bringen wollte, that er's — durch eine Fabel. t)
Vielleicht die episch = politisch = und historischglück-
lichste Fabel, die je gesagt ward: sie enthält den Ursprung und die Sitten des ganzen Tyrannenge-
schlechts auf Erden.

Der zweyte König in Israel, er, der unter
allen Königen die größte Wirkung auf sein Volk
gethan, daß Name und Regierung ihnen das
Sprüchwort der Macht und Herrlichkeit eines Kö-
nigs wurde, war Hirt und Sänger, der lieb-
lichste Psalmensänger, u) den Israel gehabt hat
und der eben durch Psalmen königlich wirkte. Die
mächtige, Angst und Wut zähmende Harfe war's,
w) die ihn an Sauls Hof brachte, ein Siegesrei-
gen der Weiber seiner Nation, x) der ihm Sauls
Haß und Neid zuzog. Die Harfe war's endlich,
die ihn in die Wüste und auf den Thron, in Leid
und Freude, in die Schlacht und zum Altare be-
gleitete und allenthalben den Gott seines Volkes
pries. Alle Zustände seines Herzens, die größten
und gefahrvollesten Begebenheiten seines Lebens
flossen in Lieder, in Lieder von so ausserordentlicher

Wahr-

---

t) Richt. 9, 7—20.   u) Sirach 47, 1—13.   w) I.
Sam. 14, 14—23.   x) I. Sam. 18, 7. 8.

Wahrheit und Wirkung aufs Herz, daß sie Jahr=
tausende die Probe gehalten und unter den ver=
schiedensten Umständen und Zeitläufen von aussen,
Herzen erquickt und Seelen regiert haben. In
allen ist der König Israels Knecht Gottes, dem
Gott hilft: das Volk, das ihm anvertrauet war,
ist Gottes Volk, eine Heerde, deren Hirt der
Herr ist, und das auch an Sitten unvergleichbar
seyn soll unter Völkern auf Erden. Die Psalmen
Davids sind eigentliche Nationalpsalmen: auch
sang und tönte sie das Volk unter einer Musik,
von deren Art und Wirkung wir wirklich keinen
Begriff haben. Es war der Siegeskranz am Ende
seines Lebens, y) so „ sprach der König lieblich
mit Israels Psalmen,„ der Geist Gottes hat durch
mich gesungen: sein Wort ist durch meine Zunge
geschehen. „ Der Ruhm seiner Lieder blieb, die
Wirkung derselben überdauerte die Wirkung seiner
Siege. Das Volk sang ihn und die Propheten
weckten den Geist seiner Gesänge, wie ihn der Geist
Moses erweckt hatte. Er lebet noch. Wir hören
ihn um Abner, um Jonathan klagen z)
und weinen mit ihm: wir hören ihn frohlocken,
und frohlocken mit ihm: der Geist, der um seine
Har=

y) 2. Sam. 23, 1—3.   z) 2. Sam. 3, 33—38, 2. Sam.
1, 15—27.

48

Harfe schwebte, hat grosse Wirkung gethan auf
der Erde und wird sie thun, wenn vielleicht die
Poesie andrer Nationen ein Traum ist.

Wie die Regierung Salomos war, war auch
seine Dichtkunst, ein redender Beweis, wie Sit=
ten auf Gedichte, und Gedichte auf Sitten
wirken. Fein, glänzend, berühmt, scharfsinnig,
wollüstig, wie sie; so sang und regierte er. Die
Königinn eines fremden Volkes kam ihn mit Räth=
seln und Dichtkunst zu versuchen *aa*) und ward
überwunden: er war so reich an Liedern als an
Gold und Pracht und Weisheit: *bb*) seine Sprü=
che sind ein Köcher voll Pfeile des schärfsten Sin=
nes und Witzes, ihr Flug ist befiedert, und tref=
fen das Herz: seine Lieder der Liebe sind die zär=
testen geheimnißvollen Morgenrosen, die im Thale
der Freuden je eine Königshand brach: sein Hof
war glänzend, voll Sänger und Dichter, voll
Liebhaber und Wetteifrer seiner königlichen Muse;
indessen zeigt sein letztes poetisches Buch, *cc*)
wie der Ausgang seiner Regierung, daß alles eitel
sey, was sich nicht auf die Furcht Jehovahs grün=
de. Weder ihn, noch sein Volk konnte die glän=
zende

aa) 1. König. 10, 1—9. 2. Chron. 9, 11. *bb*) 1. Kön.
4, 29—34. *cc*) Der Prediger.

zünde oder zarte Dichtkunst glücklich machen; Israel seufzte nach einem Könige, der kein Poet sey.

Das Reich zerfiel und nun gehen hie und da Gesandte Gottes ans Volk, Propheten, Sänger umher: aus der Königsstadt oder aus der Wüste, von Bergen schallt ihre Stimme, die Stimme Gottes an sein Land und seine verlaufenen Söhne. Wer kann noch jetzt sie lesen und wird nicht warm? stolz, oder bange um seinen Gott, den Gott Israels, um seine Worte und Verheissung! Vom Geiste Gottes sind voll, die da sprachen: nicht ihre, sondern Gottes Sache, Gottes Wort wars, was sie sprachen: es ängstete oder entzückte sie, was sie sahen und hörten, und da mußten sie singen. Jesaias und Habakuk, Hosea und Micha, Amos und Jeremia. Brand zu singen fühlten sie in sich und Glut sind ihre Gesänge! Das Land um sie ist Gottes Land, Schauplatz der Thaten Gottes in die tiefste Ferne: das Volk um sie ist Gottes Volk in Fluch und Segen, in Lohn und desto härtern Strafen: da stehen sie und arbeiten, und schildern und bilden vor. Ihre Stimme will den Sturz abwenden, aber vergebens! Der Fall kömmt, und nun wird ihre Harfe voll rührender Klage, Trost und Hoffnung. Auch in der Ferne hatten sie den

D   Blick

Blick des zerstreuten Volkes auf ihr Land ge=
heftet, richten ihn immer zu den Bergen, von
welchen ihnen Hilfe kommen würde, empor. Das
Volk blieb immer Volk Gottes auch im fremden
Lande: an den Flüssen Babels sitzen sie und wei=
nen, wenn sie an Zion dachten: *dd)* ihre Har=
fen hangen an den Weiden verstummt und trau=
rig „ wie sollten wir des Herrn Lied singen in
fremdem Lande? „ Unter Weissagung kamen sie zu=
rück und unter traurigen Gesängen der Gegenwart,
aber grossen Gesichten der Zukunft stiegen die Mau=
ren Jerusalems und des Tempels wieder hervor.
Die Stimme des Geistes durch ihre Sänger und
Patrioten verließ sie nicht, bis sie wieder ein Volk
waren, und auch später in elenden kümmerlichen
Zeiten kam immer ein Ton des Trostes, ein Hall
der Freude zur rechten Zeit.

Glücklich, wenn diese göttliche Dichtkunst je=
desmal die Wirkung ganz gethan hätte, die sie
thun sollte und dazu der Keim in ihr lag! Daß
sie immer ein Brand gewesen wäre, der Herzen
durchglühte und ein Hammer, der Felsen zerschlug!
Aber freylich wars auch ihr Schicksal „ hörets und
verstehets nicht! sehets und merkets nicht! *ee)*

Da

---

dd) Pf. 137.   ee) Jes. 6.

Da es hier nicht darauf ankam, zu leben, zu be=
wundern oder die Ohren sich kitzeln zu lassen; son=
dern zu thun, zu folgen, zu gehorchen, Sitten
und Neigungen zu ändern und in einem andern
Geiste zu leben; so war das freylich eine zu hohe
Foderung, eine zu schwere Last der Dichtkunst.
Man fürchtete den Propheten oder haßte und ver=
folgte ihn. Da der Zweck seiner Gesänge so hoch
über den Zweck der blossen Menschen Dichtkunst,
als sein Geist über den Geist dieser gieng; so war
auch ihr Lohn anders. Statt sie auf den Parnaß=
sus zu führen, warf man sie in die Grube: das
Lied von einem Weinberge, der Heerlinge trug statt
süsser Trauben, war oft die Geschichte ihrer Wir=
kung. ff) Dies lag aber wohl nicht an denen,
die sangen, sondern an denen, die hörten; und
noch fand zu jeder Zeit ihr Wort, „ der Thau,
„ der vom Himmel fiel zu machen die Erde frücht=
„ bar und wachsend „ seine Stelle.

Groß ist die Wirkung, die die Dichtkunst der
Ebräer auf dies Volk und durch sie auf so viel an=
dre Völker gemacht hat. Zu welchem Volke that
sich auch in Gesängen und Liedern, sein Gott also
wie zu diesem der Seine? Die Dichtkunst der an=

dern

dern ward bald Fabel, Lüge, Mythologie, oft
Greuel und Schande; diese ist und blieb Gottes!
die Tochter des Himmels, die Braut seiner Ehre
und Rächerinn seines Namens. Wenn unter al=
len Völkern eben Dichter die ersten Götzendiener,
Schmeichler des Volkes und der Fürsten, Tändler
und zuletzt Verschlimmerer der Sitten geworden
sind, daß ihnen fast nichts mehr heilig bleiben
konnte: so waren hier gerade Dichter die Eifrer
gegen Abgötterey, Selbstruhm, Schmeicheley und
weiche Sitten: ihre Poesie war Altar des einzi=
gen Gottes der Wahrheit und Tugend. Wel=
che Schilderungen! welche Beschreibungen dessel=
ben in Hiob, Moses, den Psalmen und Pro=
pheten! Man sey Jude, Christ oder Türke, man
muß ihre Hoheit fühlen, und die reinen Pflichten,
die immer daran geknüpft werden, im Staube eh=
ren. Die einzelne Vorsehung Gottes, wo ist
sie kräftiger gepriesen und erwiesen, als in der Ge=
schichte dieses Volkes, und in den Liedern, Pro=
phezeyhungen, Psalmen, die aus dieser Geschichte
reden? Das Christenthum, mit seiner simpeln gött=
lichen Weisheit, ist aus diesem Stamme gesproßt,
zog Saft aus dieser Wurzel in Bildern und Spra=
che. Lehre und Trost, Aufmunterung und War=
nung, alles was ein Mensch Gottes bedarf, wor=
nach

nach er dürstet in den Tiefen seiner Seele, ist hier
kräftig enthüllet oder reizend verhüllet, und wenn
alle Menschendichtkunst Rauch und Pfütze würde;
so glänzt in dieser die Sonne, voll Licht, Leben
und Wärme, hoch über Wolken, Dunst und Nebel.

Aber warum mußten so erhabne Lehren und
Triebfedern zur Sittlichkeit der Menschen in eine so
enge, übertriebene, dunkle Nationaldichtkunst
Eines Volkes verhüllet werden? Ich glaube nicht,
daß jemand so fragen könne, der den Geist dieser
Gedichte an Stelle und Ort gefühlt hat. Für
dies Volk waren sie ja eigentlich, und so mußten
sie in der Sprache, den Sitten, der Denkart des
Volkes und keines andern in keiner andern Zeit
seyn. Nun lebte dies Volk noch unter Bäumen,
wohnte in Hütten, in einem Lande, wo Milch
und Honig floß; philosophische Grübeleyen und
sogenannte reine Abstraktionen, die als aufgethau-
te Schälle, als unsichtbare Geister in der Luft fliegen, waren ihm und seiner Sprache fremde. Wie
Gott also in der Natur zu ihm sprach und durch
alle Begebenheiten seiner Geschichte: so wollte auch
der Geist ihrer Dichtkunst zu ihnen sprechen, ans
Herz, für Sinne und den ganzen Menschen. In
Bildern konnte gesagt werden, was sich durch mit-

D 3   ter-

ternackte Abstraktionen nimmer oder äufferst matt
und elend fagen läßt. Die Sprache der Leiden=
fchaft und der Gefichte konnte unfichtbare oder zu=
künftige Welten umfaffen, Dinge zur Aufmunte=
rung, zum Troft darftellen, die erft eine fpäte Fol=
gezeit entwickelte, ohne daß durch eine zu lichte
Vorfpiegelung eben die Erfüllung des Geweiffag=
ten verhindert wurde. Es waren **Träume des
Reichs Gottes**, der geiftigen und veften Zukunft,
in Nebel gehüllt, aber eben in einen erquifenden,
gefunden Himmelsthau = triefenden Nebel. — Ge=
fänge diefer Art follten den Menfchen treffen mit
Herz, Muth und Sinn; nicht einen leeren Kopf
voll Spinnweb der Abftraktionen oder ein philo=
fophifches Schattenantliß. Die himmlifche Leyer
mufte alfo Saiten haben für jeden in uns fchlafen=
den Ton, für jede fühlbare Tafte unfres Herzens.
— Ueberdies, wer fühlt nicht, daß in diefem **En=
gen** und **Eignen** des Volkes und der Menfchen=
gattung, die befte **Wirkung** ihrer Poefie ruhe?
gg) Daß der Geift derfelben fo geheim und zu=
thätig zu ihnen fprach, um alle ihre Gegenftände
des Heiligthums, der Natur, des häuslichen Le=
bens liebreich und vertraulich umhergieng und eben

daraus

---

gg) S. davon manches in Lowth. de poeſi ſacr. Hebr.
infonderheit Prael. VIII. IX.

daraus Seile für ihr Herz wand, Bilder in ihrem
Thale schuf für Himmel und Zukunft; lag darinn
eben das Andringliche und Sittliche der Wirkung dieser Gedichte? Machet sie zu einer Abstraktion, zum Hirngespinste für alle Zeiten und Völker; und sie werden für keine Zeit und kein Volk
mehr seyn. Der blühende Baum ist ausgerissen
und schwebt, eine traurige, dürre Abstraktionsund Faserngestalt, über den Bäumen. — Und endlich was ists für Wahn, für eine taumelnde stolze
Thorheit, zu verkennen, wer wir sind, uns als
reine Geister, als philosophische Atome zu spiegeln,
und zu wollen, daß Gott sich uns, wie Jupiter
der Semele, in dem was Er ist und wie Er sich
denkt, offenbare? Wie die ganze Natur Gottes,
wie alle Geschichte zu uns spricht, so spreche auch
die Dollmetscherinn beyder, die göttliche Dichtkunst.

Freylich ward dem erwählten Volke selbst diese
göttliche Dichtkunst zuletzt Fall. Als der Geist von
Ihnen gewichen und nur noch der Leichnam derselben, der unverstanden, mißgedeutete Buchstabe
da war: als man Wörter zählte, Sylben fäbelte
und den Sinn dahingab, ihn mit eignem Tande,
mit müssigen Träumen umflocht und daraus beutete, was man wollte; freylich da war Wolke ums

Volk

Volk und eine Binde um die Augen ihrer Weifen.
Vor lauter Glanz der Bilder fah man die Sache
nicht, erkannte nicht, den man kennen follte, der
Kreis lebendiger Wirkung diefer Gedichte aus
Herz und für die Sitten des Volkes war ver=
fchwunden. Der Zauber war aus: das Land den
Heiden gegeben, die es zertraten: Sprache und
Denkart ward Hellenismus, ein Gemifch und Chaos
von fremden Völkern und Sprachen; die jungfräu=
liche Blüthe ihrer Dichtkunft war weg, und wenn
ift fie je einem Volke, einem Menfchenleben zum
zweyten male wieder geworden? Es war verlebte
Jugend, ein füffer Traum verftrichener blühen
der Jahre.

Zwar regte fich der Geift der Dichtkunft noch
hie und da im Stillen, und je reiner, defto wirkfa=
mer. Auch noch auf dem Bettlersmantel der fpä=
teften Rabbinen hh) find Flicke groffen Sinnes,
Prophetenftellen, die man bedauert, daß man fie
hier und alfo findet. Leider! eben durch folche Flicke
und Prophetenftellen zogen fie fich zu Titus Zeiten
hartnäckig ihren Untergang zu, und wurde ein Ball
unter den Völkern der Erde. Entfernt von ihrem
Lan=

hh) Im Talmud, befonders in den Sprüchen der Väter,
im Buch Zohar u. f.

Lande, entfernten fie fich immer mehr von den hei=
ligen lebendigen Quellen ihrer Dichtkunſt, ſo theu=
er ſie dieſe auch bewahren, und eben damit das
Aeuſſere ihrer Sitten und Gebräuche ſich noch
eigen erhalten. Wird einſt eine Zeit ſeyn, da der
Geiſt ihrer Propheten ſie wieder beſuche, ihnen
Erfüllung zeige, und ſie zum alten Volke des
Herrn, ihres Gottes, mache? Jetzt zeigt die Ge=
ſchichte und der Charakter dieſes wunderbaren Vol=
kes ſelbſt in ſeinem Falle, von welcher Wirkung
die heilige Dichtkunſt einſt auf ihre Väter geweſen,
und zum Theile noch auf ſie iſt.

Und welches war, mit einem Worte, dieſe
Wirkung? Sie war göttlich, theurgiſch. Was
alle Dichter rühmen, oder in Lügen formeln und
in Formeln lügen, das war hier Wahrheit: Ein=
gebung der heilige Quell ihrer Dichtkunſt und
die Abſicht ihrer Wirkung nichts Unreiners und Ge=
ringers, als Sitten, das ganze Herz des Vol=
kes im innigſten Verſtande. Es ſollte ein Prie=
ſterthum Gottes, ein königliches Volk ſeyn; nichts
anders und zu nichts anderm war die Dichtkunſt.
Sie iſt alſo in allem was ſie war und nicht war,
was ſie erreichen ſollte und nicht erreicht hat, das
merkwürdigſte, lehrendſte Muſter: „ wie Dicht=

kunſt

kunſt auf Sitten eines Volkes wirken ſollte,
und was ſie oft nicht wirke!

Zweytes Kapitel.

Wirkung der Dichtkunſt bey den
Griechen.

Auch hier war die Poeſie im Anfange göttlich,
die Bilderinn der Sitten der Menſchen und
Völker. Die älteſten Sagen und Mährchen Grie-
chenlandes ſchreibens ihr zu, daß ſie die Wilden
gebändigt, Geſeze gegeben, ſie den Menſchen ein-
geflöſſet und unvermerkt in Gang gebracht habe.
Die älteſten Geſezgeber, Richter der Geheimniſſe
und innigſten Gottesdienſte, ja endlich der Sage
nach die Erfinder der ſchönſten Sachen und Gebräuche zur Sittlichkeit des Lebens waren Dichter. *ii)*

Ich mag die Fabeln von Orpheus, Amphion,
Linus, Thales und alle den 70. Dichternamen
vor Homer, die ſich meiſtens wie Spielzeug einer
in den andern und zulezt die meiſten in ein Bild,
eine Allegorie ſtecken laſſen — ich mag ſie hier ſo
we=

*ii)*Fabric. Bibl. Gr. L. I. Browes Betrachtungen über
Poeſ. und Muſ. Abſchn. V. Voſſ. de poet. Gr. etc.

wenig wiederholen, als einzeln deuten. Genug,
Hymnen der Götter, Geheimniſſe, Kosmogonie, die alten Geſchichten der Urwelt, Geſeze,
Sitten, meiſtens auch in Bildern, in Sagen war
ihr Geſang, ihre Lehre und Weisheit. Bey den
meiſten ſieht man offenbar, woher ſie gekommen,
von welchen Geſchichten ſie der gebrochene Nach-
hall ſind, und Bako nennt die älteſte griechiſche
Dichtkunſt mit Recht einen Jüngling, der mit mor-
genländiſchem Winde zum Zeitvertreibe auf einer
griechiſchen Flöte pfeift. Hier iſts nur unſre Sache, den Eindruck zu bemerken, den nach den eignen Mährchen der Griechen ſelbſt, dies alles auf
ſie gemacht hat. Von dieſen alten Kosmogonien,
Hymnen, Geheimniſſen, Fabeln rechnen ſie ſelbſt
ihre politiſche und moraliſche Sittlichkeit her:
noch nach Jahrhunderten waren die Namen Linus,
Orpheus, Muſäus, Thales — und wie ſie weiter heiſſen, als Wohlthäter der Weisheit und als
Väter ihres Ruhms heilig.

Auch ſpäter, wo die Namen aufhören und
wahre Gedichte da ſind, blickt noch dieſer heilige
ſittliche Gebrauch der alten Dichtkunſt durch.
Nur von Hymnen und Kriegen der Götter kam
man aufs Lob und auf Kriege der Menſchen: die
älte=

 älteſten Aöiden waren heilige Perſonen, jener beh der Klytemneſtka der mächtige unbezwingbare Wächter ihrer Tugend. „ Die Fürſten, ſagt He=
„ ſiod (noch von der alten Sitte) *kk)* Die Für=
„ ſten kommen vom Jupiter; die Sänger von den
„ Muſen und dem Apoll. Glücklich iſt der Mann,
„ den die Muſen lieben: ſeine Lippen flieſſen über
„ von ſanften und ſüſſen Tönen. Iſt jemand,
„ der in ſeiner Seele einen geheimen nagenden
„ Kummer fühlt; der Sänger, ein Diener der
„ Muſen, hebet nur an das Lob der Götter und
„ alten Helden, ſogleich vergißt er ſeinen Kum=
„ mer und fühlt ſein Leid nicht mehr. Seyd mir
„ gegrüßt, Jupiters Töchter! begeiſtert mich mit
„ eurem mächtigen Geſange. „ So ſahe Heſiod
„ die Dichtkunſt an, und wie ſie der Sänger fürs
Vaterland, der wackre **Tyrtäus,** wie ſie der Sän=
ger für Griechenland **Pindar** brauchte; wie ſie die
alten **Pythagoräer** uhd **Gnomologen** anwan=
den, liegt noch in Ueberbleibſeln zu Tage. So=
wohl **Trauerſpiele** *ll)* als die meiſten lyriſchen
Sat=

---

kk) Heſiod. theog. v. 88—104.

ll) S. von dieſem und anderm Ariſtoteles Dichtkunſt, Voſ=
ſius, Skaliger und die unter allen Nationen Europens
darüber kommentirt haben; bey zu bekannten oder
zuviel faſſenden Sachen unterlaſſen wir Citationen.

Gattungen sind aus gottesdienstlichen Chören
und Gebräuchen entstanden. Plato mit aller sei=
ner Weisheit ist in jeder dunkeln verwickelten Fra=
ge von Dichtersprüchen und Sagen der alten Zeit
voll: mm) die ihm das verargen, thun sehr Un=
recht, denn ohne sie wäre nie ein Plato worden.
Aus Dichtern der Vorwelt hat sich also, nach Ge=
schichte und Tradition, bey den Griechen ihre gan=
ze Verfassung und Weisheit erzeuget.

Und zwar geschahen die größten Wirkungen
der Dichtkunst, da sie noch lebendige Sage war,
da noch keine Buchstaben, vielweniger geschriebene
Regeln da waren. Der Dichter sah, was er sang
oder hats lebendig vernommen, trugs lange mit
sich im Herzen, als sein Schooskind umher, nun
öffnete er den Mund und sprach Wunder und Wahr=
heit. Der Kreis um ihn staunte, horchte, lernte,
sang, vergaß die Göttersprüche nie: sie waren ihm
mit Nägeln des Gesanges in die Seele geheftet.
— Kams nun noch dazu, daß der Dichter höhere
Absicht hatte, daß er wirklich ein Bote der Göt=
ter, ein Mann für sein Volk und Vaterland, ein
heiliger Stifter des Guten auf Geschlechter hin=
ab war, und diesen Schatz, und diesen Drang in
sich

***

mm) S. Timäus, Plädon u. f.

sich fühlte; wie Pfeile flogen die Töne aus seinem goldenen Köcher ins Herz der Menschen. Die griechische Musik, Töne unter griechischem Himmel den Saiten entlockt, nahmen ihn auf ihre Flügel: Musen und Grazien halfen den Gesang vollenden.

Die Wirkung davon zeigt das Bild der Griechen in der Geschichte ihrer Werke und Produktionen, ja ihr Charakter bis auf den heutigen Tag. Sie waren die erste kultivirte Nation, wie selbst Aegyptier und Phönicier nicht waren. Ihre Sprache war so dichterisch, biegsam, klingend, fein und reich, daß man wohl sieht, frühe Dichter haben sie gebildet, und sie konnte wieder neue Dichter wecken. Alles, was sie bey den Nachbarn sahen, von den Ausländern lernten, faßten sie rund und ganz, als Gedicht, als schöne Weise, und bildetens selbst bis auf Namen und Geist der Sache nach ihrem Charakter, wie zum Klange der Leyer. Die Götter der Aegyptier wurden bey ihnen schöne dichterische Wesen, sie warfen überflüssigen Putz und alles schwere Geräth ab und zeigten sich, wie Mutter Natur sie geschaffen, nackt, in schöner menschlichen Bildung und dazu, wie es dem Gange der Dichterkunst und dem Fluge ihrer Saiten geziemte, in menschlicher, oft zu menschlicher

Hand-

Handlung. Die Kunst fieng mit der Dichtkunst an zu wetteifern; aus zween Versen Homers ward Phidias Jupiter wie durch Offenbarung. Der Geschmack ihres Lebens konnte dem Sange ihrer Dichtkunst voll Götter und Helden nicht unähnlich werden; sie machten sich alles leicht, kränzten sich alles mit Blumen. Unter Musik und Gesange übten sie sich in Kämpfen und Spielen; unter Flötenschalle und wie im Tanze zogen sie zur Schlacht. Ihre Erziehung in den schönsten Zeiten waren Leibesübung, Musik und Dichtkunst: diese standen unter der Aufsicht der Obern und waren von den Gesezgebern ihrer Staaten zu Grundfäden ihres Charakters angewandt worden, durch die sich nun Geseze und Lehren schlängen. Homer war ihnen alles, und der feine Blick, mit dem dieser alles gesehen, jeden Gegenstand, nicht straff angezogen, sondern in seinem leichten reinen Umrisse, richtig und leicht gemessen, gezeichnet hatte — der feine Blick, das leichte, richtige natürliche Verhältniß in allem wurde auch ihr Blick. Leichte also und natürliche Geseze, ein geschicktes Verhältniß der Menschen gegen einander waren ihre Anstalt, ihre Erfindung. Die Denkart der Menschen, ihre Sitten und Sprache bekamen einen Strom, eine Fülle, eine Runde, die sie noch

nicht

64

nicht gehabt: alles zu Tiefe wurde erhöhet, das
Schwere leicht, das Dunkle helle: denn aus Ho=
mer holten sie Sittlichkeit, Kunst und Weis=
heit, und freylich machten sie auch aus Homer, was
jeder wollte, nachdem ihm eine Lust ankam, dies
oder das zu kosten.

Daß in diesem dichterischen Charakter der
Griechen Alles zu bewundern und nachzuahmen
sey, will ich nicht sagen. Offenbar ward hiemit
manches zu sehr Schaugetragen, alles zu flüssig
und leicht gemacht. Die Religion ward auch der
Wirkung und dem Werthe nach Mythologie, die
fremde, zumal alte oder Alltags=Geschichte Mähr=
chen, die Staatsweisheit Rednerey, die Philo=
sophie Sophistik. Wahrer Werth verlohr sich mit
der Zeit aus Allem und es blieb schönes Spielwerk,
bunte Oberfläche übrig. So lange noch Reste der
Heldenzeit da waren und das heilige Feuer der
Freyheit hie und da glimmte, waren sie edel, wirk=
sam, fochten und fühlten; bald fochten und fühl=
ten sie, zumal die Athenienser, nur in Worten,
gaben sich der Kabale, dem Vergnügen und den Red=
nerkunstgriffen Preis. Im peloponnesischen Kriege
hungerten sie lieber, als daß sie tägliches Schau=
spiel entbehrten; gegen den Philippus liessen sie
den

den Demoſthenes fechten und, überwunden, wa=
ren ſie, inſonderheit um Lob, die niedrigſten
Schmeichler. Das waren ſie unter den Macedo=
niern und unter den Römern noch mehr; freywil=
lige Sklaven, wenn ihnen nur der Name der Frey=
heit und das Lob ihrer Dichtkunſt, Rednerey, und
andrer Siebenſachen blieb. Ihr Charakter, ihr
Kriegs = und Nationalglück war alſo auch nur ein
Gedicht d. i. eine ſchöne Fabel, nach Zeit und Auf=
tritten behandelt. So ſind ſie noch ſ. Guys Lit=
terar. Reiſe nach Griechenl. Th. 1. 2. Lieber krän=
zen die Ketten, die ſie tragen: Lieber und ihr al=
tes Lob wiegen ſie ein auf dem Ruhebette der Ar=
muth und Verachtung. Hätten ſie weniger poeti=
ſche Talente, vielleicht wären ſie ſtärker, frey, glück=
lich. — Da indeſſen einige dieſer Stücke, ſo kurz
geſagt, zu ſchwer auffallen könnten: ſo muß ich
ein paar Worte ausführlich hinzuthun.

Die Griechen waren immer Kinder, wie ſie
jener Aegyptier nannte, alſo immer auf etwas Neues
begierig, und alles Neue zum Vergnügen, zur Er=
götzlichkeit brauchend. Vielleicht hatten die alten
Geſetzgeber, Dichter und Weiſe nur zu ihnen als
Kindern geredet; daß ſie aber nun ſolche blieben,
alles zu Ergötzlichkeit und zu Mährchen machten —
E mich

mich dünkt, die Wirkung der Dichtkunst war weder groß noch nützlich.

Die Dame Mythologie hat viele Ritter gefunden, die für sie fochten und wenn für eine Mythologie zu fechten war, so mags immer Griechische seyn und keine andre. Aber was heißt Mythologie und was ist sie? Daß Anfangs in ihren
Grundzügen Bedeutung gewesen, ist nicht anzu-
zweifeln; auch der ärgste Lügner kann nicht ohne
Grund lügen. Aber daß nun schon in den ältesten
Zeiten, die wir kennen und aus der wir Gedichte
haben, das meiste bloße Volkssage gewesen; mich
dünkt, das ist auch schwer zu läugnen. Schon
bey Homer ists eine alte Bemerkung, daß seine
Götter unter seinen Menschen stehen. Bey diesen
ist er zu Hause; jene sind ihm nur Maschinen, die
er zur Fortleitung des Gedichts und zum Vergnügen der Hörenden einflocht. So braucht Pindar
die Göttergeschichte auf seine; so die Tragiker und
Komödienschreiber auf ihre Weise. Sie war ein
zarter Leim, aus dem man machen konnte, was
man wollte, weil der Leim dazu da, und von jeher alles daraus gemacht war.

Nun

Nun läßt sich, auch sehr dichterisch gedacht, ein solcher mythologischer Dichtungskram wohl zur Grundlage einer vesten Sittlichkeit und Religion des Volkes rechnen, wie wir die Worte nehmen? Schon Plato verbannte die Dichter aus seiner Republik, und führt die Ursachen an, warum er sie verbannte. Wie mußte sich Plutarch, der freylich hier mehr den Schulmeister, als den Philosophen machte, krümmen, als er die Frage aufwarf: „Wie man die griechischen Dichter lesen müsse?„ — Man stelle sich vor Aristophanes Bühne hin, wenn er seine Götter aufführt, und frage, was das für Eindrücke aufs Volk habe geben sollen? Da Dichter die Religion schmiedeten und verschmiedeten, und nirgend etwas Gewisses war: so mußten sich nothwendig schöner Aberglaube und Unglaube ins Volk theilen. Daher finden wir die leichtsinnigen zum Schönen aller Kunst gebildeten Griechen auf der einen Seite den Ahndungen, den üblen Vorbedeutungen, der Einwirkung der Dämonen so sehr ergeben, als auf der andern Seite ihre Philosophen willführlich an Sittlichkeit und Religion flickten, als ob diese erst ganz von ihrem Geschwätze und System abhienge, und falls sie sich nicht eine erfänden, gar keine da sey. — Auch ihre erhabensten

Hym-

68

Hymnen und prächtigsten pindarischen Gesänge
sinken im mythologischen Theile, und über die
Religion ihrer Schaubühne wird noch lange gestrit=
ten werden können.

Ueber die Griechen selbst in ihrem Zeitalter und
Weltende sind wir in diesem allen keine Richter;
wir aber, jetzt, und wo wir leben, wenn wir
den leichten Duft der griechischen Mythologie in
unser Eis verwandeln, sie aus hohem Geschmacke
des Alterthums auch in ihren dürftigen Begriffen,
in ihrem leichten Sinne und schönen Aberglauben
nachahmen wollten; was wäre das? Hesiod, Ae=
schylus und Aristophanes können so wenig das
Maas unserer Religion und Sittlichkeit im epi=
schen Gedichte oder auf der Schaubühne seyn; als
wenig wir jetzt im alten Athen oder Jonien leben,
als wenig unsere Religion das seyn soll, was die
ihrige war.

Mit solchem Gebrauche der Mythologie war
ein anderes Ding verbunden, das, wenn man will,
die Dichtkunst schön machte und in Regeln brachte,
aber auch bald in ihrer ursprünglichen Bestim=
mung und Wirkung herabstieß, nämlich sie wur=
de im eigentlichsten Verstande Dichtkunst, Mach=
werk.

werk. Das Geschlecht der Aoiden ward eine
Zunft, ihre Sängerey Handwerk. Homer, der
auch in den kleinsten Zügen, die wir kennen, so
unendlich sich an Natur und Wahrheit hielt, mach=
te Gesängen Raum, die zum Vergnügen des Oh=
res sangen, und je besser jemand das konnte, be=
sto mehr war er Poet. Nun entstanden Dich=
tungsarten, Provinzen, in die man sich theilte,
die meistens das Ohr des Volkes zum Richter und
ihr Vergnügen zur Absicht hatten; man leitete
also nicht, sondern folgte. Das Hauptwerk der
Dichtkunst ward jetzt, wie es auch die Kunstrichter
laut sagen, Erdichtung, Fabeley zum Ergötzen.
Der grosse Sophokles! — wenn man seine Per=
sonen nur mit denen im Homer vergleicht, wie
mußte er umbilden, verändern, sich schmiegen,
daß ein Theaterstück, daß seine Theaterabsicht
erreicht wurde! Und welches war diese Theaterab=
sicht? Der Kunstrichter Aristoteles hat gut sa=
gen: „ die Leidenschaften zu reinigen : „ wie dies
in jedem Moment des griechischen Trauerspiels
geschah, wird immer ein Problem bleiben. Der
Philosoph sagte ein Gesetz, zog aus den beßten Si=
tuationen der beßten Trauerspiele etwa die beßte
Absicht heraus und gab sie als Wirkung des Trau=
erspiels an; die einzelne Anwendung des Gese=

E 3   ges

ßes ist das schwerste. Auch kann ich mir nicht vorstellen, daß Athen, wenn so viel Trauerspiele ihre Wirkung thaten, zugleich so viel Lust an Aristophanes Stücken fand, und in denselben, oft mit ziemlich ungereinigten Leidenschaften, selbst die Rollen spielte. Auch die langen theatralischen Wettstreite ließen wohl nicht immer die Wirkung, die Aristoteles vorschreibt, suchen oder erreichen: wenn man den ganzen Tag Schauspiele sieht, thut man kaum, die Leidenschaften zu reinigen. Plato und Epiktet, die beyde Griechen waren, unterwarfen die Bühne einer scharfen sittlichen Musterung, von der es schwer zu behaupten ist, daß sie sich in Athen immer habe finden können oder je gefunden habe. Also wird dieser Endzweck des griechischen Theaters wohl noch lange Problem bleiben. Nicht immer thuts zur Sache, ob Dichter selbst die Sitten haben, die sie schildern; so viel ist aber gewiß, daß etwa ein allgemeines Gemälde der Sitten, aus ihrer Art Gegenstände zu behandeln, folge. Anakreon kann für sich immer ein Weiser, d. i. ein Poet gewesen seyn, da er Wein und Liebe sang, und vermuthlich sind die Gedichte, die seinen Namen führen, gar nur eine Anthologie des Inhalts, zu dem er den Ton gab. Sappho mit ihrer Liebe zu Phaon, Archilochus mit seinen Sa-

tyren.

tyren, der groſſe Solon mit ſeinen leichten Liedern, andere mit ihren Lobpreiſungen der Knabenliebe mögen Ausnahmen machen, oder dieſe Sitten wirk= lich unſchuldig, oder etwa nur ſchöne Flecken ſeyn im Charakter der liebenswürdigen Griechen; für uns, die wir keine Griechen ſind, die wir nicht, wie ſie, unter Tänzen, Feſten und Kränzen le= ben, iſt wenigſtens dieſe Seite nicht gerade die erſte nachzuahmen oder zu lobſingen. Die Alci= biades unſeres Volkes werden meiſtens Gecken, ſo wie die groſſe Schaar junger Anakreonten elende Tänbler. Und wenn ſie auch nicht die Sitten ver= derben, (wozu meiſtens ihre Muſe zu ſchwach und arm iſt:) ſo helfen ſie doch den Sitten eben nicht auf, denn wahrlich durch ſie werden wir auch im guten, im ganzen feinen Gefühle jener Stücke, in der unſchuldigen Wolluſt, die ſie für Griechenland hauchen, nicht Griechen werden. Alles dies ab= gerechnet oder geſchätzet, wie man will, wird die griechiſche Dichtkunſt ewig eine ſchöne Blüthe der Sittlichkeit=menſchlicher Jugend bleiben. Die ſchöne Natur, die ſchöne Menſchheit, Luſt und Freude zu leben, die Freyheit kleiner Staaten in einem ſchönen Himmelsſtriche, die leichteſte Wiſſen= ſchaft, Kunſt und Weisheit wird nie angenehmer geſungen werden, als ſie die Griechen beſungen ha= ben,

E 4

hen, auch haben die Stobäi grosse Schätze von Moral aus ihren Dichtern gesammlet, die bey den edelsten der Nation in ihren besten Zeiten durch stille Thaten, besser sprach, als je ein Dichter sie besingen konnte. Der Verfasser fühlts lebhaft, was diesem ganzen Kapitel von dem Griechen noch fehle; für diesmal, und für diesen engen Raum muß es genug seyn. Klodius Versuche über die Litteratur und Moral der Griechen, die fast dieselbe Materie abhandeln, sind ohne mich bekannt genug.

Drittes Kapitel.

Wirkung der Dichtkunst bey den Römern.

Mit den Römern hatte es andere Bewandniß. Sie waren nicht wie die Griechen unter dem Schalle der Leyer gebildet, sondern durch Einrichtung, Gesetz, politische Religionsgebräuche eherne Römer. Als die Dichtkunst der Griechen zu ihnen kam, hatten sie ihre Arbeit fast vollendet.

In den ersten Zeiten, da Rom in Armuth, im Kampfe und immerwährenden Drange der Noth war und wie Horazens

Duris — ilex tonfa bipennibus

unter

unter harten Stürmen erwuchs, waren sie zu be=
schäftigt und zu roh, als daß sie dichten und Ge=
dichte empfangen konnten. Die Musik bey ihren
Opfern, die rohen Verse ihrer salischen Priester,
und die frühen Gesänge von den Thaten ihrer Vor=
fahren bey Gastmählern *nn*) waren die einzige
Poesie der Römer: roh war sie, gewiß, aber viel=
leicht von grosser Wirkung. Alle hetrurischen Re=
ligionsgebräuche, die Rom in sein Staats= und
Kriegssystem eingeflochten hatte, waren bey ihnen
in den ersten Zeiten so schauerlich groß, die Thaten
ihrer Väter lebten in ihnen, daß, was hier der
Kunst abgieng, gewiß die Wahrheit des Gefühls
und Stärke des Ausdrucks ersetzte. Selbst Ho=
raz, wenn er seinen August hoch loben will, ge=
het in diese Zeiten und ruft   oo)

E 5 .   Pro-

nn) Numerorum vis aptior eſt in carminibus et canti-
bus, non neglecta a Numa Pompilio, rege doctiſ-
ſimo, maioribusque noſtris, vt epularum ſollem-
nium fides et tibiae ſaliorumque verſus indicant.
Tull. III. de orator. — Eſt in originibus, ſolitos
eſſe in epulis cancre conuiuas ad tibicinem de clarorum hominum virtutibus. — Vtinam exſtarent illa
carmina, quae multis ſaeculis ante ſuam aetatem in
epulis eſſe cantata a ſingulis conuiuis de clarorum
virorum laudibus in originibus ſcriptum reliquit Cato. Cic. de clar. orat.

oo) Lib. IV. Od. 15.

Profeſtis lucibus et ſactis
Inter iocoſi munera liberi
Cum prole matronisque noſtris
　　Rite Deos prius apprecati,
Virtute funćtos, *more patrum*, duces
Lydis remiſto carmine tibiis
　　Troiamque et Anchiſen et almae
　　Progeniem Veneris canimus.

Sobald die Römer eigne Poeſie bekamen, ſo
gieng auch ihre Wirkung in den erſten und beſten
Zeiten hauptſächlich zu dieſem Zwecke. Denn
wenn ich die erſten rohen Spiele der römiſchen
Jugend ausnehme, die wohl nichts als Gauke-
leyen, Poſſen und Erholungen von der Art geweſen ſeyn mögen, wie alle rohe Nationen ſie als
Zeitvertreib in den Zwiſchenzeiten müſſiger Ruhe
haben und haben müſſen; ſo verwandelte ſich dieſe
Satyre bald ins römiſche Schauſpiel, das am
glücklichſten die Geſchichte ihrer Vorfahren dar-
geſtellt haben ſoll. An einem andern blos Künſtlichen, Erborgten, Fremden konnten ſie lange nicht
Geſchmack finden, und hatten eigentlich gar keinen
Begriff, was die ſchöne, feine Dichtkunſt für ein
rühmliches Amt im Staate ſey. Lange waren
　　　　　　　　　　　　　　　　　ihre

ihre Schauspieler Knechte und ihre Dichter über=
wundene, müssige Griechen aus den Provinzen.
pp)

Im sechsten Jahrhunderte Roms kam nach
der Eroberung Siciliens Livius Andronikus nach
Rom, Nävius, Plautus, Ennius, Terenz
folgten. Entweder bildeten diese den Griechen nach
und denn hatten sie wenigstens die Wirkung, Spra=
che und Sitten auf dem Schauplatze zu verfeinern;
oder sie bequemten sich nach dem römischen Gei=
ste und da waren wohl Plautus und Ennius die
Ersten. Jener durch seinen reichen Witz und so
treue Gemälde der niedrigen Stände; dieser, der
erste eigentliche Dichter der Römer, der ihre
Unternehmungen in seinen Jahrbüchern schrieb, und
auch zu seinen Trauerspielen die Geschichte dieses
Volkes wählte. Mit Ruhm heißt er also Vater
der römischen Dichtkunst: noch zu Gellius Zeiten
wurden seine Jahrbücher auf dem Schauplatze zu
Pozzuoli vor dem ganzem Volke vorgelesen, und
seine Bildsäule stand neben den beyden Scipionen
auf ihrem Grabe.

Un=

pp) Casaubons Abhandl. über die Satyre, und Daciers
memoir. T. II. der acad. des Inscript. enthalten
die gesammelten Stellen hierüber, doch hat der letz=
te seine Hypothese. S. auch Jagemanns Gesch. der
Wissensch. in Italien u. a.

Ungeachtet der Menge Schauspiele dieser Dich=
ter hat die Bühne Roms nie Wirkung aufs Volk
gehabt, die eine Bühne haben soll oder die solche
bey den Griechen hatte. Quintilian bekennet, daß
das römische Trauerspiel dem Lustspiele vorgehe,
weil zu diesem der römischen Sprache und den rö=
mischen Sitten Feinheit fehle. Das Trauerspiel
selbst, wenn es nicht römische Geschichte war
und als solche reizte, beschäftigte wenig. Mitten
in ihrer Vorstellung foderte das Volk *qq* Thier=
und Gladiatorengefechte und die Ritter wünsch=
ten Triumphe von Königen, überwundnen Völ=
kern und erbeuteten Schätzen zu sehen mit einem
Getöse und Händeklatschen, daß man von den Schau=
spielern kein Wort vernehmen konnte. Was sich
daher auch am längsten erhielt, waren die *mimi=
schen* Spiele. Die Römer liebten sie sehr und
was auch Cicero von seinem Roscius prale, so war
er vielleicht mehr *mimischer* Spieler, als Schau=
spieler, wie wir das Wort nehmen.

So wie der Mensch zu mehrerem da ist, als
zum Geschmacke: so ist auch ein Staat, die Haupt=
stadt eines Reiches, wie das römische war, zu et=

was

---

qq) Horat. L. II. Ep. I. ad August. Ein treflicher Brief
über die römische Dichtkunst, wie sie Horaz ansah

was anderm da, als zum Schauspiele. Wären sie Römer geworden, wenn sie Griechen hätten seyn wollen, oder seyn können? Gladiatoren und verliebte Helden, Thiergefechte und rührende Schauspiele zusammen kann Eine Bühne niemals leiden, und da Rom einmal zur Eroberinn der Welt eingerichtet war, so konnten damals sanftere Sitten und die Blumen seinerer Dichtkunst wohl nicht gedeihen. Auch Lucilius, der Erfinder der römischen Satyre, war ein Dichter von römischer Stärke und Kühnheit: Wahrheit war seine Mühe, die römische Tugend und Freymüthigkeit die Aber seiner Begeisterung. Man muß sich an Horaz vielleicht nicht zu sehr kehren, wenn er über diese ältern Dichter spottet. Er spottet als Mann von Geschmack, als Dichter des goldenen Zeitalters, als Höfling Augusts, der freylich solche alte Zeiten und Sitten nicht anpreisen konnte.

Je feiner Rom ward, desto feiner ward seine Dichtkunst, desto schlechter und schwächer aber auch deren Wirkung. Es bekam einen philosophischen, gar epikurischen Dichter, Lukrez. Je edler die Stärke seiner Sprache, desto schlechter, auch für das stoische Rom schlechter ist sein System. Rom in den Gärten Epikurs konnte kein

Rom

Rom mehr bleiben. Katull erschien. Wie schön ist seine Sprache, wie mannigfalt und reizend seine Dichtkunst; grossen Theils aber ihr Inhalt? Wie verfallen waren die Sitten, wo ein Katull so schrieb und scherzte? *rr*) Als er gegen Cäsar dichtete, behielt ihn dieser zum Abendschmause, und damit war der Zwist geendet.

August regierte, und nun blüheten die Dichter unter dem glänzenden August. Die grossen, ewigen Namen Virgil, Horaz, Tibull, Properz, Ovid, sie, mit der klassischen Richtigkeit, Zierlichkeit, Feinheit, Nebenbuhler der Griechen und ewige Muster des guten Geschmackes! — Alles wohl! nur verzeih man, daß ich die Wirkung ihrer Dichtkunst in Rom, dem Rom zu schildern mich nicht getraue. So viel ist gewiß, daß sie den Augustus fein lobten. Sie, vor allen Horaz, erquickten ihn, daß er der kriegsmatten Erde den Frieden gegeben hatte, in den Hölen der Musen mit Gesange: sie schmückten seinen Hof, seine Sprache, seine Regierung: Horaz gab dem römischen Scherze, der römischen Muse eine Urbani=

rr) Qui (versus) tum denique habent salem et leporem
Si sint molliculi et parum pudici
Et quod pruriat, incitare possunt.

banität, die bisher nur die Athenienfische gehabt
haben sollte — — vieles dergleichen mehr. Wie
weit das aber auf Sitten reichte, kann ich nicht
untersuchen. Ohne Zweifel wars die Absicht die=
ser Dichter nicht, die Sitten der Zeit anzugreifen
oder zu beffern; vielleicht konnten sie auch nicht,
zumal durch sie nicht, gebessert werden. Horaz,
der tieffte von ihnen, hat auch sittlich herrliche
Oden, schildert die alten oder zu bessernden Sitten
Roms vortreflich; wenn man indessen andere Stel=
len liefet, so sollte man denken, daß auch jenes
Dichterglut, und nicht sein Ernst war. Er scheint
sein Schild wegzuwerfen, wie ers in der Schlacht
wegwarf, und auch in seinen Satyren spottet er
nicht mehr als er bessert? Sein Brief an die Pi=
sonen ist wohl keine römische Nationaldichtkunst:
so wie Virgils Aeneide mehr den Glanz Roms an=
gieng als die Sitten desselben. Seine Georgica
sollen den Feldbau empfehlen, sagt man, und sei=
ne Bucolica sollen das Hirtenleben empfehlen, sagt
man desgleichen. Am sicherften ists wohl, daß
beyde die Nachahmung der Griechen empfehlen sol=
len, so wie es gewiß ist, daß Ovids Kunst zu lie=
ben diese Kunst wirklich und mit vielem Nachdrucke
empfohlen habe. Der arme Herr mußte dafür
unter die Scythen pro eo, quod tres libros
ama-

amatoriae artis conscripserit und winselte dar
über, wie Buſſy Rabutin etliche Meilen von Pa=
ris verbannet, bis ans Ende ſeines Lebens. Die
feine Sittlichkeit des Dichters hatte zu nah in das
Geſchlecht des Kaiſers gewirket und ſo mußte er
jezt dafür büſſen. — Hatte die Dichtkunſt dieſer
Höflinge keine andere Wirkung, ſo wars die, poe=
tiſche Blumenketten um die Feſſeln Roms zu win=
den, damit dieſes etwa ſie angenehmer und ſanft=
getäuſcht trage.

Die dem Auguſt nachfolgenden Tyrannen zei=
gen, wie wenig die Dichtkunſt, als Kunſt, als
Schulübung über laſterhafte Gemüther, zumalen
über Deſpoten des Menſchengeſchlechts vermöge!
Tiberius, Kaligula, noch mehr Klaudius, und Ne=
ro am meiſten, waren in ihrem Sinne groſſe Dich=
ter, ſchrieben, ſangen, lieſſen ausſchreyen, und
ſtifteten auch für die Dichtkunſt manches; aber
ſcheußlich war alles, zu ihrem närriſchen Selbſt=
ruhme und zu anderer Menſchen, zumal beſſerer
Dichter Verderben. Lukan, der überſpannte, feu=
rige und dichteriſche Jüngling erlag in ſeinem Blute.
Juvenal und Perſius züchtigten die Sitten Roms,
aber da half kein Züchtigen mehr. Das mimiſche
Schauſpiel ſpottete, aber unvermerkt. Anders
schmei=

schmeichelten, witzelten, krochen, und die hatten
freylich den besten Theil. Ueberhaupt wird am
meisten Tugend gelobt, wo am wenigsten zu lo=
ben ist, und wo schon so viel gelobt wird, wo
Panegyristen in Poesie und Prose beklamiren, da
ists übles Zeichen, da würkt selbst das Lob nicht
viel mehr. So giengs mit Rom in seinen ver=
fallenen Zeiten. Kein Held konnte retten, ge=
schweige ein Dichter! Barbaren mußten kommen,
und dem entvölkerten Italien, dem mit der Grund=
suppe von Menschen überschwemmten Rom Braub
und Verwüstung, und sodenn neue Kräfte, neue
Sitten, neuen Lebensgeist geben.

Nehmen wir alles zusammen, so ist in Rom
die Dichtkunst wohl nie eine Triebfeder, noch we=
niger eine Grundsäule ihres Staats gewesen.
Die Mauern Roms wurden nicht unter dem
Schalle der Leyer, sondern unter Waffenklang
und Bruderblut erbauet: die Nymphe Egeria war
keine Dichterinn, sondern eine religiöse, strenge
Vestalinn. Das kämpfende Rom hatte keinen
Tyrtäus vor sich her, wenns auszog: seine Kriegs=
zucht und Staatssitten hiengen von etwas Festern
ab, als von dem Tonmaas einer Flöte. Wenn
dem Volke und den Edlen daher immer Rauhig=

F   keit

keit und Stärke blieb, so konnten ohne solche kei=
ne Reguli und Scauri, kein Curius incomtis
capillis und kein Camillus

> quem — vtilem bello tulit
> Saeva paupertas et auitus apto
> Cum lare fundus — werden.

Die männliche Beredsamkeit und Rechtskraft der
Römer vertrat die Stelle der Dichtkunst: des Me=
nenius Agrippa Fabel, dadurch er das entwichene
Volk wieder nach Rom brachte, war mehr werth,
als zehn blöde Trauerspiele nach Mustern der
Griechen.

Auch was auf einzelne edle Römer die Dicht=
kunst wirkte, war mehr Zierde als Nothdurft,
mehr Kranz auf ihren Helm als Brustharnisch.
Die Scipionen waren Ennius Freunde, und selbst
Dichter, sie dichteten aber nicht, sondern redeten
im Senat, ordneten im Heer, schlugen. Als spä=
ter die Ritter selbst Schauspiele machen dorften,
wissen wir, welche bittere Verse es den Laberius
kostete, als Cäsar ihn sein Stück selbst zu agiren
zwang: er hielts für den größten Schimpf seines
Alters, und die Ritter nahmen ihn mit Mühe auf
ihren Sitz wieder. August und Mäcenas wur=
den durch die treffliche und zum Theil so altrömi=

sche Poesie ihrer Dichter weder sittlicher noch
stärker: Mäcenas kranke Wollust trug vielleicht
mit zu seinem Ruhm in der Dichtungsgeschichte bey.
Er konnte nicht schlafen, und ließ sich also Verse
vorlesen, und ward darüber der unsterbliche Mäcenas.

Wo indessen auch in einzelnen Charakteren
die Wirkung der Dichtkunst anschlug, da bildete
sie Männer, die am Umfang von Talenten kaum
anderswo ihres Gleichen hatten. Ein Römer,
der Held und Redner, Geschichtschreiber und Liebhaber der Dichtkunst war, ist ohne Zweifel ein
anderes Geschöpf als ein Barbar unserer Tage mit
Stiefeln und Schwert. Da wurden edle Scipionen, ein Germanikus, ein Titus; und auch dem
Hadrian und seines Gleichen schadete wenigstens
ihre Liebhaberey nicht. Ueberhaupt sind die edlen
und sittlichen Blumen, auch der römischen Sprache, unverwelklich: selbst in den dunkelsten Zeiten
haben Virgils Georgica, Horazens Sermonen,
Boethius Tröstungen der Philosophie zu wirken
nicht aufgehört, und nebst Bildung des Geschmackes und der Sprache auch in Sitten wohl ihr Gutes geleistet. Uebrigens wollen wir lieber den feinen Geschmack der Priapeen, einiger katullischen,

F 2   Hora-

horazischen und martialischen Gedichte entbehren, als daß wir uns die Sitten wünschen, oder lieb= haberisch nacherkünsteln sollten. Die deutsche Uebersetzung Petrons wird also Stellen, Noten und dem Geiste des Buchs nach, Trotz ihrer Kunst, ein Flecke unserer Sprache bleiben.

Viertes Kapitel.

Wirkung der Dichtkunst bey den nordischen Völkern.

Wir kommen hier wieder in ein lebendiges Feld der Dichtkunst, wo sie wirkte, wo sie lebendige That schuf. Alle nordischen Völker, die damals wie Wellen des Meers, wie Eisschollen oder Wallfische in grosser Bewegung waren, hat= ten Gesänge: Gesänge, in denen das Leben ihrer Väter, die Thaten derselben, ihr Muth und Herz lebte. So zogen sie nach Süden, und nichts konnte ihnen widerstehen: sie fochten mit Gesange wie mit dem Schwert.

Den nordischen Gesängen haben wirs also mit zuzuschreiben, daß sich das Schicksal Europens so änderte, und daß wir da, wo wir itzt sind, woh= nen.

nen. Daß Rom über Deutschland nichts vermoch=
te, haben wir ihren Helden und B rben zu danken:
dem Schlacht = und Freyheitgesange der zwischen
den Schilden ihrer Väter tönte. ss)   O hätten
wir diese Gesänge noch, oder fänden wir sie wieder!
Vielleicht besitzet das Land , für das ich jetzt schrei=
be, einen irgend verborgenen Rest dieses Schatzes!
Vielleicht hat der edle Kreis, in dem ich jetzt ge=
lesen werde, das Glück, ihn zu suchen und zu fin=
den! Es wäre die lebendigste Beantwortung der
Frage von Wirkung der Dichtkunst auf die star=
ken, edlen, keuschen, redlichen Sitten unsrer
Väter.

Die nordischen Völker sind glücklicher gewesen,
haben ihrer mehr erhalten, und da es im Grun=
de Eine Sprache und Ein Volk ist, so ist uns der
Schluß frey , was für ein Muth in dem unsern
gelebt habe.   Ein gelehrter Däne tt) hat im Bu=
che „von Verachtung des Todes der alten Dänen,,
durch Proben und mit einer unermäßlichen Gelehr=
samkeit gezeigt, was die Gedichte, die Sagen,
der Glaube, die Mythologie der Skalder auf die
Hel=

Heldenväter der Nordländer für grosse Würkung
gehabt hat. Wie sie furchtlos und ruhmvoll dem
Tode zulächelten, auf dem Felde und nicht im
Bette oder vor Alter zu sterben sich sehnten, Wun=
den im Rücken, Flucht und Gefangenschaft ärger
als die Hölle scheuten, und was dazu die Vor=
bilder ihrer Väter, ihre Gesänge, der Stein
auf ihrem Grabe, ihr Glaube an Odins Mahl,
an die Helden mit ihm, an die Freuden der Wal=
halla, und an das Schicksal der Walkyriur bey=
trug. In Regner, Bodbrogs, Asbiom Pru=
de, Hako's Sterbegesängen, und in unzähligen
andern Schlachtliedern, die in den nordischen Sa=
gen, als Beläge ihrer Helden = und Fabelgeschich=
te zu finden, lebet diese Wirkung noch. uu)

Ueberhaupt hatten diese Nationen einen unend=
lichen Glauben an die Kraft solcher Gesänge und
Lieder. Sie setzten sie der Zauberey zunächst, und
Odin xx) rühmt sich, Lieder zu wissen, wodurch
er „Hülfe geben, Zank, Krankheit, Traurigkeit,
Schmerz vertreiben, die Waffen der Feinde
stumpf.

uu) S. diese Gesänge in *Olai Worm.* literat. Runic. *Bar-*
tholin. de cauff. contemt. mort. und in den Sagen.
xx) S. Edda. In Mallets Gesch. v. Dännemark Th. I.
findet man vieles, wiewohl alles verstümmelt, und
nichts im Geist des Originals mehr.

„ ſtumpf machen, Bande und Ketten von ſich ab=
„ wenden, den Haß auslöſchen, Liebe erregen,
„ ja Todte lebendig machen, und zur Antwort
„ bringen könne. „ Ein Glaube der Art mußte
groſſe Wirkung hervorbringen: er war die Seele
ihrer Lieder; auch haben ihn Thaten bewährt. Wo
ſind die Normänner nicht hingekommen in den mitt=
lern Zeiten? wo haben ſie nicht geſtreift, geſchla=
gen und überwunden?

Rauher Heldenmuth war die Seele dieſer Ge=
ſänge, obgleich auch andere Stücke zeigen, wie zart
ſie vom weiblichen Geſchlechte gedacht, und, wie
ſchon Tacitus von den Deutſchen rühmt, das Gött=
liche in ihnen verehret. Ihr Land, Klima, der
Bau ihres Körpers und am meiſten ihr langer Be=
ruf und die Seele, die ihnen ihr Führer Odin ein=
gehaucht hatte, machte ſie den Roſen des Geſan=
ges unempfindlich; als ſie dieſe in den Südländern
genieſſen lernten, war die Stärke ihrer Bruſt da=
hin, ſie entſchlummerten in Armidas Armen. —
Indeſſen zeigt der Karakter einiger groſſen Männer
dieſer Völker, die wir näher kennen, daß ſie nicht
ſo barbariſch geweſen, als ſie ihre Feinde ausga=
ben, und ausgeben mußten. Ihr Eroberungs=
und Verwüſtungsgeiſt war eine traurige Folge von

F 4 vie=

vielerley zum Theil edlen, zum Theil zu entschuldigenden Gründen; ob sie gleich freylich Ideal der Sittlichkeit damit nicht werden, auch nicht werden wollen.

Britten, Jren, Gallier, Schotten hatten Dichter, Vates, Religions-Muth- und Tugendsänger, yy) wie alle alte Nationen, nur scheinets nicht, daß die Gesänge dieser so hart und wild, als der Normänner, gewesen. Sey Offian ganz alt oder nur aus alten Gesängen zusammengesetzt und geschaffen: welche welchere Seele ist in ihm! Ein Zauber der Einsamkeit und Liebe, des Muths und der Schonung! Sturm und Mondlicht, Mitternacht und die Stimme der Väter wechseln mit Thränen und mit den zärtesten Tönen der Harfe. Für uns haben diese Lieder noch so viel Macht; auf ihrer Stelle, zu ihrer Zeit, in ihrer Sprache, welche Wirkung müssen sie gehabt haben! O hätten wir noch die Gesänge der Barden! Hätte unter

_____

yy) Evan's de Bardis: Es ist ein Gemisch darüber 1770. (Leipz. bey Dyk) ins Deutsche übersetzt worden, aber unvollständig und ohne Proben. In der Colleĉt. of several Pieces of Mr. Soland steht ein specimen of the critical history of the celtic learning, das Wünschen macht, Toland hätte das grössere Werk zu Stande bringen können: es wäre vielleicht seine beste Schrift geworden.

ter unsern Vätern ein Oßian gelebet! — Bey
allen Nationen, die wir Wilde nennen, und die
oft gesitteter, als wir sind, sind Gesänge der Art
ihr ganzer Schatz des Lebens: Lehre und Geschichte, Gesetz und Sitten, Entzückung, Freude
und Trost, die Stunden ihres Himmels hier auf
Erden sind in ihnen. So lange es Barden gab,
war der Nationalgeist dieser Völker unbezwinglich,
ihre Sitten und Gebräuche unauslöschbar. Man
weiß, welche Grausamkeit ein Tyrann Englands
in der mittlern Zeit an den walischen Barden ver-
übte: die Kraft ihrer Lieder war daurender Auf-
ruhr gegen die Gesetze seines Reiches. In Evan
Evan's specimen's of the Poetry of the anciens welsh Bards sind einige rührende Elegien
über diese Schicksale der letzten Barden.

Daher war auch das Schicksal der meisten,
daß sie untergiengen, als sich mit Art und Zeit
die Sitten des Volkes, ihre Religion und Denkart änderte. Wie die Barbaren die Mythologie,
Kunst und Dichtkunst der Römer zerstörten, so gieng
auch die Ihrige einem grossen Theile nach zu Grunde; weil ihre alten Sitten, Meynungen und Sagen gar zu kräftig in ihren Gesängen lebten.
Was wir haben, ist nur dem Schiffbruche entron-

F 5   nen,

nen, und hat sich an Küsten, in ben Winkeln der
Erbe, wo noch jetzt zum Theile mit diesen Gesän=
gen die Sitten der Väter herrschen, gerettet. Sie
kamen in die Mittagssonne, und was sollten nun
die kleinen Lampen weiter?

Wie es indessen Providenz war, daß diese Völ=
ker so lange in bem Zustande, ben wir Wildheit
nennen, wie unter einem wohlthuenden Nebel
schlummern, auf Licht warten, und fern von Ver=
feinerung, Gelehrsamkeit, Ueppigkeit und Reich=
thum ihre rauhen Kräfte erhalten sollten; so war
gewiß auch Absicht barinn, daß ihnen das Chri=
stenthum gerade itzt und in solchem Zustande wer=
ben mußte. Später hin hatten sie weder Einfalt
für seine Lehre, noch gesundes starkes Herz für sei=
nen Gesang. Es wäre ihnen so eckel gewesen, als
der mythologisch = atheistisch = beistischen Ueppigkeit
der Griechen, Römer, ober unsers Jahrhunderts.
Daher wars auch meistens in Gesängen und Ge=
bräuchen, b. i. nach ihrer Weise, wie sies auf=
nahmen. Die Bibel warb in Verse ihrer Sprache
gekleidet, so gut es ihre Bekehrer konnten: zz)

Le=

zz) S. Schilders thesaur. antiquit. Germanic. T. I. und
den zweyten Theil von Hikeß thesaur. lingu. septen-
trio.

Legenden der Heiligen kamen dazu, und flossen
mit den Gesängen ihrer Väter wunderbar zusam=
men; es war der einzige Weg auf sie zu wirken.
Ihre Sprache war undisciplinirt, auch wurde sie
von den lateinischen Fremblingen wohl nicht in al=
ler Macht gefasset und behandelt, daher sind die
ersten Versuche dieser Art so roh, arm und elend:
sie beweisen indeß, daß Ohr und Seele ihrer Be=
kehrten an Nichts als so Etwas gewöhnt war.

Und nun müssen wir abbrechen, wenn wir über
die folgenden mittleren Zeiten etwas gründlich sagen
wollen. Sowohl Dichtkunst als Sitten der
Völker Europens war damals ein so wunderbares
Gemisch und zusammengesetztes Gebäude, daß
wir von allen Seiten der Welt Materialen zusam=
men holen müssen, um den Einfluß des Einen ins
andere zu zeigen. Die enge Nationaldichtkunst,
so wie die enge Nationalwirkung derselben auf
Sitten und Charakter hört auf; es wird eine
bunte Fluth, eine Ueberschwemmung Europens.

Dritt

Dritter Abschnitt.

Welche Veränderung geschah mit der Poesie in den mittlern und neuen Zeiten? Und wie wirkt sie jetzo?

Erstes Kapitel.

Wirkung der Dichtkunst unter den Arabern, die einen Theil Europens überschwemmten.

Von jeher waren die Araber Dichter, ihre Sprache und Sitten war unter und zu Gedichten gebildet. Sie lebten in Zelten, bey immerwährender Bewegung und Veränderung, unter Abentheuern und dabey in sehr einförmigen, alten mäßigen Sitten, kurz, ganz in dichterischer Natur. Statt der Kronen rühmten sie sich der Turbane, statt der Mauern ihrer Zelte, ihrer Schwerter statt der Schanzen und statt bürgerlicher Gesetze ihrer Gedichte. Auch haben diese von jeher mehr auf ihre Sitten gewirket, als jene vielleicht je auf Sitten wirken können. a)

Welch

---

a) E. Pocox. specim. hist. arab. Sales Vorrede zum Koran: Pocox. ad Sograi carm. etc.

Welch ein Abdruck sind die Gedichte der Ara=
ber von ihrer Denkart, von ihrem Leben! b)
Sie athmen Ununterwürfigkeit und Freyheit, sind
voll des Abentheuergeistes, der Ehre zu Unter=
nehmungen, des Muths, der so oft in unauslösch=
liche Rachsucht gegen die Feinde, als Treue gegen
die Freunde und Bundsgenossen ausbrach. Ihr
Ziehen und Entfernen hat den Abentheuergeist auch
in der Liebe gebohren, verliebte Klagen sammt
männlichem Muth, im Andenken seiner abwesen=
den Braut alles zu unternehmen. Lange vor Ma=
homed waren sie Dichter; als dieser ihnen aber sei=
ne poetische Religion, und sein Meisterstück von
Dichtkunst, wo er alle Dichter zum Wettkampf vor=
rief, den Koran eben aus poetischer Kraft, und
im dichterischen Glauben aufgeschwatzt hatte, wirk=
te er dadurch in ihre Sitten, wie in ihre Dicht=
kunst. Der Glaube an Gott und seine Prophe=
ten,

---

b) Ich kann nur von denen reden, mit denen Schultens
und Reiske uns beschenkt haben; die andern sind
verborgne Schätze der Bibliothken oder einzelner
Kenner und Liebhaber. Es wäre aber, da die frey=
lich reichere Absicht, daß sie im Original gedruckt
würden, so selten und lästig erreicht werden kann,
wenigstens gut, wenn treue Uebersetzungen davon
veranstaltet würden. Die der Sage nach sprachge=
lehrtesten Franzosen wollen uns nichts als Einfalle
der Morgenländer geben.

94

een, die Ergebung in seinen Willen, die Erwar=
tung des Gerichts und das Erbarmen gegen die
Arme ward ihr Gepräge. Als sie von den Griechen
alles annahmen, nahmen sie die Mythologie und
den Geist griechischer Dichtkunst nicht an; sie blie=
ben ihrer Poesie treu, wie ihrer Religion und Sit=
ten; ja durch jene haben sich diese eben auch so lan=
ge unverändert und unverrückt erhalten.

Als Araber einen Theil Europens überschwemm=
ten und Jahrhunderte darinn wohnten, konnten
sie nicht anders als Spuren, wie ihrer Dicht=
kunst, so auch ihrer Wissenschaften und Sitten
lassen. Durch jene, die Dichtkunst, haben sie
vielleicht so viel gewirkt, als durch diese, die Wis=
senschaften, die wir fast alle aus ihren Händen
empfiengen; und die Sitten sind ein Gefolge von
beyden. Es kam ein Geschmack c) des Wunder=
baren, des Abentheuerlichen in Unternehmung,
Religion, Ehre und Liebe nach Europa, der sich
unvermerkt von Süden immer weiter nach Norden
pflanzte, mit der christlichen Religion, und zugleich
mit dem nordischen Riesengeschmack mischte, und
ei=

c) S. hierüber viel merkwürdiges in Whartons hist. of
the English. Vottry, der ersten praelimin. Differt. of
the origin of the Romantic fiction in Europe.

einen sonderbaren Druck auf die Sitten der Völker machte, auf die er flog. Artus und seine Ta-
felrunde, Karl der Grosse und die Pairs von
Frankreich, Feen = Ritter = und Riesengeschichten
entstanden: denn der Geist dieser Völker war zu
maßiv, als daß er den Duft der arabischen Dichtkunst rein fassen konnte; er mußte mit ihren Ide-
en vermengt, und gleichsam in Eis und Erz gehül-
let werden. Die Araber mit ihren Stammtafeln
haben jene falschen Ableitungen und Chronologien
erzeugt, von denen die Chroniken der mittlern Zeit
voll sind: dies mischte sich bald in die Legenden,
und alles endlich, Mährchen aus Süden, und
die wirklichen Abentheuer und Streifereyen aus
Norden bereiteten den Geist der Kreuzzüge nach
Orient hin, der so erstaunende Wirkungen in Europa hervorgebracht hat.

Ueber Begebenheiten, die grosse Blätter aus
dem Buche des Schicksals sind, sollte man nicht
kunstrichtern, sondern nur Ursache, Art und Folgen zeigen. Das Wunderbare ist die einzige Nahrung der Menschen in dem Zustande, da diese
Völker damals waren: sie standen und staunten,
suchten zu umfassen, was sie noch nicht umfassen
konnten, und übten damit Geisteskräfte und bereiteten

teten sich zu besserer Speise der Wahrheit. Ueber=
dies kann ichs nie glauben, daß der männliche
Geist von Unternehmung, Freygebigkeit, Er=
barmen, zarter wunderbarer Liebe, wenn er
auch nur in Romanen und abentheuerlichen Erzäh=
lungen vorschwebte, damals als man in Unwissen=
heit daran glaubte, einen bösen Eindruck gemacht
haben kann. Die romantische Liebe zum Frauen=
zimmer, unterstützt von nordischer Keuschheit hat
Jahrhunderte herab viel Gutes auf Europa gewirkt,
was freche Romanen und zügellose Gedichte nie
wirken werden. Laß alles steif und unnatürlich
seyn; die Sitten der Zeit waren selbst steif und
der Grad des Unnatürlichen oder Wahrscheinlichen
richtet sich nur nach dem Maaße unserer Unwissen=
heit und Fähigkeit zu glauben.

Ueberhaupt ists thöricht, die Wirkung einer
Sache zu Einer Zeit aus dem Geiste einer ganz
andern zu beurtheilen oder gar zu läugnen. Durch
rohe Dinge von der Art wurden damals Unter=
nehmungen hervorgebracht, die wir jetzt mit un=
serer feinen Poesie und Staatsklugheit kaum her=
vorbringen könnten; die Kreuzzüge nach Orient
sind deren gewiß Eine. So wie sie nun von Sit=
ten und Sagen, mit Gründen der Religion un=
terstützt,

terſtůßt, ſonderbar hervorkamen; ſo hatten ſie
wiederum auf die Sitten und Sagen Europens
noch einen ſonderbaren Einfluß. Nun floſſen Er=
zählungen, Wunder und Lügen noch eines dritten
Welttheils dazu: Norden, Afrika, Spanien, Si=
cilien, Frankreich, das gelobte und das Feenland
wurden gepaaret. Der europäiſche Rittergeiſt ward
morgenländiſch und geiſtlich: es entſtanden Helden=
geſänge, Abentheuer und Wundererzählungen,
die aufs unwiſſende und abergläubige Europa zum
Erſtaunen wirken. Alles war voll Sagen, Ro=
manzen und Romane. An den Höfen der Könige
und in den Klöſtern, auf Märkten und ſelbſt in Kir=
chen wurden Gedichte geſungen, allegoriſche Rit=
terſpiele, Myſterien und Moralitäten geſpielt.
Die Mönche ſelbſt machten dergleichen und ſie hat=
ten des Volkes Ohr. Da man damals ſehr we=
nig Bücher hatte, da auſſer geiſtlichen Geſängen
und Legenden, Erzählungen der Art die beſte See=
lenweide waren, und dazu eine ſo prächtige, wun=
derbare, fernhergeholte Weide: ſo ſtand alles und
gaffte und horchte. Die Conteours, Jongleours,
Muſars, Comirs, Plaiſantins, Pantomimes,
Romanciers, Troubadours und wie ſie zu ver
ſchiedenen Zeiten, in verſchiedenen Abſichten und
Oertern hieſſen, waren damals Homere, ſie ſan=

G   gen

98

gen Gesta und Fabliaux fernher, und waren die
Stimme der Zeiten. *d)*

Wenn es nun schon ziemlich ausgemacht ist,
was das Feudal-Ritterwesen, Kreuzzüge und
was zur Herrlichkeit dieses Zeitalters gehört für
gute und nachtheilige Wirkung auf die Sitten Europens gemacht haben: so ist der Schluß über die Poesie, die davon sang, ziemlich gleichförmig. Sie
gehörte mit zur Pracht und zum Schmucke dieser
Aufzüge, Einrichtungen und Abentheuer: die Dichter selbst zogen mit, und waren den Fürsten zur
Seite. Bey allem Unförmlichen erhielten diese Gesänge und Anstalten den Geist der Tapferkeit, des
Ruhms, der Unternehmung, der Andacht und
Liebe rege. Solche Heere und solche Pracht hatte
Europa noch nicht gesehen, solche Erzählungen noch
nicht gehöret. Die feindseligsten Nationen, Fürsten

---

d) S. *Perc's* Essai on the anciens English Minstrels
vor seinen Reliques of ancient English Poetry Vol.
I. *Hurd's* letters on Chivalry, insonderheit Whar-
ton's hist. of the Engl. Poetry T. I. Von den Franzosen kennet man die memoires de la chevalerie p.
Mr. Curne de St. Pelage T. 3. die hist. literaire
des Troubadours, T. 3. ebenfalls aus seinen Papie-
ren und die einzelnen Abhandlungen von ihm, Lan-
celot u. a. in den mem. de l'acad. des belles
lettres.

ften und Stände wurden Brüder, Christen unter
Einer Kreuzesfahne; das harte Band der Knecht=
schaft sieng an zu erschlaffen, oder hie und da auf=
gelöset zu werden. Die Kenntniß verbreitete sich,
das Wunderbare näherte sich schon von ferne der
Wahrheit: man fieng an zu lesen; auch die sonst
nie gelesen hatten, Ritter und Herren lasen diese
wunderbaren, tapfern, andächtigen Geschichten.
Schade nur, daß ihre Sprachen für uns so ver=
altet sind, und wie es der Geist der Sache war,
auch die Mundart ein Gemisch von Sprachen seyn
mußte! Dadurch ist für uns die Wirkung, auch
wenn die Zeit sich nicht so sehr geändert hätte, grosa
sentheils verlohren.

Eine andere Gattung von Poesie aus demsel=
ben Stamme und von eben der grossen Wirkung
auf Sitten, war der Minnegesang, die Akade=
mie der Liebe. e) Sie waren Blüthen der Ga=

G 2   lan=

---

e) Ausser der hist. liter. des Troubadours, memoir. de
la chevalerie p. Curne de St. Pelage hat Bodmer
für Deutschland den Gegenstand am meisten behan=
delt, in s. Sammlung kritischer Schriften, Cri=
to, den kritischen Briefen u. s. so wie auch in den
grossen memoires de Petrarque viele Nachrichten
über die Provençaux und Sonnettendichter vor=
kommen.

lanterie des damaligen Rittergeistes. Kaiser und Könige, Fürsten und Grafen schämten sich nicht daran Theil zu nehmen. Sie machten Sprache und Sitten geschmeidig, verwandelten eine wilde Leidenschaft in zärtere Empfindungen und ketteten die voraus zu sehr getrennten Geschlechter durch unschuldige Blumenkränze. Die sogenannte petrarchische Liebe ist Geist gewordner Duft dieser Zeiten: so wie Petrarka selbst seine schönsten Sonnette und Lieder aus diesem Garten der Liebe brach. Der spätere Mißbrauch und die bald erfolgte erschreckliche Einförmigkeit der Wendungen und Gedanken kann zwar die Sache selbst nicht verleiden; indessen ist doch kaum zu läugnen, daß nicht zuviel Blumenspiel dabey Statt fand, und daß alles endlich in die überfeinen Sentimens ausartete, die der wahren Liebe wenig Nahrung gewähren. Wie alles vorhergehende, so gehörte auch diese Poesie zum Uebergange, zur Verschmelzung der Sitten ins Feinere, bis sie so fein geworden sind, als das heutige Tageslicht zeiget.

Zwey=

Zweytes Kapitel.

Wirkung der christlichen Poesie auf die Sitten der Völker.

Das Christenthum hat höhere Zwecke, als Poeten hervorzubringen; auch waren seine ersten Lehrer keine Dichter. Die Wirkung desselben
aufs menschliche Herz sollte nicht vom Schmucke
der Bilder und vom Geklingel ins Ohr, sondern
von einfältiger Wahrheit kommen und Geist und
Leben wirken. Indessen konnts nicht anders seyn,
als daß auch die ersten Christen schon ihre Empfindungen in Lieder gossen, *f)* und sich damit
gegen Spott und Verachtung stärkten. Von Wü-
trichen verfolgt, in Nacht und Hölen klangen ihre
Lieder, deren Wirkung nicht von Kunst abhieng, so
wie sie nicht für den Zeitvertreib gedichtet waren,
sondern Gott den Herrn in ihrem Herzen sangen.
Wer ist noch, der den ältesten Gesängen der Kirche, *g)* den Hymnen Ambrosius, Synesius,

G 3　　　　Sedu-

---

f) Koloss. 3, 16.　r) Ueber diesen ganzen Abschnitt ist
des Abbt Gerberts Buch de cantu sacro voll Materialien und Geschichte: so wie die Wirkung einzelner Lieder theils in Vorreden und Anmerkungen zu
Cantionaten häufig berührt und registrirt worden.
Das gar zu grosse Detail wäre aber für diesen Ort
zu weitläuftig.

Sedulius Prudenz u. f. Kraft und Drang zur
Seele absprechen könnte? Mit dem lieblichen Klan=
ge des Liedes, sagt Augustin, zieht sich das Wort
Gottes ins Herz: die Seele wird hinaufgeschwun=
gen und fühlet mehr die Wahrheit, den Ton, das
Leben ihrer Lehre.

An der Wirkung also, die das Christenthum
auf die Sitten der Welt gehabt hat, h) nimmt
auch sein grosses Werkzeug, das Lied, Theil:
nur geht auch hier die Kraft des Himmels stille
und verborgen einher; die Wirkung keiner Poesie
ist vielleicht verkannter als dieser. Und doch wirkt
sie auf den besten, treuesten Theil der Menschheit,
und das nicht selten sondern täglich; nicht über
Gleichgültigkeiten, sondern eben bey den druckend=
sten Umständen am meisten, da ihm Hülfe Noth
thut. Jene heilige Hymnen und Psalmen, die
Jahrtausende alt, und bey jeder Wirkung noch
neu und ganz sind, welche Wohlthäter der armen
Menschheit sind sie gewesen! Sie giengen mit dem

Ein=

---

h) Rothens Buch von den Wirkungen des Christenthums
auf die Sitten Europens, ist eine eckle Lobrede, im
spitzesten, schwülstigsten Ton: der grosse Gegenstand
fodert noch einen Meister, der ihn behandle, ob=
gleich die Engländer bereits viel treffliche Beyträge
dazu geliefert haben.

Einsamen in seine Zelle, mit dem Gedrückten in
seine Kammer, in seine Noth, in sein Grab; da
er sie sang, vergaß er seiner Mühe und seines Kum=
mers: der erdermattete traurige Geist bekam
Schwingen in andere Welt zur Himmelsfreude.
Er kehrte stärker zurück auf die Erde, fuhr fort,
litt, duldete, wirkte im Stillen, und überwand
— was reicht an den Lohn, an die Wirkung die=
ser Lieder! oder, wenn sie im heiligen Chor den
Zerstreuten umfiengen, ihn in die hohe Wolke des
Staunens versenkten, daß er hören und merken
mußte: oder, wenn im dunkeln Gewölbe, unter
dem hohen Ruf der Glocken, und dem durchbrin=
genden Anhauch der Orgel sie dem Unterdrücker
Gericht zuriefen, dem verborgnen Bösewicht Ge=
walt des Richters: wenn sie Hohe und Niedre ver=
einten, vereint auf die Kniee warfen, und Ewig=
keit in ihre Seele senkten — welche Philosophie,
welch leichtes, lichtes Lied des Spotts und der
Narrheit hat das gethan, und wirds je thun kön=
nen? Wenn diese Poesie nicht auf Charakter und
Sitten wirkt, welche wird denn wirken?

Ich läugne nicht, daß in den mittlern Zeiten die
lateinische, die Mönchssprache viel Rührendes in
der Art gehabt hat. Außer dem, daß sie immer,

weil

weil sie lateinisch war, eine Anzahl andrer Schrif=
ten und Kenntnisse mit sich erhielt; sind mir im
elenden Mönchsstyl Elegien, Hymnen zu Gesicht
gekommen, die ich wahrlich nicht zu übersetzen wüß=
te. Sie haben ein Feyerliches, ein Andächtiges,
oder ein so dunkel = und sanft = Klagendes, das
unmittelbar ans Herz geht, und dem zu seiner Zeit
es gewiß an Wirkung nicht fehlte. Die ersten
Stimmen in den Reformationszeiten waren Ele=
gien oder Satyren; diese bereiteten die Gemüther
vor, bis sie auch in der Landes = und Volkssprache
erschallen konnten. In England giengen die Plow=
man's Visions und Plowman's Creed Wiklefen,
so wie in Deutschland Klagen und Elegien Huffen
voraus. Von beyden Seiten wird überall wie mit
Streitschriften, so auch mit Liedern gefochten, und
Lieder sind allemal, Gesinnungen unter das
Volk zu bringen, das wirksamste Mittel gewesen.
Was die Gesänge der böhmischen Brüder und
Luthers Lieder ausgerichtet, ist bekannt. Auch
in unserm Jahrhunderte unterließ Zinzendorf nicht,
durch Gesänge auf seine Brüdergemeinen zu wir=
ken. Ein Chor Singender ist gleichsam schon eine
Gesellschaft Brüder: das Herz wird geöfnet: sie
fühlen im Strom des Gesanges sich Ein Herz und
Eine Seele.

Die

Die erſten wirkſamen Gedichte in der Volks=
ſprache waren alſo auch, da ſich die Dichtkunſt
wieder empor hob, aus dem Schoos und Buſen
der Religion Kinder. Dante's groſſes herrliches
Gedicht umfaßt die Encyklopädie ſeines Wiſſens,
das Herz ſeines Lebens und ſeiner Erfahrungen,
die Blüthe aller Myſterien und Moralitäten, Him=
mel und Erde. Von dieſem Baume brach Mil=
ton ſeinen Zweig, da er das verlohrne und wie=
dergefundene Paradies ſchrieb. Die erhabenſten
und rührendſten Stellen Petrarchs gewährt ihm die
Unſterblichkeit ſeiner Laura. Die Poeſie iſt ſo
ſehr Kind des Himmels, daß ſie ſich nie reiner
und voller in ihrem Urſprunge fühlt, als wenn ſie
ſich in Hymnen, im unendlichen All verlieret.

Wenn alſo eine Poeſie der neuern Zeiten Werth
hat, ſo müßte es dieſe ſeyn; und wie kommts,
daß eben ſie und die moraliſche Dichtkunſt ihre
Schweſter am meiſten ihre Kraft verlohren? Wir
gehen zu den neuern Zeiten über, und wollen aus
dem ſo vervielfältigten, reichen und bunten Garten
der Dichtkunſt nur die für uns nothwendigſten Blu=
men und Früchte brechen.

Drit=

Drittes Kapitel.

Wirkung der Dichtkunst auf die Sitten neuerer Zeiten.

Als die Wissenschaften in Italien auflebten, entstand zuerst eine neulateinische, und wo möglich, neugriechische Dichtkunst. Man war in die wieder aufgefundenen Alten so verliebt, daß man sie, wie man nur konnte, nachahmte, sogar die alten Götter und Göttinnen als schöne Phrasen hervorbrachte, und sich nun überredete, daß man recht klassisch schrieb. Nun giengs freylich nicht an, sich flugs in einen Griechen und Römer zu verwandeln, und noch schwerer wars, die ganze Welt um sich griechisch und römisch zu machen; aber das schabete nicht: es war doch eine so schöne Sprache: es waren so schöne Muster: man versificirte und dichtete römisch.

Daraus mußten Nachtheile entstehen, die einem gewissen Theile der Menschen das ganze Ziel der Dichtkunst verrückt haben. Das Volk verstand diese Sprache nicht, und aufs Volk konnte die Dichtkunst also nicht wirken; der beste lebendige Zweck und Prüfstein der Güte gieng also verlohren. Gelehrte schrieben für Gelehrte, Pedan-

ten für Pedanten, die meistens (wie ihre herrliche
Auslegung der Alten zeigt) gar keiner Wirkung
der Dichtkunst fähig waren. — Schrieb man also
für die, so brauchte es auch keiner poetischen Talente, keiner Kraft und Absicht zur Wirkung. Die
Muster der Alten waren da, schrieb man nur,
wie diese, in schönen abgemessenen Zeilen, nach
allen oft sehr elend abgezogenen äussern Regeln,
Geist der Alten mochte seyn, wo er wollte, ein
Schreiber klatschte dem andern zu „ du bist
„ klassisch! ich bins auch — jene, das Volk, sind
„ Barbaren, Pöbel der lieben Frau Mutterspra-
„ che, sind verflucht! „ So wurden nun elende,
lendenlahme, kraftlose gemalte Schatten geheiligt;
sie waren der Traum von einem Traume, und
wurden Muster. — Und so ward Dichtkunst nun
das laue Ding, das Niemand zu haben und zu geniessen wußte, der Natur, dem Sinne des Volks,
seinem Herzen, dem Herzen des Dichters selbst
fremde; und sollte Wunderdinge wirken! Wie
lange quälte sich Italien mit dieser Nachahmung,
und jede andre Nation, im mindern Grade, gerade wie vormals im Anfange die Römer mit dem
griechischen Schauspiele. Apostolo Zeno vermach-
te den Dominikanern in Venedig eine Bibliothek
von 4000 Stücken, im Geschmack der sogenannten

ab

alten Komödie, die alle in einem Jahrhundert
geschrieben, und alle in demselben Jahrhundert ver=
gessen waren. Mit dem Trauerspiele giengs eben
so, und Italien hat noch keines. Zeno wand
alles an, die Oper griechisch zu machen; von Pa=
storalen, von arkadischen Tändeleyen, die im Ge=
schmack der Alten seyn sollten, wimmelte Italien,
und da diese dem Lande, der Zeit, den Sitten so
fremde, zum Theil so unnatürlich waren, auf wen
konnten sie wirken? Die Dichtkunst ward Ergötz=
lichkeit, schöne Kunst, Spiel.

Ursachen aus aller Welt Ende kamen damals
zusammen, Europens Sitten zu ändern, mit=
hin ward auch ihr Nachbild, die Dichtkunst theils
anders, theils kam diese immer mehr ausser Wir=
kung. Aus Spanien wurden die Mohren ver=
trieben; ihr Karthago war also zerstöret: der Rit=
tergeist fiel allmählig: das Land kam in sanften
Tod, d. i. in politische Ordnung. So giengs dem
Rittergeiste in allen Ländern: statt der Mohren
wurden die Vasallen gebemüthigt, die Provinzen
vereinigt: Monarchie im Staate erhob ihr Haupt.
Je mehr nun Freyheit, Natur, Eigenheit der
Sitten in allen Ständen abnahm, je mehr einzelne
Kräfte geschwächt wurden, um zu den Füßen des
Ei=

Einen zu ruhen, je mehr überall mechanische
Ordnung an die Stelle des Muths, der Wirkung
individueller Seelen trat; so mehr entgieng der
Dichtkunst lebendiger Stof und lebendige Wir=
kung. Der alte Rittergeist konnte nur zum
Spotte gebraucht werden: die neuern Sitten —
sie hiengen so wenig mit Poesie zusammen, als sie
von ihr abhiengen, — vom Gesetze und Rechte und
ganz veränderten Umständen der Welt giengen sie
aus. Den Regenten schmeicheln, einförmige Kriegs=
züge, politische Rechtshändel, machiavellische Ne=
gotiationen besingen, war das Zweck der Dichtkunst?

Wie mit dem Rittergeist, wars mit der Re=
ligion; ihre Wirkung ward verlacht: sie konnte
in Gedichten nur als Frage oder als Mythologie,
neben rein lateinischen, antiken und mythologi=
schen Namen gelten und so trat sie auch hervor.
Ich will bekannte Gedichte und zum Theile sehr be=
rühmte Namen nicht einzeln nennen; es war der
sonderbare Geschmack dieser mit neuem Lichte auf=
gehenden Zeiten. Nun wird mit der Religion des
Volks, der Dichtkunst Herz und Seele genommen;
ein Volk, das keine Religion hat, oder sie als
Burleske brauchet: für das ist keine wirkende
Poesie möglich.

Mei=

Meistens nennen wir diesen Zustand Wachs=
thum der Philosophie: er seys; aber diese Philo=
sophie dient der Dichtkunst und dem menschlichen
Herzen wenig. Streicht alles Wunderbare, Gött=
liche und Grosse aus der Welt aus, und setzt lauter
Namen an die Stelle; deß wird sich kein Geschöpf
auf Gottes Erdboden, als etwa der Wortgelehrte,
freuen. Die Dichtkunst kann nie entspringen und
nie wirken, als wo man Kraft fühlt, lebendige
Kraft selbst siehet, aufnimmt und fortpflanzet.
Bayle's atheistischer Staat wird wahrlich keine oder
elende Dichter haben, so wie alle philosophische Na=
men Kerker. Sie lassen Dichter weder zu,
noch können sie solche erzeugen; noch diese an ei=
nem philosophischen Schatten= und Plaudervolke
ihre Kunst erweisen.

Alle grosse Revolutionen damals flossen wie
ein Meer zusammen, auf dem die Dichtkunst nicht
anders, als zum Spiel hinfürder schwimmen konn=
te. Zween Welttheile wurden erfunden — man
denkt vielleicht beym ersten Anbicke: ey, wie neuer,
reicher Stof zur Dichtkunst! Der Erfolg zeigt, daß
dieser Stof nichts zu bedeuten hatte, gegen die
Wirkung, die im Ganzen die Dichtkunst durch
diese Entdeckungen verlohr. Gold und Silber,

Ge=

Gewürze und Bequemlichkeiten mögen viel Gutes
hervorbringen, nur nicht neues Leben für die Poe=
sie: die Kaffeetasse ist kein Trank des Odin, und
die Prickeleyen fremder Gewürze auf unsrer Zunge
und in unserm Blute kein goldner Stachel des
Apollo.

Die Buchdruckerey hat viel Gutes gestiftet;
der Dichtkunst hat sie viel von ihrer lebendigen
Wirkung geraubet. Einst tönten die Gedichte im
lebendigen Kreise, zur Harfe, von Stimme,
Muth und Herz des Sängers oder Dichters belebet;
jetzt standen sie da schwarz auf weiß, schön gedruckt
auf Blätter von Lumpen. Gleichviel zu wel=
cher Zeit einem lieben geneigten Leser nun der
Wisch kam: er ward gelesen, sacht und selig über=
flogen, überwischt, überträumelt. Ists wahr,
daß lebendige Gegenwart, Aufweckung, Stim=
mung der Seele so ungemein viel und zum Em=
pfange der Dichtkunst am meisten thut; ists ein
grosser Unterschied, etwas zu hören und zu lesen,
vom Dichter oder seinem Ausleger, dem göttlichen
Rhapsoden es selbst zu hören, oder sich es matt zu
denken und vorzusyllabiren: so setze man nun, alles
vorige dazugenommen, die neue Sitte in ihren
Umfang, wie viel mußte mit ihr die Dichtkunst an

Kunst

Kunst gewinnen, und an Wirkung verlieren!
Jetzt schrieb der Dichter, voraus sang er: er
schrieb langsam, um gelesen zu werden, voraus
sammelte er Accente, lebendig ins Herz zu tönen.
Nun mußte er suchen, schön verständlich zu schrei=
ben; Kommata und Punkte, Reim und Periode
sollten sein ersetzen, bestimmen und ausfüllen, was
voraus die lebendige Stimme tausendmal vielfa=
cher, besser und stärker selbst sagte. Endlich schrieb
er jetzt gar für das liebe klassische Werk und We=
sen, für die papierne Ewigkeit; da der vorige
Sänger und Rhapsode nur für den jetzigen Au=
genblick sang, in demselben aber eine Wirkung
machte, daß Herz und Gedächtniß die Stelle der
Bücherkammer auf Jahrhunderte hin vertraten.

Die Musik ward eine eigne Kunst und son=
derte sich von der Dichtkunst. So gewiß es ist,
daß dadurch beyde, als Künste, gewannen; so
viel scheints, daß sie an bestimmter Wirkung bey=
de verlohren. Die Empfindungen, die die Musik
allein sagt, kann sie nur dunkel sagen; nähme
man nicht unbemerkt das Kunstgefühl immer zu
Hülfe, so wäre uns vieles in ihr ein Buch mit un=
bekannten Lettern und wir würden sie nicht lange
in solcher Unbestimmtheit ertragen. Die Dichtkunst

ohne

ohne Klang und Gesang mußte bald Letternkram,
Naturwissenschaft, Philosophie, Sittenlehre,
trockne Weisheit, Studium, werden.

Je mehr die Länder zusammen rückten, die
Kultur der Wissenschaften, die Gemeinschaft der
Stände, Provinzen, Königreiche und Welttheile
zunahm, je mehr also, wie alle Litteratur, so auch
Poesie an Raum und Oberfläche die Wirkung
gewann, desto mehr verlohr sie an Eindrang,
Tiefe und Bestimmtheit. In engen Staaten,
bey kleinen Völkern, ihren einförmigen Sitten,
engem und jedem einzelnen Gliede anschaulichem
Interesse, bey Thaten, wo jeder Richter und Zeuge seyn konnte, hatte sie gewirkt und geblühet;
jetzt zerfloß ihre Flamme in Staaten und Schimmer auf der Erde. Wer konnte übersehen, was
ein Fürst wollte? und was für Recht er dazu hatte? Und wenn mans konnte, wer wollte, wer
dürfte es? Weder Volk, noch Dichter. Den freyen
politischen Satyren der mittlern Zeiten war der
Mund gestopft; aus der Mündung der Kanonen
flammen keine poetische Thaten. Weder Helden,
noch Bürger der alten Zeit ziehen zu dem meistens
entfernten, ungereitzten und unübersehbaren Kriege; es sind arme Kriegsknechte, die dahin ziehen,

114

und den Ländern ists meistens gleich viel, welchem Deo ex machina sie fröhnen und dienen. Die Kriegs = und Friedensposaune lassen also gern alle neun Musen liegen und beweinen höchstens Blut= vergiessen, Hunger, Krankheiten und gekränkte Rechte der Menschheit, von beyden Seiten.

Endlich und am meisten, wenn die Sitten und Herzen aller sogenannten gebildeten Völker allmä= lig abgegriffene Münzen werden, da die Dicht= kunst nur mit Schaustücken zu thun haben soll: wie anders, als daß diese auch so werde? fein aus= gearbeitet, bequem und schön, aber meistens ohne Innhalt und Werth der alten engen National= dichtkunst. Der meiste Theil ist Scheibemünze, wo das Kupfer durchblickt; den edlen Theil lassen wir ungebraucht ruhen, damit er unsre Taschen nicht reisse, oder wandeln ihn schnell in das, was wir nöthiger brauchen, als Sitten der alten äch= ten Dichtkunst. Uns bilden Gesetze, Gesellschaf= ten, Moden, Stände, Sorgen der Nahrung: unsre Musen sind das Vergnügen, und der Apollo derselben die liebe Noth. — Die Poesie ist Littera= tur: ein Paradies voll schöner Blumen und lachender Früchte; nur zeigt die schöne Farbe nicht von Gü= te derselben, noch weniger der süsse Geschmack. —

Die

Die italiänische Poesie wars, die sich zu erst formte. Ihre schöne Sprache, das Land, der Karakter der Nation, ihre Verfassung, die mit=helfenden Künste, trugen bey, daß sie bald und in blühender Gestalt erschien, eine liebliche Blume auf der Römer Grabe, aber nur Blume. Im grossen Dante kämpfen noch alle seine Leidenschaften: sein Gedicht ist Umfang seines Herzens, seiner Seele, seiner Wissenschaft, seines besondern und öffentli= chen Lebens: er ist noch ein Stamm aus dem alten Walde der Freyheit und Mönchswirkung. — In Petrarcha lebt seine Laura, sofern es die Gesetze des Sonnets und des Liedes der Provenzalen zulassen; seine Mitgehilfen ergaben sich noch mehr der lieben Mythologie oder den ausgelassenen Sitten des Zeitalters. Im Jahrhunderte der Medicis ward alles klassisch: man schrieb Latein oder schöne Son= nete und liebliche Stanzen nach Petrarchs Weise. Ariost erschien, und der göttliche Ariost schrieb einen Roman zum Vergnügen, wo sein Herr und Freund vorzüglich zu bewundern hatte, wo er alle solch Zeug hatte auffinden können. Er und Tas= so lebten von Nachlässen der mittlern Zeiten, weil zu ihren Zeiten wenig Poetisches mehr zu wirken war: die Nachfolger im vermehrten Ver= hältniß. Die Dichtkunst der Italiäner ist wie ih=

H 2

re

re Seele, ein stilles Meer, voll gehaltner tiefer
Leidenschaft und Stärke; tief unten kann der Sturm
wüthen, und oben fliessen noch sanfte Wellen. Viel=
leicht hat die Dichtkunst viel zu diesen Sitten, de=
ren Bild sie trägt, selbst beygetragen. Sie un=
terhält so sanft, beruhigt und ergözt so süsse: der
Gondelfahrer auf dem Meere, und der Pilger zu
Lande singt, spielt und ist fröhlich. Vergnügt
auch unterm Drucke, fröhlich auch in der Armuth —
Wie vieles zeigt nicht aber in auffahrenden Funken,
was in ihnen für eine Flamme schlafe, die nur auf
andere Umstände, auf einen Wind des Himmels
wartet?

Mit der Poesie Frankreichs (ich spreche mit
aller Bescheidenheit eines Idioten, der nur nach
seinem Gefühle zu urtheilen waget) — ists in Be=
tracht ihrer Wirkung auf Sitten noch unbestimm=
barer. So wie dieses Volk vielleicht weniger Poe=
sie und poetische Sprache hat, als die Italiäner,
so hat auch nach Maasgabe ihres Charakters diese
mindere Poesie auch mindere Wirkung auf Sitten
haben müssen. Anstand ist ihr grosser Richter
und Gesellschaftskreise der Schauplatz ihrer Poe=
sie: selbst ihr Theater ist Kreis der Gesellschaft.
Oben spielt eine Parthie Herren und Damen, und

oft

oft l'auteur durch sie; unten beßgleichen, und wie elend ist oft die Pythia, die schon vorher völlig den Ton stimmt! Oft werden Sentenzen, Tiraden und Deklamation bewundert, d. i. alles, wovon in der Gesellschaft gesprochen werden kann, und so werde denn gesprochen! Der theatralische Staats = und Kriegsmann Korneille, der tragische Jdyllenbichter Racine, Voltaire der Maler und Philosoph herrschen nach angenommenem Gesellschafts = Maasstabe, d. i. sie erleuchten und amusiren. Voltaire insonderheit, Er, in Poesie Philosoph und in Prose Dichter, Er, der grosse Lehrer unserer Zeit in leichter Philosophie und Scepticismus, der grosse Verfasser der pieces fugitives und der göttlichen pucelle — welche Mängel, welche Bedürfnisse des Jahrhunderts (anderer Länder beynahe mehr, als seines eignen Volks) füllet er nicht aus! Wie reine, veste Sitten warens nicht, die er bildet! Als ob heut zu Tage ein Dichter schriebe, um Sitten zu bilden? Und wozu schreibt er denn? Er suchet Ruhm, er folgt der Laune, er opfert den Götzen des Jahrhunderts, er amusirt. Gutes oder Böses, was daraus komme — was ist dem Dichter gut oder böse?

H 3   Rei

Meine Abſicht iſt nicht zu kunſtrichtern, ſon=
dern zu bezeichnen, was mich alſo dünket. Seit
dem goldnen Jahrhunderte Ludwigs wurde die
franzöſiſche Poeſie als unterhaltende Geſellſchaf=
terinn aufgeführet und iſt ſie das nicht geblieben?
Die Epopee Fenelons wurde vergeſſen, höchſtens
ſpricht man von ihren Blumen: aus Quinault
weiß man zarte Sentiments: aus Boileau Morg=
len oder ungerechte Streiche; aus la Fontaine
ſchöne Niäſerien. Moliere dichtete als groſſer
Dichter, dem übrigens alles gleich war, was la=
chen machte, und jetzt — weiß ich nicht, was man
dichtet. Man wiederholt, man trillert aux Ita=
liens tauſendmal Einerley nach, man bettelt.
Geßner und Young, Haller und Oſſian, Sha=
keſpear und der Otahite, alles macht gleiche
Wirkung — keine!

Das heißt, wie der groſſe Voltäre meldet, das
Licht iſt ſo verbreitet, daß nirgend mehr Flamme
werden kann. Die Sitten der Nation ſind ſo
gebildet, daß nichts mehr zu bilden iſt — und o!
eine Dichtkunſt zu Paris die Sitten der Na=
tion bilden! Warum nicht gar des Univerſums?
Und was ſind moeurs? und was iſt effet und
influence nach dem franzöſiſchen Nachdrucke?

und

und endlich was ist wirkende Poesie? Etwa ein
Trinklied oder ein Roman der Liebe.

Wir schiffen über den Kanal und plötzlich sind
wir in einem olim wilden Lande, das jetzt auch
sehr gesitter zu seyn beginnet, es ist das stolze
England. Aus den Resten der Ritterzeit hat es
Dichter, grosse Dichter — Chaucer, Spenser,
Shakespear! Shakespear insonderheit, der Mann,
der eine Welt voll Charaktere, Kräfte, Leidenschaften, Sitten, Begebenheiten umfasset, und eine
Welt derselben nachbildend in uns wirket. Welch
ein Schatz der Nation ists, einen Shakespear, ein
Buch der Sitten und menschlichen Scenen aus und
nach ihm zu haben! Er hat freylich kein System:
seine Seele ist weit wie die Welt, sein Schauplatz
ist für alle Sitten und alle Völker. Eine ähnliche Seele gehört auch dazu, Shakespear zu umfassen und wie er angewandt seyn will, anzuwenden!
Und da man itzt alles nach dem flüchtigen Augenblicke und mit dem Maasstabe des leichten Geschmackes mißt: so wird seine Desdemone bald
der Zaire und sein Hamlet dem französischen Hamlet billig weichen. Er ist, sagt man, für unsere
Sitten zu stark, zu rauh, zu wechselnd, zu ge-
schmacklos.

H 4

Seitdem Geschmack an die Stelle des Genies
trat und England seinen letzten Genius, Schwift,
nach Irrland verbannte, ist die Poesie viel kor-
rekter, moralischer, klaffischer, feiner geworden;
aber nicht zugleich auch viel unwirksamer, un-
poetischer, kälter? Wer hat schönere Moralen in
Reimen geklingelt, als Pope, und wer schönere
Stubencharaktere gezeichnet, als Addison? Man
frage indeß nicht um jedes Worts Ursprung, Zweck
und Wirkung. So viel ist gewiß, wenn mora-
lische Sentenzen und Wochenblätter Sitten bilden können, so haben Pope, Addison, Steele
ihre Nation (die beyden letzten auf allen Kaffee-
häusern insonderheit) gebildet. Ihre Schriften
werden die Ersten ihrer Art bleiben, und Addison insonderheit der Sokrates seines Volkes.

Indessen ists drückend wahr, der Geist des
Jahrhunderts, dem sich eben die edlen Schriftsteller ja auch in der Einkleidung bequemten, will,
daß das alles als Gedicht, als periodische Schrift,
als Wochenblatt gelesen werde; und wie oft zer-
stört da eben die Schönheit der Einkleidung, eben
ihre Kunst, ihre Feinheit alle Wirkung! Der
Reim ist eine schöne Sache, wo er ungezwungen
da ist; er stutzt, wie ein deutscher Dichter sagt,

und

und hebt die Phantasey — und leimt die Re=
de ins Gedächtniß; indessen ists eben auch so ge=
wiß, daß, wenn keine andere Seele, kein höherer
Geist weckt, der Reim einschläfert und mit süs=
sem Geklingel sanft betäubet. Wird das Gemüth
mit sogenannten Saamenkörnern der Tugend über=
häuft und gleichsam zu dick besäet: so kann nichts
aufgehen, zumal ja alles allgemein ist, und nichts
seine rechte Stelle findet. Merkt mans nun noch
dem Dichter an, daß er Dichter ist, als Nachti=
gall sang und als Versifikateur oder artiger mora=
lischer Schriftsteller schrieb; so liest man ihn auch
als solchen, höret der Nachtigall als Nachtigall
zu, läßt ihr seinen Dank wiederfahren, und geht
nach Hause. Bey allen moralischen Dichtungen der
Art kommts also darauf an, wie wirs lesen, obs
uns Scherz oder Ernst ist? Und mein! Warum
mußte denn dies, die Hauptbedingung der Kraft
auf unsere Sitten, warum mußte sie unbestimmt
bleiben? Ja warum mußte der Dichter eben durch
seine Kunst, durch seine ewige Bequemnisse für
unsere Ergötzlichkeit uns gar überreden, daß es
ihm nur um diese und um Lob dieserhalb zu thun
sey? Löscht er nun überdies mit der Einen Hand
aus, was er mit der andern schrieb; wie ist uns
nun zu Muth? Was sollen wir glauben? Und bey

H 5 wie

122

wie vielen Dichtern, Reimern, Einkleibern und
Romanschriftstellern insonderheit, ist gerade das
der Fall!

Die Engländer haben zwo Gattungen der Ro=
manklasse: die eine ist idealisch, die andere treue
Natur: Richardson und Fielding sind ihre Füh=
rer. Beyde Gattungen haben Vortheile und Nach=
theile; alles kömmt hier, wie überall, auf den
Gebrauch an. Sich in idealische Wesen verlieben,
kann herzlich gut seyn, aber auch sehr gefährlich.
Man findet den schönen Traum entweder, wo er
nicht ist, sieht allenthalben Engeln, Klarissen, und
Grandisons fliegen und wird jämmerlich betrogen;
oder der Engel Klarisse thut nur einen kleinen Fehl=
tritt, den ihm ja jedermann verzeihet und der Fol=
gen hat, für denen sich jeder gesunde Bauernver=
stand, der kein Engel ist, bewahrt hätte. In bey=
derley Fall hilft das Uebertreiben und Idealisi=
ren zum Unfall: und überhaupt ists eine so feine
Speise, ein so süsser Duft, daß er starke Bewe=
gung und gute Säfte fodert, wenn er nicht schäd=
lich seyn soll. Bekanntermassen haben nun die,
die sich am meisten dieses Duftes bedienen,
nicht viel Bewegung, nicht viel Anblick der ganzen
gesunden Menschheit in wahren Beziehungen des
Lebens;

Lebens; was Wunder also, daß sie träumeln, und kränkeln und wenn sie einmal an dies Opium gewöhnt sind, nie mehr davon lassen können. Das nennen wir Verfeinerung der Sitten und Gesinnungen durch angenehme und unterhaltende Lektüre; die Verfeinerung ist aber oft wahres Verderbniß. Meistens macht sie zu aller gesunden Speise, zu gründlicherer Nahrung des Geistes und Herzens, am meisten zu wahren Freuden und wahrem Gebrauche des Lebens untauglich. Wenn die romantischen Engel aus ihrem Mondparadiese zur Erde kommen und die im heiligen Schleyer der Entfernung erschienenen Liebhaber einander in der Nähe von Angesicht zu Angesicht schauen: so ist in mehr als Einem Verstande der Roman aus; die durch schöne Dichtung verdrängte Wahrheit kömmt, wie die Göttinn Ate, nach und rächet sich gewaltig.

Die fieldingsche Gattung des Romans ist dem Auge nicht unterworfen, sie öffnet das Auge ungemein für Wahrheit. Und wenn sie nun mit eben der Wahrheit das Herz für Güte öffnet und diese zum bestimmten Zwecke hat; so kann sie die schönste Gallerie des menschlichen Lebens heissen. Wie kömmts nun aber, daß meistens auch diese Gattung-Schriften den Schwächen der Zeit nachgiebt,

giebt, statt diese zu überwinden? Wie kömmts,
daß auch die individuellen Charaktere meistens in
einem Lichte stehen, wie sie das liebe Herz gern
hat? War den Verfassern an dieser kranken Sym=
pathie, an diesem ängstigen Zuwallen gelegen, das
eben daher rührt, weil ihre Hand den Wunden
unsers Herzens schmeichelt? Dichter, bist du als=
denn Mann? Ehrlicher Menschenfreund? Diener
der Gesundheit, Glückseligkeit und Wahrheit?
Was würdest du von dem Arzte halten, der Opium
oder süsses Gift reichte, nur daß die schöne Kranke
ihm die Hand drücke? Soll der Dichter schwachen
Seiten, bösen Sitten seines Jahrhunderts fröh=
nen? oder soll er sie bessern?

Wenn Cervantes treflicher Roman den Sitten
seiner Nation Leid angethan, und mit dem Lächer=
lichen der Ritterschaft auch viele Tugenden dersel=
ben ausgetilgt haben soll (das wohl des Dichters
Absicht nicht war) wenn mit ihrem Fehltritte die
himmlische Klarisse und die philosophische Julie,
so wie bey Terenz jenes Jupitersgemälde, geärgert,
und Jünglinge zu Tom = Jones gesagt haben sol=
len: Si este, cur ego homuncio non? Wenn
Fälle der Art wahr sind, welcher Dichter wird
nicht selbst über zu lautes Lob und warmes Auf=

wal=

wallen zittern, und so viel an ihm ist, das quid
honeſtum, vtile, decens? ja nicht ſchwankend
ſeyn laſſen! Ueberhaupt aber ſind Schriften der
Art leider zu ſehr das Ruhekuͤſſen weicher Bequem-
lichkeit, als daß man die hohen moraliſchen Wirkungen derſelben fuͤr etwas anders, als ſie ſelbſt
ſind, fuͤr Dichtung und Roman halten koͤnne.
Ich ſage dies bey den Englaͤndern, es gilt aber bey
allen Nationen.

Endlich hat die engliſche Wuth der Freyheit
ſich einer Gattung Dichter bemeiſtert, die recht national ſeyn, und auf Sitten wirken wollen; es
ſind ihre politiſchen Partheygaͤnger und Satyrs.
Buttler mit ſeinem Hudibras ſteht oben an, Swift
in der Mitte, Churchill und horum progenies
vitioſior folgen. Beſtimmt gnug iſts, was ſie ſagen,
und an Leidenſchaft und Staͤrke fehlts auch nicht,
womit ſie alles beleben; ob aber der moraliſche
Nutze davon ſo groß ſey, kann ich nicht entſchei-
den. Meiſtens iſt alles ſo partheylich, grimmig
und ſchrecklich uͤbertrieben, daß jedem Fremden
auch bey den ſtaͤrkſten Stellen weh iſt. So ſpottet
Buttler und hat Schaden angerichtet: ſo zerfleiſcht
Swift mit Tygerklauen die Menſchheit, daß man
Mitleid uͤber ihn, und nicht uͤber die Menſchheit
wei-

126

weinen möchte. So züchtigt Churchill — es sind blutreiche Auswüchse, eckle aber saftvolle Geschwüre der gepriesenen englischen Freyheit, die wir ihnen nicht zu beneiden haben. Meistens sind sie auch durch sich selbst unkräftig: die Gegenparthey handelt, und läßt diese sprechen, wüten; und nach wenigen Jahren ist alles entweder vergessen oder die schärfsten Pfeile des Genies, in Glut der Hölle gehärtet, haben ihre Spitze verlohren. — Ueberhaupt ist alles Uebertriebene (und wer übertreibt mehr und lieber als ein Engländer?) in eben dem Maasse unkräftig. Wo Milton Teufelsbrücken baut, rühret er nicht, und wo Young den Gräbern des erhabnen Unsinns zu nahe wirbelt, wird er nicht bessern. Wo Thomson und seine Gesellen zu viel schildern, ermatten sie, und ermüden andre; und wo die Adler ihrer pindarischen Oden mit Beywörtern beladen und vollgestopft sind, da kommen sie gewiß nicht zur Sonne. Vielleicht gleicht die Poesie dieses Landes anjetzt einem überfüllten Körper, der zuletzt für lauter Epitheten-Fülle und Gesundheit auf dem Leichengerüste pranget! — Und da bey ihnen alles so national ist, so muß, je mehr die Sitten sinken, je mehr Ueppigkeit und selbstgnügsamer Stolz, heroische Dummheit und Bestechung regieren, auch die Dichtkunst

                                              sinken

ſinken und davon Farbe tragen. Ihr leßtes, ſo
vergöttertes Genie, Sterne — man leſe ſeine weis
chen Schriften, und hintennach die Briefe ſeines
Lebens, herausgegeben von ſeiner eignen Tochter,
und man wird fühlen, worauf ich deute.

Jeßt ſoll ich von meiner Nation reden, aber
ich kann kurz ſeyn, weil ich oft nur wiederholen
müßte, was ich bey andern, denen wir bange nach=
gebuhlt haben, ſchon ſagte. Von jeher hat die
Poeſie weniger Wirkung auf uns gehabt, als auf
die beregten Nationen. Unſre Barden ſind verloh=
ren, die Minneſinger lagen auf der Pariſerbiblio=
thek ruhig; die mittlere Zeit hindurch ward Deutſch=
land immer auſſer Deutſchland geſchleppt oder mit
andern Völkern überſchwemmet; bekam alſo nicht
Zeit, ſich zu ſammeln, und auf die Stimme ſeiner
eignen Dichtkunſt zu merken. — Ueberdem iſts ein
getheiltes Land, ein Sund von kleinen monarchi=
ſchen Inſeln. Eine Provinz verſteht die andere
kaum: Sitten, Religion, Intereſſe, Stuffe der
Bildung, Regierung ſind verſchieden, hindern
und ſondern die beſte Wirkung. Opiß ſang für
gewiſſe Provinzen Deutſchlands lange, als ob er
in Siebenbürgen geſungen hätte. Schweizer und
Sachſen wollten ſich lange nicht für Landsleute
erken=

erkennen, und Nord= und Süddeutschland wollens in manchem Betracht noch nicht. — Ueberdem kommt bey uns das Volk in dem, was wir Sitten und Wirkung der Dichtkunst auf Sitten nennen, gar nicht in Betracht: für sie existirt noch keine, als etwa die geistliche Dichtkunst. Was bleibt uns nun für ein lesendes Publikum übrig, von dessen dichterischen Sitten wir reden sollen? Gelehrte? aber die haben ihre Sitten schon, und sind oft keiner Wirkung der Dichtkunst fähig: sie lesen zum Zeitvertreib, einen dumpfen Kopf sich etwa zu erheitern. Also Kunstrichter? aber die (ob sie gleich meistens nicht Gelehrte sind) haben mit jenen theils ein gleiches, theils noch das ärgere Schicksal, daß sie als Kunstrichter lesen, von Buchhändlern gemiethet, wohl gar gestimmet, und oft an Leib und Seele erblindet. Genießt der Krämmer den Duft seiner Gewürze? Und ists nicht Wohlthat für den Reiniger dunkler Gemächer, daß ihn sein Geruch nicht mehr störet? — Also dichte man für Jünglinge? aber auch die sind nach dem neuesten Geschmack selbst Dichter, und dienen an einem Allmanach deutscher Musen; also ist auch da die Wirkung gebrochen und veräffet. Also für geschmackliebende Jungfraun, ihre Bonnen und Tanten? Oder für jene vornehme Leser und Le-

serin-

ſerinnen, die es neulichſt von den Franzoſen ver=
nommen, erſehn und erlernt haben, daß auch
Deutſchland Dichter beſitze, und daß man dieſe
wirklich leſen könne? — Allein, was iſt nun
auch für dieſe zu dichten, und was an ihren Sit=
ten zu bilden? Nach zehn franzöſiſchen Büchern ein
deutſches zu durchlaufen, mit matter, verdauungs=
loſer Seele es zu durchträumen, durchnaſchen,
durchjähnen; ſodenn zu jenen zehn hinſtellen, und
abermals nach den neueſten Modebiſſen ſchnappen
— iſt das Dichterlektüre? was kann ſie nützen?
wer mag für ſie dichten? wer in den Armen einer
verwelchten Buhlerinn liegen, und ihr gar Sitten
geben wollen? Alſo bliebe nichts als die Buch=
händler übrig, für die denn auch wirklich die mei=
ſten Meßjünger ſchreiben; was dieſe erwählte
Schaar aber (die Jupiters, Apollo's und Mä=
cene der deutſchen Muſen!) was dieſe aus ihrer
poetiſchen Meßwaare für Sitten ziehen, mögen
ſie ſelbſt untereinander am beſten wiſſen!

Was für Wirkung können Gaben thun, die
verhandelt und erhandelt werden? Was für Sit=
ten kann ein Tempel der Dichtkunſt ſtiften, wo
Wechslertiſche und Taubenkrämmer, Recenſenten

J   und

und Ochſenhändler *i*) ihr Gewerbe treiben? Ihr
Dichter der Vorwelt, Oſſian und Orpheus, erſcheint wieder, werdet ihr eure Mitbrüder erkennen? werdet ihr für die Preſſe ſingen, und jetzt
in Deutſchland gedruckte, recenſirte, gelobte,
elend nachgeahmte Dichter werden? Man verzeihe,
daß ich bey dieſem Aeuſſern verweile; von ſolchem
Aeuſſern hängt das meiſte Innere ab. Der Buchhändler kauft und verkauft, erhandelt ſich Autor
und Recenſenten, beſtimmt den Werth ſeines Meß-
guts und nach dem Anklange geht die Stimme fort.
Dem lieben Deutſchland iſt alles gleichviel, wenns
in den Zeitungen nur **g e l o b t** iſt. **Sieg-**
wart und **Agathon, Meſſias** und **den Nothan-**
ker, Werthers Leiden und **Werthers Freuden**
lieſets mit gleichem Muthe; und das ausländiſche
Gemiſch, woher es auch komme, und was für
Sitten es wirke, bleibt billig im Vorrecht. —

Bey dieſem dürftigen Zuſtande der Leſerey haben wir uns über die Dichter und die Sitten, die
ſie wirken wollen, gewiß nicht zu beklagen. **Opitz**
und **Brockes, Gellert** und **Hagedorn, Kleiſt**
und **Geßner, Haller** und **Witthof** ſind untadel-
haft von dieſer Seite; der ehrliche fromme Cha-
                                          rakter

---

i) S. die Geſchichte Hieronymus in Nothankers 1. Th.

xalter der Deutschen zeigt sich auch hier. Sie
wollten lieber minder Dichter seyn, als unsittliche
und unweise Dichter. Der erste Dichter, der auf
die Nation vorzüglich gewirkt, war gewiß fromm,
Gellert.

Auch der höhere Kranz, nach dem sodenn die
deutsche Muse lief, war den Sitten fürwahr un-
schädlich: es war die biblische Dichtkunst. Hät-
te diese Wirkung auf die Nation machen, und den
Glauben des Volkes verdienen können, der einem
Inhalte der Art gebühret! Aber denn hätte vor
Klopstock kein Milton seyn, denn hättte sein Mes-
sias nicht mitten in einem Haufen Dichtungen und
Episoden stehen müssen, die ewig allen Glauben
abzwingen und abwürgen! — Wie es indessen
sey, verdient seine Dichtkunst nicht den Preis der
Engel, so verdient sie den Kranz unschuldiger
Menschen, nachgebender Jünglinge, zärtlicher
Kinder. Nie wird man ihr und der Muse des käl-
tern, gelehrten moralischen Bodmers sittliches
Uebel nachsagen können, wenn auch nicht alles
himmlisches Gold wäre.

Vielleicht wars selbst diese übergrosse Morali-
tät der Deutschen, die, wie an so vielen Patri-
archaden,

archaben, an den Bardengeſängen des jüngſten
halbverſtrichenen Zeitalters Schuld war. Unmaß-
geblich reizte die Tugend der Frau Thusnelde ſo
ſtark, als die Tapferkeit des Herrn Hermanns:
man freute ſich deſſen, überſah das andere, und
da Oſſian dazu kam, war der Bardengeſang gebohren. Sollte es alſo auch mit der Wirkung
dieſer Geſänge und Fabellehre auf unſere Sitten
nicht ſo ganz recht ſeyn: ſo bleibt dem errichteten
Altare immer Eine Aufſchrift: Pietati! „ Ein
„ etwelches Denkmaal, der Tugend, und den
„ Sitten der Väter heilig. „

Da die deutſche Muſe eine ſo ehrwürdige Ve-
ſtalinn, die Prieſterinn der Wahrheit und Tugend
iſt: warum ſollten wir nicht auch die Kleinigkeiten
überſehen, die hie und da Alten oder Ausländern
zu weit nachfolgen. Iſt Gleim denn nur Anakreon, oder iſt er nicht auch der wackre Helden-
und Tugendſänger? Und iſt ers in jenen Scherzen
denn auch je auſſer den Gränzen der Zucht? Hat
Wieland hie und da ſich mit der Muſe Krebillons
zu nahe befreundet; wie viel anders im andern
Geſchmacke hat er geſchrieben? In der That iſts
viel, was wir von den lieben Muſen des heiligen
römiſchen Reichs verlangen, und äuſſerſt wenig,

was

was wir, das lesende Publikum, ihnen gewäh=
ren; Geschenk und Gaben verstehe ich damit nicht.
Gebt uns andre Zeiten, andre Sitten, andre
Leser und Leserinnen, andre Schriften, die Le=
ser und Leserinnen bilden, und die Dichtkunst wird
ihnen nicht widerstreben.

Freylich ists auch hier edel, vorzugehen und
einem Gottgegebenen Dichter wird nie sein Kreis
williger Ohren und Herzen mangeln. Ein Dich=
ter ist Schöpfer eines Volkes um sich: er giebt
ihnen eine Welt zu sehen und hat ihre Seelen
in seiner Hand, sie dahin zu führen. So solls
seyn: so wars ehemals: immer aber und überall
kann nur ein Gott solche Dichter geben. Was
Menschenwerk ist, folgt auch menschlichen Sitten
um sich her; es ist von der Erde und spricht ir=
disch: der Sänger, der vom Olymp kömmt, ist
über alle, und eben der Stab seiner Wirkung
ist das Kreditiv seines Berufs. Wie der Magnet
das Eisen, kann er Herzen an sich ziehen und wie
der elektrische Funke allgegenwärtig durchbringt,
allmächtig fortwandelt: so trift auch sein Blitz,
wo er will, die Seele. Er wird weder Weichling
seyn, noch Kitzler, noch Sittenverderber, nicht

aus

aus Gesetzen von auſſen, ſondern weil er edleres Feuer, höhern Beruf in ſich fühlet.

Wir, die keine Götter ſind, ſolche Sittenverwandler zu ſchaffen und der dürftigen Zeit zu geben, wollen ihren Werth wenigſtens erkennen und ihr irrdiſches Werden nicht aufhalten. So lang unſere Dichtkunſt Meßgut iſt und Karmen an den Geburtstagen der Groſſen, ſo wird jeder Chiron in den Fels gehen und einen jungen Achilles etwa allein die Leyer lehren. Kein Tyrtäus wird vor unſern nach Amerika verkauften Brüdern einherziehen und kein Homerus dieſen traurigen Feldzug ſingen. Sind Religion, Volk, Vaterland unterdrückte, nebelichte Namen; ſo wird auch jede edle Harfe dumpf und im Nebel tönen. Ja endlich (die Urſache von allem!) ſo lange wir in naturloſer Weichheit, Unentſchloſſenheit und üppigem Zagen für Geld und Ruhm ſingen, wird nie eine Leyer erſchallen, die Sitten ſchaffe, die Sitten bilde.

Fortes creantur fortibus et bonis
Eſt in iuuencis, eſt in equis patrum
Virtus: nec imbellem feroces
Progenerant aquilae columbam.

De-

Doctrina sed vim promouet insitam
Rectique cultus pectora roborant:
Vtcunque defecere mores,
   Dedecorant bene nata culpae.

Ουκ ειον αγαθον γενεθει ποιητην, μη
προτερον γενεθεντα ανδρα αγαθον. Strab.
Η ποιησις ιερον τι χρημα κ. θεσπεσιον.
Ος ανευ μανιας Μησων επι ποιητικας θυ-
ρας αφικηται, πειθεις ως αρα εκ τεχνης
ικανως ποιητης εσομενος, ατελης αυτοςτε
κ. η ποιησις υπο των μαινομενων η τε
συμφρονυντος ηφανιθη. πλατ.

Beschluß.

Die Hauptsätze meiner Abhandlung wären
also diese:

1) Denn ist die Dichtkunst am wirksamsten, wenn
sie wahre Sitten, lebendige Natur darstellt;
sind die Sitten gut, stellet sie die lebendige
Natur zu guten Zwecken dar, so kann sie auch
gute Sitten wirken, und lange erhalten.

2) Unter den Hebräern wies Gott, welches der
Zweck der Dichtkunst sey, auf welche und zu
welchen Sitten sie wirken müsse; das Volk
blieb der Absicht des Gottes, der sie begei-
sterte, unendlich zurück; und unter den Griechen ward die Dichtkunst nach guten Anfängen
und mit einzelnen herrlichen Ausnahmen, Mythologie, Machwerk, schöne Kunst, Mährchen und endlich mit die Verderberinn ihrer
Sitten.

3.) In Rom war sie unabhängig vom Staate: gut,
aber roh, so lange die Sitten gut waren; un-
nütz, müssig oder böse und verschlimmernd,

in

in dem Maaſſe als dieſe fielen. Unter Nord=
ländern, Arabern und allen einzelnen thätigen
Völkern hatte, und erhielt ſie den Charakter
der Nation im Guten und Böſen.

4) Als Europa von den nordiſchen Völkern neue
Sitten und neue Verfaſſung erhielt, änderte
ſich auch die Dichtkunſt. Eben aber die Mi=
ſchung und Wanderung der Völker gab ihr ei=
nen unbeſtimmten, zuſammengefloſſenen
Mährchencharakter. Auch in den roheſten
Zeiten hat die ſimple Poeſie des Chriſtenthums
groſſen Nutzen gehabt, und hat ihn noch.

5) Mit der Nachahmung der wiedergefundenen
alten und dem neuen Zuſtande der Welt ward
die Dichtkunſt regelmäſſiger, aber auch unwirk=
ſamer; abgetrennt von Wirkung lebendiger
Sitten. Sie hat ſich unendlich verfeint, alle
Vorſtellungsarten und Moralen erſchöpft;
wirkt aber wenig, und kann und ſoll jetzt lei=
der nur wenig wirken; ſie iſt zum lieben Ver=
gnügen.

J 5 6) Pro=

6) Proben darüber in einzelnen Gattungen, bey mehr als einem Volke; und stille Winke, daß sie lebendiger und wirksamer werde.

J. G.

J. G. Herder

Fürstl. sächs. Oberkirchenrath, und Generalsuper=
intendent des Herzogthums Weimar,

über den

Einfluß

der schönen in die höhern

Wissenschaften.

Vt hominis decus ingenium, fic ingenii ipfius
eloquentia. Cic.

Welchen Einfluß haben die schönen auf die höhern Wissenschaften?

Zuförderst ist auszumachen, wie man das Wort schöne und höhere Wissenschaften nimmt? Sollen die erstern nichts anders seyn, als was junge, müssige Gemüther gern darunter verstehen möchten, eine tändelnde, üppige Lektür, Verse und Romane, Kritiken und witzige Journale, so ist wohl vom guten Einflusse nicht viel zu sprechen. Und da solcher Mißbrauch des Wortes in unsern Tagen ziemlich allgemein ist, und die kurs fürstl. Akademie ohne allen Zweifel zum Zwecke hat, daß die Beantwortung ihrer vorgelegten Frage von allen Seiten praktisch und nützlich werde, so muß leider! der Anfang dieser Abhandlung vom Mißbrauche der Sache und vom bösen Einflusse den er giebt, geschehen, damit wir sodenn auf den bessern Gebrauch und seine Nutzbarkeit kommen.

Zu nichts ist die Jugend geneigter, als vom
Schweren auf das Leichtere zu springen, zumal
wenn dies zugleich angenehm ist und eine schöne
Oberfläche hat. Sie läßt also gern die alten Au-
toren, die die wahren Muster des Schönen sind,
Philosophie, Theologie und gründliche Kenntnisse
anderer Art ruhen, um sich an den witzigen Schriften ihrer Sprache zu erholen und die Einbildung
damit zu füllen. So gehts in Schulen und Aka-
demien, und da in den frühern Lebensjahren der
Geschmack seine Richtung erhält, so schreitets fort,
wie es begann und auch in Zeiten und Ständen,
wo mans nicht vermuthet, siehet man jetzt Schön-
wissenschaftler und Schönkünstler, wie man sie gern
entbehrte; ästhetisch = poetische Prediger, witzige
Juristen, mahlende Philosophen, dichtende Geschichtschreiber, hypothesierende Meßkünstler und
Aerzte. Das Leichte hat über das Schwerere ge-
siegt, die Einbildung vor dem Verstande Platz
genommen, und je mehr Reize und Anlässe es von
außen giebt, diese Auswüchse menschlicher Seelenkräfte und schöner Litteratur zu befördern, desto
mehr gedeihen sie und ersticken das Trockne,
Schwerere, mit ihrem üppigen Wuchse.

Der

Der Schade hievon ist theils für die Subjekte
selbst, die in diesen Irrweg fallen, theils für die
Wissenschaften, die sie bauen oder bauen sollen,
beträchtlich und oft lange unersetzlich. Wir werden alles, was wir seyn sollen, nur durch Mühe,
durch Uebung. Unter welchem Vorwande, zumal
in jüngern Jahren, wir diese vernachläßigen, haben wir schon immer das zum Nachtheile, daß unsere Nerven ungeübt, unsere Kräfte unentwickelt
blieben, wir also, so reich unsere Beute von auß-
sen seyn mag, in uns selbst arm und schwach bleiben. Ein Jüngling, allein in den schönen Wissenschaften erzogen, ist wie ein Zärtling in den Gärten der Armida oder in der Grotte der Kalypso
verzaubert: er wird nie, wenn ihm nicht eine ern-
stere Wahrheit erscheint, Held oder verdienter
Mann werden. Das Schöne in den Wissenschaften, wie er darnach läuft, ist nur Kolorit, nur
Oberfläche; er pickt darnach, wie der Vogel nach
der Farbe, er hascht darnach, wie nach einer schönen Wolke. Die schöne Ansicht vergeht und er
hat nichts.

Zudem ist nicht alles Gold, was glänzt, und
nicht alles schön, was einem unerfahrnen Jünglinge oder verzärtelten Weibe so scheinet. Die Mo-
delek-

belektür der Zeit ist oft ein Garte voll Sodoms=
äpfel, auswendig schön, inwwendig voll Staub
und Asche. Ein Jüngling, der, was und wie
etwas sogenanntes Schöne im Drucke herauskömmt,
es begierig verschlingt, hält gewiß ungesunde
Mahlzeit: Gutes und Böses durcheinander und
das Meiste süß und üppig. Der Geschmack wird
verdorben, die Seele unsicher oder verwöhnt. Das
Reich seiner Wissenschaft so enge wie seine Zeit,
kann nicht bessere Früchte geniessen, als diese giebt
und er nicht gesündere Säfte kochen. Kömmts nun
noch dazu, daß der also genährte Jüngling selbst
Richter in den schönen Wissenschaften wird, ehe
er Schüler; Meister, ehe er Lehrling geworden;
gnade Gott, für den Einfluß! Was je die So=
phisten zu Sokrates Zeit waren, sind solche Kunst=
richter in unsern Zeiten: sie wissen Alles, sie ent=
scheiden über Alles; die Kunst zu schwatzen haben
sie gelernt, und worüber läßt sich nicht schwatzen?
Am meisten darüber, wovon man nichts weiß; da
kann man unbegriffene Sachen besser wünschen, da
kann man witzeln und schöngeistern.

Jede Wissenschaft, in die ein solches Gemüth
tritt, wird durch ungesunden Anhauch verpestet
und durch üppige Behandlung entnervt und ver=
dorben.

derben. Was für ein unwürdiges Geschöpf als ein eleganter Theolog nach dem neuesten Gewächse? Nicht Gottes Wort predigt er, sondern schöne Phrasen, klopstockische Hexameter oder krebillonsche Moralen. Nicht Gottes Wort liest er, er übersetzt an ihm alte Geschichte, Briefe, Gedichte in die neueste ästhetische Form, kommentirt Moses, David und Johannes wie Ariost, Milton und la Fontaine. Seine Glaubenslehre ist eine liberale Philosophie theologischer Meinungen und seine Pastoralklugheit eine ästhetische Wohlgefälligkeit gegen alle herrschende Irrthümer und nutzbare Laster. Einem Menschen, dem Würde in seinem Amte, strenger Umriß in dem, was er denkt, will und sucht, fehlet; ihm ist alle Malerey schöner Wissenschaften von aussen her Schminke oder ein Narrenmantel.

Ich übergehe Juristen und Aerzte, um mit einigen Zügen den Zärtling vorzustellen, der als schöner Geist in Philosophie, Geschichte oder gar Mathematik schönthut. Wenn er uns über alle diese Sachen schöne Worte, Porträte, Bilder, Aehnlichkeiten, witzige Einfälle und Geschichtchen giebt: wenn er uns sagt, nicht, was geschehen sey, sondern malt, was da hätte geschehen sollen,

K   uns

uns, was da ist, nicht zeigt, sondern mit Blu=
men umhüllet, dabei es errathen werde; ey des
schönen Philosophen! des poetischen Geschichtschrei=
bers, des witzigen Mathematikers, des herrlichen
Kunstrichters! Alle diese, alle höhere Wissenschaf=
ten werden verdorben, wo solche Affen Muster sind
und Exempel geben. Eine Bibel ist nicht Bibel
mehr, wo es ein ausgemaltes ästhetisches Kunst=
buch, eine Glaubenslehre nicht Glaubenslehre mehr,
wo sie ein Kram geschminkter Meinungen, eine
Philosophie nicht Philosophie mehr, wo sie, statt
zu lehren, tändelt und statt Wahrheit zu erforschen,
nach Farben und Flittergolde läuft. Was ist eine
Geschichte ohne Wahrheit? Was eine Wissenschaft
ohne Gewißheit und strengen Umriß? Was eine
Sittenlehre ohne Sitten und Uebung? Was eine
Weisheit voll Tandes und schöner Thorheit? Alle
Geschäfte und Stände werden von diesen Butterv ö=
geln schöner Wissenschaften benascht und veruneh=
ret. Sie saugen an ihnen unnützlichen Saft, und
was sie nachlassen, sind verheerende Raupen.

Die höchste Wissenschaft ist ohne Zweifel die
Kunst zu leben; und wie manchen haben seine schö=
ne Wissenschaften um diese Einzige, diese göttliche
Kunst gebracht! Die Liebe, die glücklich macht,
wird

wird selten durch Romane gelehrt oder gebildet; die größten Romanhelben oder Helbinnen finden nicht, was sie suchen, und oft etwas ganz anders, als wovon sie träumten. Ihre überspannte Ein= bilbungskraft ermattet, nnd kann nicht genießen, was sie hat, was ihr zu kosten gegeben wird: er= schlafte, weiche, üppige Hände können nicht um= fassen, nicht das Kunstbild bereiten, was erst be= reitet werden soll. Ein flüchtiger, dem Vergnü= gen nacheilender Jüngling, wie kann er ein Mann, ein würdiger Ehemann und Vater, ein arbeits= voller, unermübeter Aufseher des gemeinen We= sens, ein unterfuchender, gerechter Richter, ein mühvoller, tragender Arzt, ein geschäftiger Wei= fer, ein Wahrheitforscher, und Wohlthäter des menschlichen Geschlechts in seinem Kreise werden? Zu alle diesem gehört Bildung, Erziehung, Kunst, Mühe, ein treues Herz, ein guter Verstand, ein redlicher Zweck, und Willen und Kräfte, den Zweck zu erreichen; ist bies alles nicht da, buhlen wir in allem nur um das Flittergolb des Angenehmen, Leichten, Wohlgefälligen, Schönen, und verach= ten, was Mühe bringt, was Untersuchung kostet — Die Götter geben uns nichts ohne Mühe, sie verkaufen alle ihre Gaben theuer, und am theuer= sten ihre ebelste Gabe, den Kranz der Belohnung

K 2   eines

eines guten Gewissens. Die Ueberzeugung, ge=
than zu haben, was wir thun sollten, was keiner
für uns thun konnte, wird nicht durch elogia frem=
der Zungen und Federn, nicht durch Schminke von
aussen, nicht durch Geschwätz oder Schönkünste=
ley erworben; sie selbst ist aber die schönste, so wie
die höchste Wissenschaft und Kunst des Lebens.
Alles andre, was zu ihr nicht führet, ist Eitelkeit,
Dunst, schöngefärbter, aber blendender und viel=
leicht giftiger Nebel. Viele Mängel und Unglück=
seligkeiten unsrer Staaten, unsrer Stände, Aemter,
Wissenschaften und Geschäfte lassen sich auf die
unglückselige Ueppigkeit der Schöngeisterey zurück=
führen, die sich so häufig in unsern Erziehungs=
kammern, Schulen, Kirchen, Pallästen, Märk=
ten und Häusern zeiget: wollte Gott, daß man
die Quellen dazu verstopfen könnte, so würden sich
die Abflüsse bald verlieren.

Das Beste ist auch hier: das Bessere nur wie
es ist, in bessern Begriffen und Beyspielen zu
zeigen; es ist dies die Absicht der Frage: welchen
Einfluß die schönen Wissenschafren, recht ge=
faßt und recht geübet, in die höhern Kennt=
niffe haben?

Schöne

Schöne Wissenschaften sind die, welche die soge=
nannten untern Seelenkräfte, das sinnliche Er=
kenntniß, den Witz, die Einbildungskraft,
die sinnlichen Triebe, den Genuß, die Leiden=
schaften und Neigungen ausbilden; ihre Er=
klärung selbst zeigts also genugsam, daß sie auf
die höhern Wissenschaften, die sich mit dem Urtheile
und Verstande, dem Willen und den Gesinnungen
beschäftigen, den schönsten und besten Einfluß
haben?

Alle Kräfte unsrer Seele sind nur Eine
Kraft, wie unsre Seele nur Eine Seele. Wir
nennen oben und unten, hoch und niedrig, was
nur vergleichungs = und beziehungsweise so ist; im
Ganzen aber ist ein richtiger Verstand ohne richti=
ge, wohlgeordnete Sinne, ein bündiges Urtheil
ohne gezähmte und zu ihrem Dienst erweckte Ein=
bildungskraft, ein guter Wille und Charakter ohne
gutgeordnete Leidenschaften und Neigungen nicht
möglich. Also ists Irrthum und Thorheit, die
höhern ohne die schönen Wissenschaften anzu=
bauen, in der Luft zu ackern, wenn der Boden
brach liegt.

Wer

Wer hat je einen Mann von richtigem Verstan=
de gekannt, den sein sinnliches Urtheil immer irre
führte? Wer sah je mit dem Verstande recht, wer
mit seinen Augen und der Phantasie nicht recht sah?
Wer war Herr über seinen Willen, dem seine Lei=
denschaft nicht gehorchte, dem die Phantasie be=
fahl, der in jeder seiner geheimen Neigungen Stri=
cke fühlte, die ihn, den Simson, sieben= und tau=
sendfach fesselten, ohne daß ihn eine andre Kraft
befreyte? Die schönen Wissenschaften sind also,
oder sollen seyn Ordnerinnen der Sinne, der Ein=
bildungskraft, der Neigungen und Begierden: das
Sehglas also zur Wahrheit, die sich uns Sterbli=
chen immer nur im Schein offenbaret, die Arbei=
terinnen, den Grund unsrer Seelen zu ordnen, damit
Wahrheit und Tugend sich ihnen offenbare; ein
mehrers kann kaum zu ihrer Rechtfertigung und
höchsten Bestätigung gesagt werden.

Sinne und sinnliche Kenntnisse, so wie gehei=
me Neigungen und Lüste, sind überdem das Er=
ste, das in unsrer Seele aufwacht; der Verstand
kommt spät, und die Tugend, wenn sie nicht in
jene gepflanzt wird, gemeiniglich noch später. Also
ist mit der Jugend jugendlich anzufangen, unsre
sinnliche Kräfte sinnlich zu behandeln und zu bil=
den,

ben, durch leichte Regeln, und, noch beſſer, durch
gute Exempel. Die ſchönen Wiſſenſchaften beſte=
hen und beſchäftigen ſich mit beyden, und alſo iſt
ihr früher, nützlicher Gebrauch aus der Na=
tur und Ordnung der menſchlichen Seele auch
für alle andere Wiſſenſchaften genug empfohlen.

Wem in ſeiner Jugend Gedächtniß, Sinne,
Witz, Phantaſie, Luſt und Neigunſt verkrümmt
und verſtumpft wurden; was wird deſſen Ver=
ſtand in ältern Jahren für Materialien haben,
über die, was für Formen und Formeln, nach
denen er ſich übe? Was kann ſein Wille thun,
wenn ſeine Kräfte, richtig zu imaginiren, zu wol=
len und zu thun, dahin ſind? Er ſchreibt auf ei=
nem vermalten, verknitteten, zerrißnen Papiere:
er will mit ſtumpfen Waffen ſtreiten, und mit un=
geſchickten, verroſteten Werkzeugen das größte
Kunſtwerk der Seele vollführen.

Wie die Morgenröthe vor der Sonne vorher=
geht, und Frühling und Saat vor der Ernte her=
gehen müſſen: ſo die ſchönen vor den höhernWiſ=
ſenſchaften. Sie ſtreuen aus, was die letztern ern=
ten: ſie geben ſchönen Schein, dieſe wärmen und
leuchten mit ihrer ganzen Wahrheit.

Sin=

Sinne und Leidenschaften, Phantasie und Neigung können, in gewissem Verstande, die größten
Feinde des Guten und der Wahrheit werden.
Sind sie überwunden, und zu tüchtigen Freunden
geordnet, so ist die Sache gemacht: die höhern
Wissenschaften triumphiren auf ihren Schilden.
Das ist wahre Weltweisheit, die durchaus den
Sinnen nicht nur nicht widerspricht, sondern sie
vielmehr berichtigt, ordnet und bestätigt. Das
ist der schönste Vortrag der Geschichte, zu dem
die That nur den Ausdruck gewählt hat, in dem
sie, wie die Seele in ihrem Körper, lebet. Das
ist das wahre Recht, daß sich nur auf diesen Vor-
fall passet, und in ihm lebet. Das ist die schönste
Gottesgelahrtheit, die mit der Würde, Wahrheit
und Einfalt Gottes auf menschliche Herzen wirket. Die höhern Wissenschaften sind also alle, die
Frucht einer gesunden, schönen, natürlichen Blüthe der andern.

Ich fühle wohl, wie viel ich gesagt habe; und
daß man mich fragen kann, wo es die schönen
Wissenschaften gebe. Ohne mich hiedurch vom
Wege schrecken zu lassen, antworte ich blos, daß,
wenn es schöne Wissenschaften giebt, sie solche seyn,
und den Zweck und Nutzen haben sollen. Es ist

kei-

keine schöne, sondern häßliche Wissenschaft; die
die Einbildung aufbringt und verführt, statt sie zu
ordnen, und recht zu führen, die den Witz miß=
braucht, statt ihn zum Kleide der Wahrheit zu ge=
brauchen, die die Leidenschaften kindisch kitzelt und
aufregt, statt sie zu sänftigen, und zu guten Zwe=
cken zu leiten. Ich bin gewiß, daß die Alten auch
in diesem Betracht mehr schöne Wissenschaft, als
wir, hatten; sie nämlich, auf ihrer Stelle. Ihre
Poesie und Beredsamkeit, ihre Erziehung und Kul=
tur hatte viel mehr Weisheit und unmittelbaren
Zweck des Lebens, als unsere meiste Lektür und
Schulphrasen. Also auch von dieser Seite ist die
Lesung der Alten, recht gebraucht, wohlgeordnet,
die wahre Wissenschaft des Schönen zur höhern
Kenntniß.

Wo nämlich ist der sogenannte schöne Ausdruck
so genau und natürlich das Bild und Kleid der
Wahrheit, als bey ihnen, Griechen und Römern?
Wer die Sprache der Natur lernen will, wo lernt
er sie mehr, als bey ihren ersten Dichtern? Wer
bürgerliche Weisheit sehen will, wo sieht er sie
mehr als in ihrer Beredsamkeit und Geschichte?
Homer war der erste Philosoph, und Plato sein
Schüler: Xenophon und Polyb, Livius und

K 5 Ta=

Tacitus sind grosse Menschen = und Staatskenner, aus benen Macchiavell und Grotius ihre Weisheit holten. Demosthenes und Cicero sind Rechtsgelehrte, von benen man mehr lernen kann, als den Numerus ihrer Perioben; und welcher gröffere Geist der neuern Zeiten wäre es überhaupt, der sich nicht eben an den Alten zum Reformator seiner höhern Wissenschaft gebildet hätte?

Dem Theologen z. E. ist die Kenntniß und Auslegung der Bibel nöthig: welcher Theolog hat je diese Kenntniß vorzüglich und glücklicher getrieben, ohne genauere Kenntniß der Alten und ohne Bildung der schönen Wissenschaften? So lange diese lagen, lag auch das Studium, und der gelehrtere Gebrauch der Bibel; mit jenen lebten auch diese auf, und giengen beynah in gleichem Schritte. Ein Theil der Bibel ist Poesie; wer ist, der sie glücklich auslegte, ohne Gefühl fürs Schöne und Wahre der Dichtkunst? Welche Schaaren und Heerden von Kommentatoren, die Propheten und Psalmen bogmatisch = und grammatisch = erbärmlich zerrissen und mißbeutet haben, weil der Geist der hohen poetischen Sprache derselben sie nie begeistert? Auch die Geschichte und Anmahnung der Bibel ist voll Bilder und sinnlicher Vorstellung; niemand kann sie verstehn und anwenden, der diese nicht hat und übet.   Der

Der Prediger soll ans Volk reden; wie soll er reden, wenn ers nicht kennet, wenn er weder zu seinem Ohr, noch zu seinem Herzen Zugang weiß, weil es ihm selbst an Herz und Trieben fehlet? Er soll die Geschichte und Sittenlehre einer andern Zeit der Seinigen eigen machen: wie kann ers, wenn er weder jene noch diese im rechten Licht siehet, und mit dem rechten Sinne vergleichet? Die Irrthü- mer und Fehltritte, die aus dieser Unwissenheit und Ungeübtheit entstehen, wären durch alle Fel- der der Theologie in dicken Beyspielen anzuführen, wenn es Ort und Zweck erlaubte.

Von der Rechtsgelehrsamkeit haben es andre genug erwiesen, daß es ihr nicht Schaden, sondern den größten Vortheil bringe, wenn der gesunde Verstand und schlanke Sinn der Wahrheit in Un- tersuchung und Ausdruck mehr in ihr herrschte. Daß die Geschichte und Staatsklugheit sich mit der feinern Kultur und Humanität wohl geselle, wird niemand zweifeln. Was sollte humaner gedacht und geschrieben seyn, als eine Menschenge- schichte? Und wo sollte mehr Menschenkenntniß und Humanität herrschen, als in der Wissenschaft, die die Menschen regieret. In reifern geübten Jahren werfen daher die meisten gründlichen Ge- müther

müther das Spielzeug uud Klapperwerk der Mu=
sen weg, und nähren sich an diesem Menschlichen
der Poesie und Geschichte. Ein Menschenleben,
wie es Homer verfolgt, ein Glückswechsel, wie
ihn Aeschylus und Sophokles schildern, ein Cha=
rakter, wie ihn Sallust und Tacitus vesthält, Be=
gebenheiten und Leidenschaften, wie sie Schakes=
pear in ihren verborgensten Fäden entwickelt, Feh=
ler und Albernheiten, wie Aristophanes und Lu=
cian, Hudibras und Swift sie zeichnen, ein stil=
les, häusliches Leben, wie Horaz und Addison
es abbilden — lernte man hieraus nicht Menschen=
kenntniß, häusliche und politische Weisheit, wo=
her ließe sie sich lernen? Der berühmteste Eroberer
las den Homer als ein Kriegsbuch; mehr als Ein
Staatsmann lernte aus den alten Geschichtschrei=
bern und Rednern seine beste Geschäftweisheit.

Ueber die Verbindung der schönen Wissenschaf=
ten und Weltweisheit ist die ganze Geschichte
Zeuge. So lange und so oft sie Freundinnen wa=
ren, blüheten beyde; schieden und haßten sie sich,
so gieng Eine und die Andere zu Grabe. Plato
war die Biene über Homers Blumen und Aristo=
teles selbst kein Musenverächter. Als aber in den
mittlern Zeiten die Scholastiker sich allem Sonn=
und

und Tageslicht entzogen und in der Kluft ihrer
Barbarey Worte spannen und Schälle theilten,
was ist aus ihrer Logik und Metaphysik geworden?
Nur, da die schönen Künste zurückkehrten, gieng
auch den Wissenschaften der Abstraktion ein Licht
auf: sie fiengen nicht nur an, in Gemeinschaft zu
leben, sondern oft war ein Kopf dort und hier
Erfinder. Von Bako bis zu Leibnitz waren alle
helle Köpfe in der Philosophie auch Freunde des
Ergötzenden und Schönen: ihr Ausdruck war klar,
wie ihr Geist und selbst ihre Spiele wurden Denkmaale der Wahrheit.

Sollte ich alle grossen Namen nennen, die die
schönen Wissenschaften mit der höhern, die sie
erieben, ja selbst mit mehr als einer derselben glücklich verbanden, welche Namenreihe wäre vor mir!
Beynah scheints ein Vorzug aller eblern Geister
zu seyn, daß sie sich nicht in eine Kunst oder Wissenschaft mechanisch einschlossen, sondern die eine
durch die andere belebten und gleichsam in keiner,
die den Geist bildet, ganz fremde waren. Das
Reich der Wissenschaften scheint in allen seinen
Gebieten eins zu seyn, wie die Kräfte der menschlichen Seele: sie liegen einander näher oder ent-
fernter; abgerissen und inselhaft ist aber keine und

zu allen iſt Zugang. In der Geſchichte des menſch⸗
lichen Geiſtes, wie der menſchlichen Wiſſenſchaft
giebts die ſonderbarſten Kombinationen und ſie ſchei⸗
nen nur dazu zu ſeyn, daß aus jeder ein eignes
neues Gute erwachſe. Dichter und Redner, Phi⸗
loſoph und Staatsmann betrachten und behandeln,
wenn ſie Theologie treiben, ſie auf andere Art,
jeder aber kann mit der Seinigen Nutzen ſchaffen,
den der andere nicht ſchaffen konnte. So mit al⸗
len andern Feldern der Wiſſenſchaften: auf allen
kann die Blume des Schönen gedeihen, nach der
Gattung, zu der die gehört und dem Orte, der ſie
jetzt nähret. Allgemein geben die ſchönen Wiſſen⸗
ſchaften den höhern **Licht, Leben**, ſinnliche **Wahr⸗
heit, Reichthum**, wie alle genannte Klaſſen und
Exempel zeigen. Sie geben dies ſo wohl dem **Stoff**
als der **Form**, ſowohl den **Gedanken** als dem
Ausdrucke; ja ſie ſollens dem **ganzen Geiſte**
und **Charakter**, dem **Herz** und **Leben** geben, wenn
ſie rechter Art ſind. Ein Menſch, der ſchön denkt
und ſchlecht handelt, iſt ein ſo mißgebildetes, unvoll⸗
kommenes Weſen als ein andrer, der richtig denkt,
und ſich krumm und elend ausdrückt. **Einheit** iſt
Vollkommenheit, ſo wohl in den Wiſſenſchaften,
als in den Kräften der menſchlichen Seele, im
Stoff als in der Form, im Gedanken wie im Aus⸗
drucke.   Ich

Ich könnte noch mehr ins Detail gehen und
bey einzelnen Wissenschaften, schönen und höhern,
zeigen, wie sie sich einander stützen und heben; ich
halte es aber dem Zwecke, zu welchem, und der Ge=
sellschaft, für die ich schreibe, undienlich. Viel=
mehr will ich von der Ordnung und Methode re=
den, die nach meiner Meinung und Erfahrung von
Jugend auf am besten zu nehmen seyn möchte, da=
bey beyderley Kenntnisse sich aufs beste einander
beystehen und helfen.

1. Die schönen Wissenschaften müssen den
höhern vorausgehen, doch also, daß auch in
jenen Wahrheit zum Grunde liege.

Die Ordnung, wie sich Tages= und Jahres=
zeiten, menschliche Lebensalter und die Kräfte unse=
rer Seele entwickeln, zeigt uns diesen Weg. Wie
da Morgenröthe dem Mittag und Frühling dem
Sommer vorgeht, wie mit der Jugend, dem Früh=
linge des Lebens zuerst die Blüthen der Seele, Sin=
ne und sinnliche Kenntnisse erwachen; so hat die
Erziehung, die der Natur folgen soll, diese auch zu=
förderst zu ordnen. Die schöne und angenehme
Geschichte der Natur, gleichsam das Bild der
Schöpfung Gottes, geht ohne Zweifel der abstrak=
ten

ten Phyſik vor; nicht anders die leichte und angenehme Geſchichte der Menſchheit einer abſtrakten
Metaphyſik und Sittenlehre. Die Logik, die ſich
nur mit deutlicher Erkenntniß, Begriffen, Sätzen
und gelehrten Schlüſſen beſchäftigt, werde von einer andern Logik vorbereitet, die den geſunden
Verſtand und die Phantaſie leitet; und da dieß beſſer
durch Beyſpiele als durch Lehren geſchieht, ſo kommen wir eben hiemit wieder auf den ſchönen
Weg der alten Schriftſteller. Werden dieſe
der Jugend aus den Händen genommen, um ſie
mit ſogenannten höhern Kenntniſſen zu früh zu
überladen, ſo weiß ich nicht, ob wenn ſie gleich
alles, was ſie lernen, behielten, der Schade er-
ſetzt würde? Sie lernens zu früh, folglich nicht
recht: ein metaphyſiſches Kind und ſyſtematiſcher
Knabe ohne Materialien und Blüthen der Erkenntniß iſt ein junger Greis, der früh v......
Schaffe der Jugend erſt Reichthum und mancherley ſinnliche Gewißheit: die Deutlichkeit gelehrter Begriffe wird aus ihnen, wie Frucht aus der
Blüthe, werden.

Es verſteht ſich hiebey, daß man weder bey
Alten noch Neuern, Worte von Gedanken, Ausdruck von Sachen zu trennen habe; ſonſt wird alles

les verwelkte Blüthe. Wer in den Alten nur Phra=
ses fängt, hat nicht einmal Schmetterlinge gefan=
gen, sondern nur ihre Farben: wer in den Neuern
nur Formeln und Ausdrücke jagt, füllet den Kopf
seiner Lehrlinge mit Spinngewebe. Aber gute
Sachen, wohlgesagt, ihnen darstellen, schöne
Beyspiele schön vorgestellt, ihnen entwickeln,
wohlgeordnete Bilder und Phantasien in schö=
ner Sprache ihnen einprägen, das bildet und nü=
get lebenslang. Sie sind Bienen auf einem Blu=
menfelde, die nicht müssig fliegen, nicht leer wie=
der kommen, sondern mit Honigbeute; ist diese
erst da, so ist Zeit, sie zu schichten und zu ordnen.
Ein Jüngling, der an diesen Kräften und Wissen=
schaften verwahrloset ist, wird sie sich mühesam
und spät ersetzen, dagegen das höhere sich auf ih=
ren Grund selbst bauet.

Nur, sage ich, auch den schönen Wissenschaf=
ten muß Wahrheit und Nutzbarkeit zum Grunde
liegen. Ein Lehrer, der in den höhern Wissen=
schaften selbst erfahren ist, wird diese mit seinen
Vorübungen im Sinne und Hinterhalte haben,
wenn er sie auch nicht der Form nach treibet. Vom
Buchstabiren und Lesen an muß ja ein Mensch wis=
sen, was er liest, und wenns nachher insonderheit

zu den Uebungen der Schreibart geht, muß er ja
wissen, was er schreibet. Es wäre hier die äusser=
ste Schande, leer Stroh zu dreschen, da es in aller
Litteratur so schöne Früchte und Blumen giebt.
Diese dem Jünglinge vorgelegt und nur ausgewählt
zwischen gesunder und ungesunder Speise, ihn an
guten und schönen Mustern geübt, daß er seine
eigne Kräfte fühle; wird er unmöglich sachen = und
wortarm bleiben. Mit der Materie wird sich ihm
die Form eindrücken und er unvermerkt nach dieser
fortdenken, fortschreiben und so es das Glück will,
forthandeln. Leset ihm gut vor und er wird, ohne
daß ers weiß und fast will, gut lesen lernen: lasset
ihn sich an guten Mustern üben und das Schlechte
ihm nicht bekannt werden, bis er sich jene eigen
gemacht hat, so wird er auch in den höhern Wiß
senschaften gut denken, mithin auch gut reden: denn
das schönste Kleid der Gedanken ist immer das an=
schliessendste Kleid der Wahrheit. Unvermerkt
kömmt der Jüngling in das ernsthafte Schwerere
und es ist ihm nicht mehr schwer, er hat gleichsam
nur dazu gelernet.

2. Die schönen Wissenschaften, recht ver=
standen, haben den Vorzug, daß sie für alle Stän=
de und Geschäfte sind, statt dessen jede höhere

nur

nur ein abgesondertes Feld bauet: sie müssen also
zumal mit der Jugend, in dieser Allgemeinheit
getrieben werden.

In frühern Jahren weiß niemand so leicht, wo=
zu er lernt: der Beruf und die Geschäfte des Le=
bens hangen nicht immer von unserer Neigung und
Willkühr ab. Ist also ein Mensch gar zu einschlies=
send und abgeschränkt auf eine höhere Wissenschaft
oder Lebenssphäre vorbereitet worden und das Glück
ist ihm ungünstig; so ist er verlohren. Er kann
nicht seyn, was er will und er war nichts ausser
diesem.

Zudem so hat eigentlich kein Geschäft und keine
Wissenschaft eine so abgezäunte Sphäre, daß sie
nicht mit andern zu thun hätte: völlige Einseitig=
keit also in einem Fache gebiert nichts als Haß,
Neid, unbillige Verachtung und taube Unschicklich=
keit gegen jedes andere, das uns vielleicht zunächst
gränzet. Der pure pute Jurist verachtet den Theo=
logen so unbillig, als dieser jenen zur Rache oft
hasset oder mißbraucht. Der Metaphysiker ver=
ketzert den Poeten, wie dieser jenen verspottet —
alles nicht zur Ehre der Wissenschaft oder zum Nu=
ßen des gemeinen Wesens, das aller bedarf und

jeden

jeden in seiner Art schätzet. Die schönen W: sen=
schaften und der gesunde Verstand sind gleichsam
die Gemeinflur, wo sich alle höhern Kenntnisse zu=
sammenfinden und zusammenerholen; wo jede ih=
res besondern Amts vergißt und sich des allgemei=
nen Zweckes der Menschheit erinnert. Ist dieser
Platz vonJugend auf von allen besucht und bestellt
worden, so sind sie gleichsam Jugendfreunde: sie
haben Einerley Philosophie des Lebens gelernt,
sich in Einer Schule bereitet.

Und da zumal öffentliche Anstalten Versamm=
lungsörter sind, aus denen die Lehrlinge nachher
in alle Stände und Aemter gehen, so können diese
Gemeinfluren und Vorübungen für alle nicht sorg=
sam genug angebauet werden. Es ist nicht gut,
wenn Schulen blos für Theologen sind und auch
alle Vorübungen in ihnen, als ob nur Theolo=
gen daher kommen sollen, getrieben werden; es
wäre aber eben so übel, wenn irgend eine andere
Wissenschaft oder Fakultät sich ausschliessend zum
Zwecke machte. Die schönen Wissenschaften heis=
sen humaniora: sie dienen der Menschheit und
sollen ihr in allen Ständen und Formen die=
nen. Sie sind zu etwas mehr da, als ästhetisch
zu predigen oder anakreontisch zu dichten; auch der

Staats=

Staatsmann soll sich an ihnen ergötzen und näh=
ren; auch der Philosoph und Meßkünstler an ih=
nen sein gesundes Gefühl bilden. Alle sind wir
Menschen, und sollen Humanität lieben; auch
warens zu allen Zeiten, und in allen Ständen Zier=
den der Menschheit, die sie geliebt haben.

3. Es ergiebt sich aber auch hieraus, was ei=
gentlich schöne Wissenschaften sind, die diesen
Namen verdienen, und hiemit komme ich auf den
Anfang meiner Rede: Humaniora sinds, Wif=
senschaften und Uebungen, die das Gefühl der
Menschlichkeit in uns bilden. Woburch dies ge=
bildet wird, das ist schöne Wissenschaft; wo nicht,
da ist sies nicht, mit welchen Titeln sie auch prange.

Man rechnet Sprachen und Poesie, Rheto=
rik und Geschichte dazu; es bleibt aber immer
die Frage, wie Sprachen und Poesie, Rhetorik
und Geschichte getrieben werden, sonst können auch
sie häßliche, unnütze Wissenschaften bleiben. Der
Sinn der Menschheit (Sensus humanitatis)
macht sie zu dem, was sie sind, oder seyn sollen,
und alsdenn ist auch die Philosophie ihnen nicht
fremd oder widrig, vielmehr müssen sie alle mit
einer Art Philosophie getrieben, und durch sie zur

L 3   Hu=

Zumänität belebt werben, unb bie Philosophie
ist sobenn gewiß doctrina humanitatis. Es ist
unláugbar, baß bie alten Theoristen, Aristoteles
unb Quintilian biesen Sinn ber Menschheit bey
ihrem Unterricht mehr hatten, als bie meisten neu=
ern Theoristen. Aristoteles unvollstánbige Poe=
tik zergliebert bie griechische Tragóbie scharf, unb
will sogar bie Reinigung ber Leibenschaften zu ihrem
Zweck machen: ber Lehrer ber Wissenschaften, ber
Zomer unb Sophokles in bieser Absicht erklárt,
hátte eine grosse Schule. Aristoteles Rhetorik ist
voll Kenntniß ber menschlichen Seele unb Zerglie=
berung ber Leibenschaften, so wie voll Kenntniß ber
bürgerlichen Zwecke unb Geschäfte, zu benen gere=
bet werben soll. Plutarchs Schriften sinb voll
bieses Sinnes ber Menschheit, sowohl seine Ab=
hanblungen als Lebensláufe, unb Cicero selbst
kömmt ihm hierinn nicht bey. Quintilian ist
eine Tenne voll golbner, gereinigter Weisheits=
körner. Unter ben neuern Theoristen hat sich Rol=
lin insonberheit nach bem Geschmacke ber Alten gebil=
bet, unb unter uns Sulzer insonberheit in biesem
Geschmacke bes Wahren unb Guten theorisiret. Mit
biesen unb anbern, theils unter ben genannten,
theils anbern Nationen, läßt sich in unsern Ta=
gen wohl eine Theorie ber schönen Wissenschaften

vor=

vortragen, von der man sagen kann, daß sie den
Höhern mit Geist und Leben diene. —

Wie aber Theorie allein nicht alles thut, so
kommts am meisten auf Beyspiele solcher an, die
in den höhern Wissenschaften mit wahrem Sinne
der Menschheit und in den schönen mit Sinn und
Vorgeschmack der höhern geschrieben und gehan=
delt haben. Ich will mein Lied nicht doppelt sin=
gen und die alten Dichter, Redner, Geschicht=
schreiber und Philosophen, bey denen alles noch
glücklicher Weise eins war, abermal und aufs
neue rühmen. Auch unter den Neuern hat jede
höhere Wissenschaft schöne Genien gehabt, die
sie im wahren Geiste der Menschheit behandelt
haben, so wenig es an Dichtern gefehlt hat, die
mehr als Dichter waren, und dies Mehrere auch
ihren Werken eindrückten. Ich darf von den letz=
ten nur die Namen eines Dante, Petrarchs,
Tasso, eines Milton, Swift, Pope, eines Hal=
ler, Witthof, Lichtwehr, Lessing und Kästner
nennen: so wie unter jenen nur an einen Thuan
und Montagne, Sidnei und Schaftesburi,
Macchiavell und Sarpi, Erasmus und Gro=
tius gedenken, um das Andenken so vieler andern
in andern höhern Wissenschaften zu erneuern. Ein

Leh=

Lehrer der Humanität, der im Geiste dieser Män=
ner lehret, wird, und wenn wir in Trotzendorfs
Schule, Heere von Jünglingen aller Stände und
Aemter wären, für alle lehren. Er wird nicht
mellitos verborum globulos, dictaque pa-
pauere et sesamo sparsa, auswerfen: qui inter haec nutriuntur, non magis sapere possunt, quam bene olere, qui in culina ha-
bitant, sondern Stoff und Form geben, daß der
Geist seiner Schüler hell, ihre Phantasie und
Sinne wohlgeordnet, ihr Ausdruck durch Wahr=
heit schön und geschmückt durch Einfalt werde,
am meisten aber, daß sich in ihnen der Sinn bilde,
die Menschheit überall zu lieben und ihr wah=
res Gute zu befördern — der beste Einfluß in die
höhern Wissenschaften sowohl als die grosse Kunst
des Lebens. Wohl dem Lande, das die schönen
Wissenschaften also pflegt! wohl dem Lande, wo
sie diesen Einfluß in die höhern Gebiete der mensch=
lichen Wissenschaft haben!

Joachim Schuhbauer
Benediktiner aus Niedernaltach
über die
Singspiele.

Quum valeant multum verba per fe, et vox
propriam vim adiiciat rebus, et geftus mótus-
que fignificet aliquid, profecto perfectum quid-
quam, quum omnia coierint, fieri necceffe eft.
Quintil.

$\mathfrak{D}$aß sich unsre deutsche Theatermusik auf den
Flügeln der Natur und Kunst zum anstau-
nenden Beyfalle aller Kunstverwandten zusehends
immer mehr emporschwingt, muß jedem deutschen
Bieder, dessen Herz für die Ehre seiner Nation
reblich schlägt, und der für die Aufnahme der
schönen Künste nicht ganz unbekümmert und gefühllos dahinlebt, zur innigsten Freude gereichen.
Die frostigen Zeiten, wo die gute deutsche Einfalt
den Italiänern, als den einzigen ordentlich ge-
weihten Priestern der Tonkunst, ehrerbietigen
Weihrauch streute; wo wir Deutsche selbst aus
leichtgläubiger Gutherzigkeit und ererbten Vorur-
theilen (Gott verzeih es uns!) unsern eignen
Landesbrüdern in den Werken der Tonkunst Genie und Geschmack absprachen, und in der musikalischen Republik selbst nichts mehr, als unbedeuten-
des Volk seyn wollten, diese frostigen Zeiten sind,
dem Himmel seys gedankt, nun einmal so gut als
vorbey. Wir haben schönere Tage erlebt, Tage,

wel=

welche der deutschen Muſik vielleicht in den ſpäteſten
Jahren noch zur feſtlichen Epoche dienen werden.
Die deutſche Ehrbegierde iſt von ihrem langen um-
thätigen Schlummer endlich rüſtig aufgewacht.
Schon hat ſich die leidige Scene ſo ziemlich umge-
wandt.   Wir kommen dem glücklichen Zeitpunkte
immer näher,   wo wir der parteylichen Welt ihre
entehrenden Vorurtheile gänzlich benehmen , das
Joch jeder ausländiſchen Muſik vollends abſchüt-
teln , und mit unläugbaren lebendigen Beweiſen
darthun werden , daß deutſche Genies auch im Reiche der Tonkunſt alles vermögen , was ſie immer
mit deutſchem Ernſte unternehmen.

Deutſchlands fruchtbarer Mutterſchoos lieferte
zwar ſchon ſeit mehr Jahren für jede Gattung der
Inſtrumentalmuſik die treflichſten Virtuoſen. Dieſe muſikaliſchen Athleten , deren ſeltne Verdienſte
man auch ohne meine Ankündigung an allen Höfen Europens kennen mag , dorften ſich in ihrer
Kunſt immer mit jedem wackern Ausländer ohne
Gefahr der Beſchämung meſſen , und zum unſterblichen Ruhme ihres deutſchen Heimathes ſelbſt Italiens erſtgebohrne Söhne der Harmonie zum muſikaliſchen Kampfe auffodern.

Al-

Allein zur eigenthümlichen originaldeutschen
Theatermusik konnte sich unsre Nation niemals
ganz erheben. Besonders an guten deutschgebohr=
nen Sängern hatten wir immer einen sehr fatalen
Mangel. Es fanden sich zwar hie und dort einzel=
ne, die es mit jedem wälschen Professorio aufnah=
men; man konnte sie aber beynahe alle zusammen
an einer Hand herzählen. In unsern katholischen
Landen wurden die meisten fähigsten Sanggenies
nach uraltem Herkommen schon im Frühlinge ihres
Alters immer von den Klöstern weggekapert. Ue=,
berhaupt aber wollte sich der gewissenhafte recht=
schaffene Deutsche den bekannten niedrigen Kunst=
griff, der den Italiänern ihre Sänger oft durchs
ganze Menschenleben brauchbar erhielt, nirgends
gefallen lassen; und dem leibigen Mangel durch
öffentliche Sangschulen abzuhelfen, das Gesangstu=
dium nach dem vermuthlichen Beyspiele der Grie=
chen so gar in den vaterländischen Erziehungsplan
aufzunehmen, wie es nun in Manheim, Berlin
und Ludwigsburg mit den erwünschlichsten Folgen
geschieht, dieß selige Projekt war damals entweder
noch keiner mächtigen deutschen Seele beygefallen,
oder welches mir wahrscheinlicher zu seyn däucht,
Unwissenheit und Kabale haben es immer gleich
in seiner geheimsten Entstehung unterdrücket.

Wenn

174

Wenn man nun aber aus jenen trocknen, un=
fruchtbaren Zeiten mit denkendem Blicke über al=
le die neuen Produkte unsrer deutschen Theater=
musik hinsieht, so könnte man beynahe auf den
schmeichelhaften Gedanken verfallen, wir Deutsche
hätten auch in diesem Fache der Tonkunst in kurzer
Zeit das Verdienst aller gesitteten Nationen bereits
mit Riesenstärke eingeholt. Wir haben nun nicht
allein deutsch übersetzte, sondern auch ganz origi=
naldeutsche Singspiele von allen Gattungen; und
wir haben sie zur bequemern Verbreitung des guten
Musikgeschmackes noch dazu in mancherley Formen:
in Partitur, im Klavierauszuge, und ohnehin
auch theatermäßig. Was aber wohl obendrein bey
der ganzen Sache wenigst für uns unfehlbar das
Wichtigste seyn muß, so werden selbst von manchen
auswärtigen, unpartheylichen Kennern die Werke
der deutschen Tonsetzer insgemein allen Komposi=
tionen der Ausländer, wo nicht wesentlich vorge=
zogen, doch allerdings gleichgeschätzt.

Hasse, den Burney und Reichard in ihren mu=
sikalischen Reisen Germaniens Raphael in der Ton=
kunst nennen, und unser würdige Rubens Herr
Ritter Gluck, der mit seinen ganz originalen Mei=
sterstücken den hundert Jahre angebetheten Lulli
glück=

glücklich verdrang, mögen uns selbst nach dem Ge=
ständnisse der wahrheitliebenden Ausländer immer
gegen die Wunderwerke des italiänischen Orpheus
Jomelli und seiner wackern Kollegen hinlänglich
entschädigen; und die deutschen Namen Graun,
Bach, Schuster, Händel, Gaßmann, Reichard,
Schweitzer, Andre, Hiller, Naumann, Neefe,
Beecke und Winter werden im Tempel der Göt=
tinn Harmonie nach manchem Jahrhunderte immer
noch so herrlich, als die Pergoleſe, Piccini, Ga=
luppi, Tozzi und Sacchini glänzen. So gar die
grossen Britten, deren Geschmack in der Ton=
kunst immer so fein und erhaben ist, als in der
Poesie, würdigten sich schon manchmal, deutsche
Kompositionen mit Beyfall aufzunehmen, nachzu=
ahmen, oder gar zu bestehlen. — Selbst das sonst
stolze eigensinnige Rom entschloß sich in unsern
Tagen das Regiment über seine erhabene Musik=
kapelle dem deutschen Heiberger zu übergeben; und
so dörfte, wie schon vor einigen Jahren Ferrandini
über die Aufnahme unsrer deutschen Tonkunst weiß=
sagte, und was immer noch fast alle reisenden Vir=
tuosen einmüthig behaupten, Italien bald gar ge=
nöthigt werden, ihre Zöglinge nach Deutschland
zu schicken, den Geist der bessern Musik aus dem
Munde deutscher Lehrer einzuhauchen, so, wie

vor

vor einigen Jahren unſere Landesbrüder in dieſer
Abſicht nach Italien hinzogen.

Nach vielmaliger Betrachtung dieſes glücklichen ſchnellen Fortganges der Muſik in Deutſchland, war ich faſt ſchon entſchloſſen, zur
Aufklärung und Ermunterung meiner lieben
Landesleute überhaupt vom Einfluſſe der Muſik
auf die Erziehung und Sitten einer Nation, und
vorzüglich vom manichfaltigen Nußen und von der
innerlichen Einrichtung der öffentlichen Sangſchulen,
dergleichen ſich Baiern aus der Gnade ſeines erhabenſten Fürſten Karl Theodors, unter deſſen
mächtigen Schöpferhänden Manheim zuſehends
zum muſikaliſchen Athen der Deutſchen emporſtieg,
vielleicht ehebäldeſt eine zu verſprechen hat, meine
einſamen Gedanken zu ſammeln, und in eine ordentliche Rede zu bringen. Nachdem mich aber
die gefälligen Singſpiele, in welche wir Deutſche
uns immer heftiger verlieben, ſchon manchmal auf
meinen Reiſen an verſchiedenen Theatern mit dem
ſeligſten Vergnügen beglückten, und ſie nun nach
meinen Büchern am einſamen Flügel alle meine
Leiden und Freuden, wie Freunde, unter ſich
theilen, ſo fühlte ich einen unwiderſtehbaren Trieb,
ſelben gleichſam zum Danke, um ihre Freundſchaft

künf-

künftig mit noch befferm Rechte zu verdienen, und
mit noch füfferm Geschmacke zu genieffen, mit
Hintanfetzung aller Sangschulen eine kleine Abhand=
lung zu wiedmen, und darinn umständig zu be=
weifen, wie ganz unfehlbar diefe Singspiele den
gemeinfamen Zweck der Dramatik erreichen, wenn
fowohl ihre Poefie, als die mufikalifche Kompofi=
tion der fchönen Natur des vollen finnlichen Aus=
drucks gehörig entfpricht.

Wer die willkührlich angenommenen mechanifchen
Schulregeln des Theaters, ohne einmal den Wider=
fpruch des beffern Menfchengefühles anzuhören,
immer mit fchüchterner Pünktlichkeit beybehalten,
und überhaupt jedes Werk der Kunft in jedem
Theile, und aus jedem Gefichtspunkte nach den
urfprünglichen Zügen der fimpeln Natur, fo
wie fie vor unfern Augen erfcheint, mit pedan=
tifchem Eigenfinne unterfuchen will, ohne da=
bey das Bedürfniß vom Vergnügen zu unterfchei=
den; der mag allerdings auf den lächerlichen Ge=
danken verfallen, Singspiele, fo gewiß fie doch
im eigentlichen Verftande immer nichts mehr als
in Mufik gefetzte Dramas find, wären gar nicht
dazu gemacht, den gemeinfamen Zweck der Drama=
tik zu erreichen. Ihre handelnden Perfonen, in=

M   dem

178

dem sie wider aller Welt ewigen Gebrauch immer
nur singend auftreten, und am Ende oft gar im
Gesange dahinsterben, scheinen nach der Kritik dieser gelehrten Sonderlinge aller Wahrscheinlichkeit
gänzlich zu widersprechen, das Geheimniß der Nachahmung jedem Zuhörer aufzudecken, und dadurch
die zwo stärksten Grundsäulen des Theaters Interesse und Illusion vollends einzureissen.

Den Dichtern und musikalischen Kompositeurs,
die uns in ihren Singspielen mit vereinigter Arbeit
künstlich täuschen und angenehm unterhalten wollen, ihre freundschaftliche Bemühung mit menschli-
chem Danke zu vergelten, könnte man zwar vorläufig ohne seiner Einbildungskraft damit viele Gewalt anzuthun, als eine sehr wahrscheinliche Möglichkeit annehmen, daß sich in der Schöpfung ir-
gendwo Menschen befänden, bey welchen entweder
aus der Natur ihrer Landessprache, oder vom feinern Gefühle ihrer Herzen, oder aus einer je beliebigen Ursache die ganz besondere Gewohnheit ent-
sprang, daß sie, wo nicht alle ihre gesellschaftlichen
Gespräche, doch die heftigern Ausdrücke ihrer Leidenschaften immer mit innigster Empfindung in angemessenen Melodien heraussingen.

Allein welch Bedürfniß sollte uns nöthigen, durch eine mühsam erträumte Hypothese wohlgerathenen Singspielen, wovon hier allein die Rede ist, zur gewissern Erreichung ihres dramatischen Endzweckes zu verhelfen, dessen sie ohnedem theils aus ihrem eigenen musikalischen Verdienste, theils durch die schöne natürliche Verbindung der Musik mit der Poesie und Schauspielerkunst gewisser als jede Gattung des Dramas sind.

Wer von der wahren ursprünglichen Natur der Musik, von ihrer beynahe unumschränkten Gewalt, und vom vollen Ausdruck der vereinigten Künste nicht ganz nur die fadesten Begriffe im Kopfe hat, der kann diese Wahrheit auch ohne meine Beweise bis auf den Grund des Grundes einsehen. Musik liegt mit der natürlichsten Richtung schon in der alltäglichen Mundart jeder Nation; und man hat eben keine gar schulgerechte Ohren dazu nöthig, um in jedem gesellschaftlichen Gespräche, in jedem menschlichen Ausdrucke eine Art vom simpelsten Gesange, und eine unerkünstelte Abwechslung der Töne zu bemerken.

Tonleere Worte, so wie sie ohne Empfindung in der Vernunft entstehen, erklären unsere

M 2   Ge=

Gebanken immer ganz ohne Leidenschaft; sie wir=
ken mit Unterricht nnd Beweisen auf den Ver=.
stand; aber gewinnen, rühren, und überreden,
werden sie, wenn man sich nicht wenigst die ge=
hörigen Töne dazu einbildet, nimmermehr. Die
Töne sind, wie die Gebärden, die eigentliche
Sprache der Empfindungeu, und die deutlichsten
Organe des Herzens und der Seele. In Tönen
und Gebärden verstehen sich, wie in einer gemein=
samen Sprache, alle Nationen der Welt. Dieser
Ausdrücke bedienet sich die Menschheit, wenn der
Mensch keine Worte hat, oder ihre willkührliche
Bedeutung nicht einsieht; und hat er welche, und
versteht und fühlt er sie ganz, so werden sie von
der simpeln und ungeschmückten Natur, sobald
sie aus dem Munde zu kommen beginnen, mit
harmonischen Tönen und Gebärden begleitet, unt
mittels dieser Seelensprache durch die Sinne
geraden Weges in fühlbare Herzen zu bringen,
allda ähnliche Empfindungen rege zu machen, und
den Zweck, der sich auf ihre Bedürfnisse, und
zur Erhaltung ihres Wesens bezieht, besto ge=
wisser zu erreichen. Menschenstimmen, welche
immer jeden Ausdruck ihres Vortrages mit dem
angemessenen Naturlaute getreu, ungezwungen
und fühlend belegen, gewinnen schon im alltägli=
chen

chen Umgange mancherley schöne Vortheile, welche
der kalte Sonderling bey seiner eintönigen un=
beugsamen Stimme, wenigst von dieser Seite
her, lebenslang entbehren muß. Unsern Geist dem
Stande der unwirksamen Gleichgiltigkeit zu entreis=
sen, müssen entweder die Sinne bewogen werden,
oder der Verstand. Jene sind beweglicher, weil
sich immer leichter fühlen als denken läßt; aber
die meisten Bewegungen hat man immer vorzüglich
der Natur der Töne zuzuschreiben. So viel ver=
mögen sie mittels der Sinne auf unsre Herzen; so
mächtig sind sie, noch ehe sie den eigentlichen Na=
men Musik verdienen, ehe sich die Natur durch die
Reize der Kunst verschönert, und ehe noch die übri=
gen Künste, besonders die Poesie und die Schau=
spielerkunst, schwesterlich mit ihr verbunden, im
prächtigsten Putze, im ganzen Umfange ihrer ge=
hörigen Annehmlichkeit und ernstlichen Macht auf
der Schaubühne erscheinen, um da im Singspiele un=
sere Sinne mit vereinigten Ausdrücken zu beschäfti=
gen, und die Seele zu harmonischen Empfindun=
gen aufzuwecken.

Aus gemeinsamen Instinkt will jedes gesittete
Volk am Theater immer nur im steten Vergnügen
erhalten, unvermerkt und angenehm belehrt, und

nicht

nicht anders als mit sinnlicher Lust gewonnen wer=
den. Menschenherzen sind zwar überhaupt der
Tugend und Wahrheit kaum einmal ganz abgeneigt;
nur darf man ihnen selbe niemals im trocknen, mur=
rischen Schulmeistertone vorpredigen. Je ähnlicher
sich die Schaubühne einer menschenfreundlichen Lust=
schule macht, je angenehmer und sinnlich= reizender
der Ausdruck ist, worunter sich der sittliche End=
zweck der Künste aus frommer Absicht verbirgt;
desto heftiger reizt man die Sinne der Gegenwärti=
gen zur theilnehmenden Aufmerksamkeit, und desto
gewisser und tiefer gräbt sich jede wahre Empfin=
dung in alle Herzen. Diese Beobachtung allein
mag nach aller Wahrscheinlichkeit die Tonkunst auf
das Theater geführt haben, wo sie mit natürlichen
und wesentlichen Zeichen in der lebhaftesten immer
abgeänderten Succession die Situation der Seele
malet, und eben darum in gewissen Beziehungen
selbst den Ausdruck der Poesie und aller bildenden
Künste übertrift.

Die Musik ist immer so eigentlich als je die
Dichtkunst, eine ganz besondere Rangsprache, zu
nichts weniger erfunden, als unsre Ohren mit em=
pfindungsleerem, nichts bedeutendem Geräusche zu
füllen. Sie ward schon seit den entferntesten Zei=
ten

ten des dunkelsten Alterthumes immer von allen
gesitteten Nationen nicht blos zum angenehmen
Zeitvertreibe und zu öffentlichen Freudenfesten,
sondern auch zur nachdrucksamsten Erregung der
wichtigsten feyerlichsten Empfindungen ausgesehen.
Schon ehe man irgend in einem Lande Schaubüh=
nen und Opern hatte, hielt man die Musik für
das anständigste, stärkste Mittel, bey gottesdienstli=
chen Versammlungen die Flamme der reinsten An=
dacht in allen Herzen anzufachen. Dem Volke am
Theater Hochachtung für die Religion, Ehrfurcht
gegen die obrigkeitlichen Geseze, Vaterlandsliebe,
Tapferkeit, Edelmuth und thatvolles Bestreben nach
jeder wahren Tugend mit lebendigen Zügen tief und
unauslöschlich ins Herz zu prägen, kurz, die
durch das Drama schon rege gemachten Empfin=
dungen noch heftiger in Wallung zu bringen, und
die geheimsten Tiefen aller Seelen zu erschüttern,
dazu wählten die Griechen, jene ewig zu verehrenden
Verbesserer und Meister der schönen Künste, vor=
züglich die Musik. Ohne Furcht, das Interesse
der Handlung damit aufzugeben, vielmehr um den
Zweck der Dramatik gewisser zu erreichen, unterbra=
chen sie ihre Tragödien gelegenheitlich und nach Gut=
dünken, so oft sie eine wichtige, gemeinnützliche
Wahrheit recht im innigsten Gefühlausdrucke vor=

M 4 tra=

tragen wollten, mit den berufenen Chören, wel=
che der eindringende Ton der Flöte unterstützen
mußte; und sie wirkten damit oft ganz unglaubli=
che Wunder.

Die Gewalt, welche die Musik merklicher, als
jede Kunst, mit der anmuthigsten Macht, und mit
unwiderstehbarem Nachdrucke über alle Menschen=
herzen ausübt, scheint fürwahr fast unumschränkt
und bezaubernd. Kaum hat sie unsere Stirne
in finstere schwermüthige Falten gezogen, so glät=
tet sie selbe manchmal augenblicklich wieder zur
seligsten Heiterkeit aus: sie entzückt, und ergreift
uns mit Allmacht, erhebt unsern Geist bald bis
zu den Sphären hinauf, und füllet ihn bald wie=
der im unermeßlichen Abgrunde mit Schrecken der
Hölle; kurz: sie macht alles aus uns, was ihr
beliebt. Man findet manchmal Leute vom gering=
sten Geschmacke, und fast ganz ohne Menschen=
gefühl, die über jede Schönheit der Poesie und
Malerey kalt und ungerührt bleiben, dagegen
über die Reize der Tonkunst beynahe sich selbst
vergessen.

Wie rasch erwachet der unwirksamste Geist
schon beym ersten Akord einer vollen Instrumen=
tal=

talmusik? Wie fein gekitzelt fühlen sich unsere ge=
heimsten Kordialnerven über Kannabichs und Grö=
ners herzerhebende Geige? Wie zärtlich schmilzt
jedes fühlende Herz im wollüstig = melancholischen
Adagio aus Sechi's Hoboe? Wie ländlich sicher
athmet man bey Beckis anmuthiger Flöte; und
mit welch regem Muthe beseelet die kühne ton=
volle schmetternde Trompete unser innerstes We=
sen! — Was bestimmen sie aber allezusammen
diese todten Werkzeuge der Tonkunst? Was kann
uns das treflichste, zahlreichste Orchester mit der
vollkommensten, richtigsten Harmonie ohne ihre
Seele, ohne Menschenstimme sagen? Die leblose
Instrumentalmusik ist immer nur der halbe Aus=
druck der Tonkunst; und wenn sich der Kompo=
nist zu seinen Parthien statt des Textes keine be=
stimmte Empfindung ins Herz legt, oder kein ge=
wiß Gemälde in die Phantasie aufnimmt; und
obendrein, wenn er uns diese nicht vorläufig
beym eigenen Namen nennet, wie Tartini seine
Symphonie: Didone abbandonnata, oder wie
Heyden seine Abschiedssonate, seinen Distratto u.
d. m. oder wenn der Zuhörer sich nicht selbst Ton=
künstler genug ist, um sich über so ein uncharak=
terisirtes Produkt eine bedeutende Anwendung zu
machen; dann bleiben die herrlichsten Meisterstü=

M 5   cke

cke der Inſtrumentalmuſik fürs Herz immer ohne
Charakter, ohne Intereſſe, ohne Endzweck. So
ſehr ſie unſere Ohren entzücken, ſo ſind ſie doch
für den Geiſt immer nur ein dunkel Chaos un-
verſtehlicher Getöne, welche, weil ſie ſich für keinen angewieſenen Gegenſtand verwenden, auch
keine zweckmäßige Empfindung erregen a).

Im Augenblicke aber, wo eine reine melodi-
ſche Menſchenſtimme mit Geiſt und Gefühl dazu-
ſingt, kläret ſich plötzlich alles um uns auf. Jeder Ton, jeder Akord erhält ſeinen Sinn und
Empfindung. Die Begleitung der Inſtrumente
wird durch die herrſchende Melodie des Geſanges
kennbarer, und das Gemälde der Seele liegt in
den feinſten Abſtufungen der Farben mit Schlag-
ſchatten und Sonnenlichte vor uns. Faſt träumen wir manchmal den Nachlaut aus Gottes
Himmel, und die Harmonie der Sphären zu hören, wenn ſich der fühlende Sänger unter Begleitung eines beſcheidenen Orcheſters mit getreuer
Naturſtimme nach der Kompoſition eines melodi-
ſchen Tonſetzers ganz der ſeligſten Wonne über-
läßt

---

a) Sonate, que me veux-tu! rief einſt Fontenelle über
ſo eine Inſtrumentalmuſik.

läßt *b*). Dagegen bebt uns Schauber und Schrecken in jedem Beine, wenn der Gesang von der Harmonie der Instrumente unterstützt den fürchterlichen Riß von Liebe und Wonne zu Wuth und Verzweiflung ausdrückt *c*). Dergleichen musikalische Gemälde wirken mit plötzlicher unwiderstehbarer Gewalt auf unsern Geist *d*). Wir trauen es dem Sänger zu, ohne daß wir es selbst wissen, daß er die innigste Sprache der Seele mit uns rede; und so behält er auch für sich unsere Herzen immer rege und offen. Es kostet Mühe, sagt Dalembert, wenn man im Gesange gegen die Nachahmung der Natur, und die Wahrheit des Ausdruckes gleichgiltig und gefühllos bleiben will.

Was uns das Alterthum vom Orpheus und Euridice, von Arion, Apollo, Amphion und

den

---

b) Wie z. B. im Alchymisten von Schuster in Bußels Arie aus C: Wie durch meine kleinste Nerve Freude rollt, und Wonne glüht ꝛc.

c) Wie in Bendas Ariadne über die Stimme der Oreade, oder in Piccinis guten Mädchen in der Arie der Baronessen: Wuth der gekränkten Liebe.

d) Im Tode Abels von Rolle wird dem Zuhörer über das musikalische Rauschen und Geheul des Sturmwindes bey Kains Opfer im Chore der Kinder Adams recht ernstlich bange; und als ich in Bendas Romeo den schaudervollen Chor aus C moll: Im Grabe wohnt Vergessenheit der Sorgen, das erstemal hört, bekam ich eine förmliche Gänsehaut.

den Syrenen erzählet, sind zwar im Grunde mei=
stens nur leere Träume der Dichter; dienen sie
aber nicht dem ungeachtet auch als Fabeln für
herrliche Beweise, daß die Menschen der Ton=
kunst, besonders dem Menschengesange zu allen
Zeiten eine gränzenlose Gewalt über die gan=
ze Schöpfung einmüthig zuerkannten, und selbe
unfehlbar auch durch und durch fühlten, daß
man schon in jenem Zeitalter glaubte, der Ge=
sang könne durch seine Zaubertöne sogar steinigte
Herzen erweichen, und tygerartige Tyrannen zur
Lämmersanftmuth herabstimmen.

Der Theatergesang unterscheidet sich von den
gewöhnlichen Melodien besonders darinn, daß er
seine Ausdrücke mittels der Schauspielerkunst,
wo selbst die Augen sprechen, Hände und Beine
handeln, und wo sich alle Gesichtslinien bestre=
ben die Situation der Seele zu malen, noch da=
zu eben so lebhaft dem Auge darstellt, als man
sie hören kann, und daß sich also jede Empfin=
dung im Singspiele mit dreyfachem Ausdrucke
ans Herz legt. Wer fühlet es nicht, mit welch
ganz eigenem Leben die Musik den Tanz und die
Pantomime beseelet? Nun eben so einen neuen
Geist und Nachdruck erhält auch die Poesie, und
der

der Gesang eines lyrischen Drama durch die edle
Schauspielerkunst. Diese drey schönen Künste
haben niemals mehr Reitze und Macht unserm
Verstand und Geiste Begriffe und Empfindungen einzuprägen, als wenn sie ihre Gewalt unter
geschickten Meisterhänden zur Bearbeitung eines
gemeinsamen Stoffes vereinigen. Dann erst werden sie, was sie nach den Grundsätzen ihrer Natur eigentlich seyn sollten; dann nur läßt es sich
begreifen, wie es geschehen konnte, daß einst
über den alten Chor der Eumeniden vom Euri-
pides schwangere Frauen vor der Zeit gebahren,
und viele Zuschauer in plötzliche Ohnmacht hin-
fielen.

Zwar hat jede Kunst ihre bestimmten charakte-
ristischen Ausdrücke; jede wirket mit gewissen Reitzen und sinnlicher Gewalt auf unsern Geist. Allein
die menschlichen Handlungen und Leidenschaften
in lebendigen successiven Seelenbildern vorzustellen,
dieß kann immer nur die Musik in Vereinigung
der Poesie und Schauspielerkunst. Ueber die stu-
fenweisen Eindrücke, welche diese breyfache Verbindung in unserm Gemüthe erregt, kann sich
jeder Gefühlmann bey gelegenheitlichem Beyspiele
selbst überzeugen. Man denkt und fühlet zwar
                                                    schon

schon so ziemlich etwas, wenn man sich den Text
eines gut gewählten Singspieles in irgend einem
einsamen ruhigen Winkel laut vorliest. Man
kennet z. B. im Deserteur vom Mossigny die besondern Stellen fürs Herz schon im Geiste der
Poesie, vorzüglich im Originale. Aber mit welch
ganz neuer Empfindung erhebt sich unsere Seele,
wenn wir diese Stellen, nachdem wir sie gelesen
haben, je nur am Flügel, so wie sie Stegmann
aus der vollen Komposition zog, richtig spielen und
singen hören? Welche herzerschütternde Gewalt
legt der Gesang und die Harmonie fast auf jedes
Wort! Welche Natur des Ausdruckes, und Wärme der Empfindung fühlen wir, wenn z. B. Alexis im fürchterlichen F. Moll Tone mit Adagio am
Rande des Lebens seine Braut noch einmal zu
sehen wünscht; und wenn in der darauf folgenden Arie aus Dis selbst die Musik das vermeynt-
lich letzte Lebewohl mit aller Anstrengung fast
nur unvollendet herauspreßt. Wenn man endlich über dieß alles den Gesang erst noch von der
anständig dekorirten Schaubühne in der Begleitung der vollkommensten Orchesterharmonie höret,
und da den unglücklichen Jüngling im heftigsten
innigsten Gefühle seiner gekränkten betrübten Seele
lebendig vor sich sieht; wenn das Gemälde der

Hand-

Handlung mit belebten Naturfarben vor unsern
Augen vorübergeht; wenn wir bey der ausbruck-
vollsten Succeſſion der Poeſie und Muſik noch
dazu ſehen, wie Alexis im Uebergange von Hof-
nung und Wonne zur jämmerlichſten Verzweiflung und unverdienten Todesangſt plötzlich ange-
faßt, und, ſo zu ſagen, in die Erde gewurzelt
wird; wie er ſchreckbar vor ſich hinſtarrt; wie
er zittert und erbleicht, wie alle Lebenszeichen aus
ſeinem Angeſichte verſchwinden, wie er ſich nur
mehr convulſiviſch bewegt, und in jedem Blicke,
in jeder Stellung, in jeder Anſtrengung ſeiner
Glieder die tiefſten Empfindungen ſeiner Seele
malet; wenn man das alles ſo lebhaft und natürlich vor ſich ſieht, und dazu noch die klägliche
Harmonie der Worte und des Geſanges hört, o!
dann wird man wie eine mit intereſſirte Perſon
ganz in die Handlung hineingeriſſen. Das Herz
ſchmilzt, erhebt ſich, ſinkt wieder herab, oder
wird oft gar vom Schmerzengefühle wie in Stücke zerriſſen. Man vergißt ſich dabey ſelbſt, hängt
nur am täuſchenden Objekte, und erwacht aus
dem künſtlichen Geträume manchmal erſt über eine
Pauſe, nachdem der fallende Vorhang das Ende
des Singſpieles ſchon angekündet hat.

Die

Dieser ganz besondere Grad der Illusion wird
zwar nicht von jedem lyrischen Drama hervorgebracht. Oft verlassen richtig fühlende Zuschauer
die Bühne so kalt und ungerührt, als sie da an-
kamen. Das verschlägt aber der gesammten Gattung der Singspiele gar nichts. Eigentlich fehlten
da immer nur die Künstler entweder in der übelge-
rathenen Wahl des Stoffes, e) oder im unhar-
monischen Ausdrucke ihrer Empfindung.

So viele wesentliche Vorzüge die italiänische
Komposition immer vor aller Welt Musik behaup-
tete, und so gewaltige Verehrer sie sich überall
besonders in unserm Deutschlande gewonnen hatte;
so sehr ists man doch nun zufrieden, daß die elenden, abentheuerlichen Bouffons endlich einmal von
unsren Schaubühnen gänzlich verbannet sind, und
an ihrem Platze deutsche Sänger auftreten. Baiern
hat dieß seltene Vergnügen der Gnade seines un-
vergeßlichen, vielgeliebten Maximilians zu verdanken. Nach mancherley erhabenen Versuchen,
welche man in den seligsten Tagen dieses theuersten
Lan-

e) So eine elende abgeschmackte Farce wählt vorzüglich Herr Anseaume in seinem redenden Gemälde
und der mir unbekannte Franzose in den seidenen
Schuhen ꝛc.

Landesfürsten zur allgemeinen Aufklärung der Na=
tion, zur Aufnahme der schönen Künste und Wis=
senschaften, und besonders zur Verbesserung der
vaterländischen Schaubühne mit den glücklichsten
Folgen zu unternehmen begann, kam die Reihe
endlich auch an die berufenen Bouffons. Man
sah es immer deutlicher ein, daß die italiänischen
Produkte auf der deutschen Bühne gar nicht an
ihrem natürlichen Orte stünden, und nichts weni=
ger als den Sitten, der Fassung und dem Geist
unsrer Nation angemessen wären. Man fand sie
meistentheils als dramatische Mißgeburten, als
Spiele ohne Erfindung, ohne Plan, mit den fa=
desten, abgeschmacktesten Karikaturen, ohne Inter=
esse, ohne Endzweck, ohne Verstand und ohne
Pathos. Der größte Theil der Zuschauer, wovon
sehr wenige die Sprache der Italiäner, viel min=
der ihre poetischen Redensarten, und am wenigsten
noch ihre verschiedenen Dialekte verstunden, be=
kamen für all ihr Geld und verlorne Zeit in so ei=
ner Buffa immer nur einen unverstehlichen Gesang
zu hören, und wälsche Fratzen zu sehn; davon sie
insgemein, ohne mindeste Theilnehmung, kalt
und unwissend nach Hause kamen.

N   Die

Die einsichtsvollen Kenner und Herren des Na=
tionaltheaters wurden endlich selbst der Sache mü=
de. Der Buffonisten also mit guter Art und syste=
matisch los zu werden, warf man im Jahre 1777
die grosse Frage auf: Ob die deutsche Sprache für
Singspiele rein, beugsam und sangbar genug seyn
würde. So auffallend mochte doch einem Theile
des Publikums das Lächerliche der italiänischen
Schauspieler bereits geworden seyn; oder besser zu
reden, so eine bescheidene Demuth und so gar we=
nig Zutrauen äussern wir Deutsche leyder immer
gegen alles, was deutsch läßt, daß wir so gar auf
Kosten unsrer verehrungswürdigen Muttersprache
in einem Punkte zweifelten, davon man sich längst
mit leichter Mühe hätte überzeugen können; wor=
über aber damals wenigst in unserm Baiern, wo
auf den Theatern immer nur allein wälsch, oder
manchmal gar lateinisch gesungen ward, noch
keine öffentlichen Beweise existirten. Die Bouffo=
nisten beriefen sich Anfangs dreist auf die Vorzü=
ge ihrer Musik, und noch mehr auf die Natur
ihrer Sprache, welche, wie sie sich schmeichelten,
aus allen Sprachen der Welt ganz nur allein zum
Singen wie zum Sprechen gleiche Geschicklichkeit
hätte. Als aber die Scene um sie immer ernsthaf=
ter zu werden begann, dann wagten sie pünktlich

alles

alles, was man von Leuten ihrer Art, denen es
um Glücke, Ehre und Brod zu thun war, na=
türlicher Weise erwarten konnte, und was einst auch
ihre Landesleute im ähnlichen Falle zu Paris wi=
der Roußraus und Rameaus Versuche unternah=
men. Nur fanden sie unter den folgsamen Baiern,
denen immer ein Wink ihrer Landesherren so hei=
lig als ein ernster Befehl ist, keinen so erboßten
Anhang, daß sie damit einen langen musikalischen
Krieg anzetteln konnten, wie jene unter den Fran=
zosen; und hintenbrein fiel bey uns der erste Ver=
such wider alles Vermuthen der Italiäner weit
glücklicher aus, als vielleicht einst in Frankreich,
wo sich die Bouffonisten neuerdings in den Besitz
des Theaters einschlichen, wovon sie doch ehe mit
feyerlichem Ernste für ewige Zeiten waren verwiesen
worden.

Um es sich im Werke zu überzeugen, ob der
deutsche Text unter den wälschen Noten wirklich
eine so gar elende Figur machen, und der italiä=
nischen Komposition, wie die Bouffonisten vor=
gaben, fast alle natürliche Anmuth benehmen würe=
de, war es allerdings nothwendig, nach dem Bey=
spiele der Franzosen ein italiänisches Singspiel in
unsre Sprache zu übersetzen. Die Wahl fiel auf
das Fischermädchen, welches man aus allen be=

kannten Opera=Buffen für das Erträglichste hielt, und
daß es auch als ein Meisterstück vom Piccini un=
fehlbar seyn mag. Es ward endlich von deutschen
Sängern aufgeführt, und es gewann durchgehends
so einen raschen, lauten, allgemeinen Beyfall, der=
gleichen alle Bouffons zusammengerechnet in Baiern
niemals erhielten. Ich war selbst so glücklich, daß
ich an der gemeinsamen Freude meiner lieben Lan=
desleute, womit sie dieß nunmehr deutsche Stück
entzückte, dreymal gegenwärtig den herrlichsten
Antheil nehmen konnte. Man wiederholte es in
wenigen Wochen öfters als zehenmal immer mit
gleichem Zulaufe, und vollkommenster Zufrieden=
heit des Publikums. Die Schönheit des sinnlichen
Ausdruckes schien jedem Kenner in der deutschen
Uebersetzung immer noch so anmuthig und stark,
als je in der Originalsprache. Selbst der Neid
und Partheygeist vermochten nichts mehr dagegen
einzuwenden. Es war um die Italiäner gesche=
hen, ihr Abschied war fertig; und nach allem
Ansehen mag sie Baiern für alle künftigen Zeiten
nun um so leichter entbehren, als wir zusehends
immer mehr theils originale, theils übersetzte, deut=
sche Singspiele von allen Gattungen erhalten.
Manche davon sind zwar im Ausdrucke der Poesie
und Komposition das gar nicht, was sie eigentlich

seyn

seyn sollen; sie scheinen aber im Grunde immer noch besser, oder doch gemeinnützlicher, als jede italiäni= sche Buffa war.

Singspiele, welche in der Absicht fürs Theater entstehn, soll der Dichter allerdings, wie jedes Dra= ma, nach einem ordentlichen Plane bearbeiten, und darinn eine nach Möglichkeit aus unserm Mit= tel genommene interessante Handlung durch Vor= trag, Knotten und Katastrophe in ächt lyrischen, sangbaren Gesprächen ausdrücken. Sobald sie von der gemeinsamen Natur des Drama abweichen, sind sie nichts mehr, als natürliche Mißgeburten und namenlose Abentheuer. Was man also in der unendlichen Menge von Abhandlungen über das Drama liest, das läßt sich im gewissen Maasse und richtiger Beziehung immer auch so gut auf die innere Poesie der Singspiele anwenden, daß ich hier (ausser was das Sonderbare der grossen Ope= ra und der Oratorien betrifft) nur mehr von der poetischen Mechanik aller musikalischen Dramas, von ihrem ganz eigenthümlichen Ausdrucke nämlich, zu reden nöthig erachte.

Die Opera, das sogenannte grosse, heroische Schauspiel scheint beynahe die Ausnahme von al=

ler

ler Regel zu seyn. Diese schöne Riesengeburt zog
aus Italien, wo sie nach dem Ende des 15ten
Jahrhunderts erzeugt ward, durch alle Länder Eu=
ropens. Man nahm sie besonders in Deutschland
mit der eifrigsten Begierde auf, mit welcher fein em-
pfindende Menschen insgemein, die neuen Produkte
des Geschmackes aufzunehmen gewohnt sind. Sie
hatte aber ihr Glück niemals so sehr der Poesie,
als der prächtigen Musik, oder vielmehr der vereinigten sinnlichsten Anstrengung aller Künste zu
verdanken. Es war auch allerdings nothwendig,
daß man sie mit der manichfaltigen Hilfe fruhzei-
tig unterstützte. Welche Menschenseele, einzelne
Kenner, und enthusiastische Verehrer der Musik
ausgenommen, würde in der Opera über die ungeheure Ausdehnung ihrer Komposition nicht allmälig bis zur leidigsten Langeweile herabsinken, wenn
man uns da durch mehr Stunden lange Gesänge
immer nur die Ohren kützeln, den Augen aber auf-
ser den ewigen einförmigen Gebärden der Sänger,
und einer nur selten abgeänderten Schaubühne weiter gar nichts vorstellen wollte. Der Ausdruck die=
ser idealischen Schauspiele, um uns gegen ihre gar
zu monstrose Grösse schadlos zu halten, muß immer alle unsre Sinne zugleich vergnügen. Schickli=
cher, ungezwungene Abänderungen des Theaters,

wenn

wunderbar erscheinende Maschinen, und grosse fest=
liche Ballete sollen das Aug reizen; die vollkom=
menste, prächtigste Musik muß alle Ohren entzü=
cken, und den innern Sinn soll die Dichtkunst mit
der wärmsten Empfindung erheben. Jeder ange=
strengte, lyrische Ausdruck, wenn er zu lange
anhält, und dabey fast immer nur einen einzigen
Sinn beschäftiget, macht das Gefühl stumpf, er=
müdet allmälig den Geist, und schläfert am Ende
den ganzen Menschen ein. Aus eben diesem Grund=
satze folget unfehlbar, daß weder die komischen
Operetten, noch minder die Oratorien oder geistli=
chen Sangspiele sich einmal opernmässig ausdehnen
dörften, weil sie ihr Charakter und ihre Bestimmung
auch niemals opernmässig spektakulos seyn läßt.

In den Oratorien soll durchgehends eine ton=
volle und reinharmonische Poesie herrschen, die
schon im Texte fromme Empfindung und selige
Einfalt mit erhabener Würde ausdrückt, und durch=
gehends den Geist der wahren Andacht und innig=
sten Rührung athmet. Muster von guten, deutschen
Oratorien haben uns Schiebeler mit seinen Israeli=
ten in der Wüste, Brucker mit dem Sterbetage,
und Rammler im Tode Jesu rc., Zachariä in den
Pilgrimen auf Golgotha, und Patzke im Tode

Abels

Abels rc. geliefert, welche der Meisterkomposition
vom Bach, Graun, Seifert, Hasse und Rolle
allerdings würdig waren.

Ueberhaupt soll es keine Seele wagen, ein mu=
sikalisches Gedicht zu verfassen, wem das Herz
und die Ohren nicht eben so fühlbar als selbst
dem Komponisten genau am rechten Flecke sitzen,
und wenn er nicht noch dazu die Sprache ganz in
seiner Macht hat. Es ist allerdings falsch, daß
manchmal, wie einige vermuthen, auch eine matte
Poesie unter der Schminke der musikalischen Kom=
position noch mit Anstand figurirt; vielmehr sinkt
sie im Verhältniß gegen den Ausdruck des Gesan=
ges noch kennbarer unter die Mittelmäßigkeit her=
ab. Der Zuhörer soll, meines Gedünkens, im
Singspiele dem Genie des Dichters eben so wohl,
als der Arbeit des Tonkünstlers Thränen zollen,
und jedem gleich verbunden seyn.

Mit empfindungsleeren Stellen wird der
Komponist, wenn er anders den Worten getreu
bleiben will, sich immer vergebens martern; nim=
mermehr mag er im Stande seyn, durch Gesang
und Harmonie Geist und Würde in den Text zu
hauchen, der ihm matt, schwermüthig und kalt

aus

aus der Hand des Dichters kam. Ich stehe dafür, Glucke und Hassen sollte es bey all ihren musikalischen Schöpfergenies recht bange werden, wenn man von ihnen eine bestimmte Komposition z. B. über die zwo Arien, wovon in der Zwischenmusik zu Gerstenbergs Hungerthum eine der betrangte Mensch, und die zwote die Wahrheit vor nicht gar 3 Jahren auf einem angesehenen Schultheater einem zahlreichen wackern Parterre vorzusingen bekamen. Sie stehn im Exemplar buchstäblich so:

Der Bedrangte.

O! wir Selige!
Welche sichre Panace
Wider Jammer, wider Plagen,
Die des Nächsten Herz zernagen,
Liegt in unserm Busen da.
Hier da? ja!
O! wir Selige!

* *
*

Blos ein tröstend Wort,
Wird sein Heil, sein Hort.
So ein brüderlich Erbarmen
Heilet ihn von seinem Harmen,
Könnte wohl was leichters seyn?
Leichters? Nein.
Blos ein tröstend Wort.

Die

Die Wahrheit.

Nur zwo Quellen
Mag die Seele sich vorstellen,
Die des Unheils Mutter sind;
Eine findt
Sich im Menschen selbsten ein,
Und die zwote quillt aus Gott allein.

* * *

Quillen Leiden
Selbst aus deinen Eingeweiden,
Stopfe nur die Quelle zu,
So ist Ruh.
Schickt sie aber Gott herein,
Denk im Herrn Dich Knecht zu seyn.

Ein eben so verworren unmusikalisch = trocke-
nes Gezeug sind für die Tonsetzer auch alle die
verblumten mit mehr Witz als Gefühl ausstudier-
ten Redensarten, poetischen Purpurlappen, und
jugendlichen Zierrathen des Textes, womit sich
manche Dichterlein mühesam abgeben, dabey aber
die Sprache des Herzens vollends vergessen. Töne und Melodien entstehen immer nur aus richtigen Empfindungen. Wo der Dichter immer nur
sann, und nichts empfand, so schulgerecht je seine
Versifikation seyn mag, wenn sie ihm nicht aus
der

der Fühle des Herzens strömte, da bekommt auch
der Komponist, der sich doch vom Gefühle des
Dichters nähren soll, rein nichts zu empfinden.
Und wenn ich in der Komposition so ein Riese
wie Benda wäre, so würde ich doch unter der
Bürde einer Arie erliegen, welche in zwölf ju-
genblich aufgestützten Jamben ganze zwo frostigen
Gleichnisse zur Protasis, und vier zur Apodosis,
aber in allen keine Sylbe fürs Herz begreift.
Ich will sie zum warnenden Beyspiele hersetzen:

Wie das geschmeidig Felsenkind
Die Gäms im heitern Lenze
Durch Busch und Hain, und Wipfel irrt,
Bald junge Keime naget,
Bald auf beblumten Auen spielt
Und bald den Wolken nahe
An steilen Felsen hängt:
Wie sich des Adlers Flügel,
Den Frühling, Lieb' und Lust belebt,
Hoch über Wolken schwingen;
Sein Auge trinkt der Sonne Glut,
Sein froher Mund schwirrt Freude;
So, Daphnis, eilt der Jugend Kern
Zu deinem Freudenfeste
Die Lust beflügelt ihren Fuß,
Gesang und Flöte schallen.

L-

Lesen läßt sich das Ding je wohl ganz hübsch; es würde uns aber auch zum singen reitzen, wenn der Verfasser aus dem Herzen, und nicht ganz nur aus dem Kopfe gearbeitet hätte.

In Singspielen giebt es, so zu reden, zwo Arten von Poesie, das Recitativ und die Arie. Jenes verhält sich zu dieser durchgehends so, wie sich die Vorstellung des Gegenstandes zu dem Ausbrucke der von ihm erregten Empfindung verhalten mag. Es läßt sich immer ganz natürlich einsehen, daß die Recitativen, welche dem Geiste nur gewisse Begriffe vorzutragen haben, und die darauf folgende Arie veranlassen, schon in ihrer Poesie mit mehr Sanftmuth und Simplicität hinfliessen sollen, als die Arie selbst, der es zusteht, die reggewordene Empfindung so, wie sie in der Seele wirket, nach der genauesten Wahrheit auszudrücken. Dabey soll sich aber der Dichter den leitenden Gedanken, daß seine Arbeit zur Musik bestimmet ist, fast niemals aus dem Sinne kommen lassen.

Wenn sich die Künste über einen gemeinsamen Stoff vereinigen, so darf immer nur jene mit all ihren Reitzen ausgeschmückt im prächtigen Feyer-
puße

puße erſcheinen, welche dabey die Hauptrolle zu
ſpielen, und darum den Rang vor allen übrigen
Künſten zu fodern hat. In größern Sanggedichten, beſonders in theatraliſchen Singſpielen,
giebt immer nur die Muſik das Feſt. Die Bühne gehört vorzüglich ihr zu. Die Poeſie geht ihr
da nur im ſimpeln, naifen Anzuge zur Seite.
Die Verſe, ob ſie gleich in ihrer Exiſtenz der
Muſik vorangiengen, müſſen doch auf der Schaubühne dem Geſange folgen, um den muſikaliſchen
Ausdruck zu verſtärken, und die unartikulirten
Töne zu verdollmetſchen. Den Schimmer ihrer
erhabenſten Würde mögen ſie für die Epopee und
höhere Lyrik verſparen. Wenn ſich der Dichter
eines Melodrames über ſeinen Gegenſtand innigſt
gerührt fühlt, dann mag er immer die Worte
unbekümmert fallen laſſen, wie ſie kommen;
dann wird er die wahre aufrichtige Sprache der
Natur herausreden, und mit jedem Ausdrucke
neue Empfindungen erregen. Prächtige und ſtolze
Verſe, erhabene Beſchreibungen, blendende Bilder ſtehen in Singſpielen, wenigſt in den Arien,
niemals am gehörigen Plaße. Die rührendſten
Verſe, nicht die ſchönſten nehmen in jeder Sprache die Muſik am meiſten an. Dieſe allein haben das Anſehen, als lägen die Brechungen und

Ab=

206

Abfäße des Gefanges ſchon in ihren Worten ge
bildet, als bedörfe der Komponiſt nur wenige
Kunſt, ſie zu entwickeln, in richtige Melodien
abzufaſſen, und mit voller Harmonie zu unter=
ſtüßen.

Die vornehmſte charakteriſtiſche Eigenſchaft,
dafür der Verfaſſer eines muſikaliſchen Gedichtes
vorzüglich zu ſorgen hat, iſt, daß jede Stelle des
Textes ſchon in ihrer Grundlage ächt ſangbar
töne. Wie leicht und natürlich fließt dem Tonſe=
ßer ſeine Arbeit? Wie ganz ungekünſtelt dringt
ſich die Melodie faſt ſchon von ſelbſt in die Kehle
des Sängers, der richtig hört und empfindt,
wenn der Verfaſſer des Textes ganz reine zum
feinſten Gefühle des Wohlklanges geſtimmte Oh=
ren hatte, und, wie Bach in der Anmerkung
zur Amerikanerinn vom Gerſtenberg behauptet,
ſchon in der Wahl der Worte ſo ſehr Tonkünſt=
ler als Dichter war. Leidige Pöbelkaprice, oder
vielmehr Sünde wider die Natur unſrer lieben
deutſchen Mutterſpräche iſts, wenn man ihr die
Anlage zur Muſik abſpricht, welche doch unfehl=
bar in jeder Spräche ſteckt, ſo bald man ſie ge=
hörig zu bearbeiten weis. Es läßt zwar aller=
dings glaubbar, daß auch eine Tragödie vom
Me=

Metaſtaſto immer noch mehr Tendenz zum Geſange
hat, als je eine vom Schakespear, Racine und
Leßing; und daß jene auch in der Muſik noch
viel erträglicher tönen würde, als die leztern alle.
Das beweiſt aber im Grunde mehr nicht, als
daß die italiäniſche Sprache faſt gar nicht zum
Reden gemacht iſt, und daß wir Deutſche unſre
Tragödien immer wie die Engländer und Fran=
zoſen nur ſimpelweg ſprechen, und niemals ſin=
gen ſollten, welches wir auch immer recht treu=
herzig thun. Vergleicht man aber dagegen ein
deutſches gut in Muſik geſetztes Singſpiel mit ei=
nem italiäniſchen, ſo wird ſich, wenn man an=
ders unpartheyliche Ohren dazu mitbringt, gewiß
nichts weniger zu ahnden finden, als daß die
deutſche Sprache unſchicklicher zum Geſange paſ=
ſen ſollte, als je die wälſche. Rammler und Ger=
ſtenberg haben uns dieſe Wahrheit mit den herrlich=
ſten Beweiſen dargethan. Die Verſe ſelbſt in ihren
Kantaten gehörig ausgeſprochen, ſcheinen immer
ſchon ſo richtige Muſik zu ſeyn, als jede Stelle
der italiäniſchen Opernbichter Metaſtaſio, Koltellini
und Landi. Wieland verſahs zwar in ſeiner Al=
ceſte manchmal ſo ſehr, als der Verfaſſer des
Günthers von Schwarzburg. Faſt könnte man
glauben, dieſe Herren hätten die rauheſten Konſo=

                                    nanten

ranten mit allem Fleiſſe zuſammengepreßt, um die
Verſe nur recht holpericht zu machen.   Wie rauh
und unnatürlich lieſt ſich die Arie im Leztern:
　　Meiner Hoffnung ſchönſter liebſter Strahl
　　Iſt in Nichts dahin verſchwunden,
　　Und an der Verzweiflung Höllenqual
　　Iſt mein ſterbend Herz gebunden.

　　Ich fühlte einſt mit der Bruſt junger Sänger
ein recht herzlich Mitleid, und konnte bey der zwo=
ten Aufführung des Spieles ihre wild verzerrten
Mäuler um alle Welt nicht mehr anſehen, als ſie
wieder an den Chor zu ſingen kamen:
　　Verwünſcht Geſchick,
　　Das mit tyrann'ſchem Blick u. ſ. w. f)

　　So mit der lieben Mutterſprache verfahren heißt
fürwahr nichts mehr und nichts weniger, als ſie
nothzüchtigen und jämmerlich verunſtalten.   Faſt
ſollte man glauben, man höre zwo weſentlich ver=
ſchiedene Sprachen, wenn man uns dagegen aus
Rammlers Kantaten beliebige Stellen vorlieſt.
Welche unverbeſſerliche Harmonie herrſchet durch=
gehends in ſeiner Ino? Wie ganz muſikaliſch klingt
　　　　　　　　　　　　　　　　　　　ſei=

------

f) In der oben angezogenen Zwiſchenmuſik zu Gerſtenbergs Hungerthurm.

seine Sprache und Versifikation in dem Oratorium:
Die Hirten bey der Krippe zu Bethlehem; und
welch ein herzerhebender Gesang tönet schon aus
den blossen Worten im Tode Jesu? Wie ganz
ohne ängstlich gesuchte Verzierungen und doch
mit welch durchdringender Empfindung, mit welch
gegenwärtiger Brechung der Stimme fängt sich da
das Eingangs=Recitativ an:

Gethsemane! Gethsemane!
Wen hören deine Mauren
So bange, so verlassen trauren?

Ist das mein Jesus? - Bester aller Menschenkinder!
Du zagst, du zitterst gleich dem Sünder,

Dem man sein Todesurtheil fällt, u. s. f.

Man geräth unvermerkt ins recitativartige
Singen, wenn man dergleichen Stellen auch nur
simpel zu lesen gesinnet war; und man hat gar
nicht nöthig ein gelernter Sänger zu seyn. Nur
wenn man ein alltäglich gesundes Menschengefühl
im Busen, und reine Ohren am Kopfe hat, so
singt man sie auch ohne Noten gewiß nicht viel an=
ders, als sie der unsterbliche Graun in Musik gab.
Rammler scheint überhaupt in seiner ganz besondern
Feinheit des Geschmackes alle deutschen Dichter zu
übertreffen. Seine unmusikalische Poesie enthält

O durch=

durchgehends für jeden deutschen Mann, der seinem
Komponisten rein empfundene ächt = sangbare Ge=
dichte zu liefern gedenkt, die erhabensten vollkom=
mensten Muster.

Gerstenberg allein kömmt ihm in seiner Ariadne,
und in der Mohrinn ziemlich nahe. g) Nur ist
zu bedauren, daß sich dieser würdige Dichter mei=
stens nur mit einzelnen lyrischen Gemälden, Mo=
nodramen, und solchen Kantaten abgiebt, die in
mancher Rücksicht der Natur des Theaters, den
Kräften der Schauspieler, und dem Gefühle des
Publikums nicht gänzlich anpassen. Sein tonvol=
ler Ausdruck ist überall der reichhaltigste Stoff für
jeden fühlenden Komponisten. Würden Rammler
und Gerstenberg ihre Riesenstärke zu gewöhnlichen
Singspielen und Opern verwenden, dann müßten
sich die elenden Uebersetzungen vom eiteln Franzo=
senwitz und wälschen Karikaturen bald von selbst
verlieren, und unsre Tonkünstler von Rammlern
und Gerstenberg genährt, dörften uns vielleicht bald
ohne Hinderniß der ausländischen Kompositionen
einen dem Geiste der deutschen Nation ganz eigenen
Geschmack in der Theatermusik bestimmen.

Frank=

---

g) Bach nahm sich die Freyheit, den Titel sammt eini=
gen Stellen vom letztern Singspiele abzuändern,
wodurch er sich aber bey Kennern der Poesie gar
keinen Beyfall erwarb.

Frankreich und Italien hatten seit undenklichen
Zeiten wenigst zum Theater jedes für sich seine ganz
besondere Nationalmusik, deren Charakter und Aus=
druck immer so verschieden aussah, als selbst der
Beyfall, womit das übrige gesittete Europa beyde
fast bis zum heutigen Tage aufnimmt und beur=
theilt. Die meisten Franzosen begegneten ihrer
Musik beynahe mit so vieler Achtung, als selbst
der Religion und Landesregierung. *h*) Sie vertru=
gen sich mit ihrem Rousseau bey all seinen parabo=
ren Schriften immer noch ganz friedfertig. Sie
lasen seine scharfen Ahndungen über Staatsrechte
und Landgesetze mit kaltem Blute. Als er es ih=
nen aber begreiflich machen wollte, daß sie in der
Musik noch wie Kinder in der Rede stammelten,
und da ers endlich gar in alle Welt hinausschrieb,
die Franzosen hätten noch keine natürliche Theater=
musik, und könnten auch, so lange sie die ihrige
nicht vollends abbankten, niemals eine haben;
dann schien er ihnen erst die öffentliche Ruhe muth=
willig zu stöhren, und die Ehre des Vaterlandes
unverantwortlich zu schänden. Es fehlte nicht
viel, so hätten sie ihn darum gar des Landes ver=
wiesen, wie es einst jenem Griechen ergieng, der

D 2   sich

_____

h) Melanges de Litterature T. 4. de la Liberté de la
Musique &c.

sich erkühnte, die Töne der alten, väterländischen
Leyer noch mit der achten Saite zu vermehren. Ueber allen den gewaltigen Lärmen, den diese enthu-
siastischen Verehrer der französischen Musik erregten, gewann doch Rousseaus Ausspruch mit der
Zeit in und ausser Frankreich immer mehr Freunde. Selbst die Verfasser der Encyklopedie traten
ihm bey; sie wurden aber im Sturme der Revo-
lution eben so heftig als Feinde der Religion und
des guten Geschmackes verketzert. Rousseaus Ver-
brechen bestund über diesen Punkt glaublich nur darinn, daß er der Erste war, der seinen Landesleu-
ten, die sich im Taumel des Nationalstolzes und
ihrer Selbstliebe schon damals berufen träumten,
jedem auswärtigen Volke über Künste und Wissenschaften Gesetze ertheilen zu dörfen, so eine bittere
verhaßte Wahrheit vorzuprebigen wägte. Rameau,
Raguenet und Dalembert sagten nach ihm das nämliche, nur mit andern Worten; und man hörte sie
alle schon mit mehr Gelassenheit an. Der Letztere
berief sich auf die Entscheidung aller europäischen
Nationen, die immer alle einmüthig die vollkommenste Hochachtung und das wärmste Gefühl für
den Werth der französischen Tragödie, dagegen
aber die gleichgiltigste Kälte und einen allgemeinen
Eckel vor ihrem lyrischen Theater äusserten, und de-

ren

ren Urtheil eben darum nichts weniger als parthey=
lich scheinen mochte. Er bewies es beynahe bis zur
Demonstration, daß er wahrlich gar keine Ursache
wüßte, warum die Franzosen mit ihrer Opera groß
thun könnten. Er sagte es am Ende frey heraus,
die Musik der Italiäner wäre eine volle Sprache,
wovon ganz Frankreich kaum ein einzig geschmeidig
Alphabet aufzuweisen hätte; und er verstünde durch
die Worte, Franzosen=Musik, niemals eine förm=
liche, wahre Musik, sondern nur das namenlose,
wirrwarre Ding, das die Franzosen ihre Musik zu
nennen Dreistigkeit genug besäßen. Er hielt die
Komposition und Aufführung ihrer Opera gegen
die Musik der Italiäner, und deckte dabey Wahr=
heiten auf, die ihm noch keine Franzosenseele wi=
derlegen konnte.

Ueber alle diese bestgemeinten Vorstellungen
der vaterländischen Musikverbesserer, selbst noch
über Rameaus und Mourets glücklichen Versu=
che behielt der alte unbeugsame Eigensinn der
französischen Tonkünstler immer noch die Ober=
hand. Die meisten halten heute noch so pünkt=
lich an die Musik ihrer seligen Väter, wie un=
sere alten Peripatetiker an die Lehre ihres Ari=
stoteles. Man weis es leider zu sehr, wie hef=

D 3   tig

tig sich erst in den letzt verwichenen Jahren ein
ziemlicher Theil der Franzosen dieser sonst aufge=
flärten, begeisterten, höflichen Nation wider die
zwey weltbekannten Meisterstücke unsers deutschen
Gluckes empörten, und mit welch menschenfeind=
lichen Spöttelepen sie diesen theuern Sohn der
Harmonie fast noch muthwilliger, als einst ihren
verdienstvollen Rameau überhäuften. Dem un=
geachtet zweifelt man doch in ganz Europa nir=
gends als nur in Frankreich; und auch allda
fühlen sich viele wahrheitliebende Kenner der Kunst
überzeugt, daß die französische Theatermusik in
mancher Rücksicht immer noch tief unter dem Ver=
dienste der italiänischen Komposition stecke.

Ihre Recitative schwärmen über die Gränze
der gewöhnlichen Deklamation, und ihrer eigenen
Bestimmung insgemein so gewaltig hinaus, und
gehen so verzieret, schwer und langsam einher,
daß man sie insgemein selbst von den Arien, und
also auch die Arien von ihnen kaum mehr kenn=
bar unterscheiden kann. Die unnatürliche An=
strengung der Sänger, welche das Verdienst ihrer
Stimme nach der Gewohnheit des Landes zu er=
heben immer fast mehr schreyen, als singen, und
darüber ihren Charakter und den Geist der Hand=
lung

lung vollends vergeſſen, machen biefen groſſen, ſchönen, weſentlichen Theil der Singſpiele langweilig, zum Sterben ermüdend, und allerdings nnerträglich. Dagegen klingen die Recitative der Italiäner ſimpel, leicht, geſprächartig, und eben darum natürlich. Sie erheben ſich nur in einzelnen Gefühlausdrücken zum vollen Geſange, und nur da laſſen ſie ſich von der Begleitung des ganzen Orcheſters unterſtützen.

Die Arien der Franzoſen ſind bey all der kalten Alltäglichkeit ihrer Motiven noch 'unnatürlich ſteif, immer mit mehr Kunſt und Eigenſinn, als mit warmer Empfindung ausgearbeitet; aber eben darum für gebildete Ohren oft ganz unausſtehlich. Ihre Melodien ſcheinen dem Sinne des Textes manchmal ſo wenig angemeſſen, daß man damit oft gar Worte von ganz entgegen geſetzter Bedeutung beynahe eben ſo gut ausdrücken könnte, und ſo fügt es ſich manchmal, daß ihre Muſik den Ausdruck der Zärtlichkeit und Freude vorträgt, wo die Poeſie Wuth und Verzweiflung athmet *i*).

D 4   Welch

---

i) Encyclopedie a l'article: Expreſſion.
So eine franzöſiſche Freyheit, ſcheint es, habe ſich auch Herr Hiller, der ſonſt um das deutſche Geſangſtudium ſehr verdiente Mann, auf Koſten der
Na=

216

Welch abgeſchmackes Einerley entdeckt man im
ſeichten, matten, engen Gange ihrer Modulation,
und wie voll mit den müßigſten überflüßigſten
Noten angeſtopft hört man ſie doch? Wer eine
franzöſiſche Arie je nur zum erſtenmale hört, ſagt
Dalembert, der würde darauf ſchwören, er habe
ſie ſchon ehe anderswo ſehr oft gehört; kurz: die
beſte Franzoſenmelodie verräth Monotonie, Kälte,
und Armuth, wenn man ſie gegen die Kompoſi=
tion der Italiäner hält, die immer noch mit
wahrem, neuem, unerſchöpflichem Reichthume, ſtar=
ken herzerwärmenden Melodien, und mit ange=
nehmſter Mannigfältigkeit hinflieſſen. Es giebt
keine Gattung der Leidenſchaft, worüber uns
Italiens Tonſetzer nicht ſchon eine Menge der ge=
fühlvollſten Ausdrücke und unverbeſſerlichen Mu=
ſter geliefert haben. Manche klingen ſüß und ein=
ſchleichend, andere jauchzen Munterkeit und Won=
ne, einige gehen ſimpel und naif, viele tönen
die

<hr/>

Natur und des feinen Geſchmackes in ſeinen beyden
Geizigen erlaubt, wo er in Karls Arie den Worten:
Ein einzig Lächeln macht die Wüſte grün; laue
Zephyr fächeln und die Roſen blühn, bis zur
letzten Note das nämliche Motiv gab, womit er
ehe die Verſe: Der liebe Kummer hat mit kal-
ter Hand Ruh und Traum, und Schlummer von
mir weggebannt, im Allegretto ausgedrücket hat.
Hillers Sammlung 2. Th. 52. S.

die erhabenſte Majeſtät, und das heftigſte Pa=
thos. Ihre Kühnheiten laſſen meiſtens ausbrucks=
voll, ihre Licenzen glücklich, und ihre Modula=
tion bleibt immer der Natur getreu.

Bey allen dem wäre es doch wahrer Unſinn,
wenn man jedes muſikaliſche Produkt, das über
die wälſchen Berge herkömmt, immer ohne Un=
terſchied als eine ſeltene Schönheit bewundern
wollte. In einem Laude, wo das Muſikgewerbe
in einem ſo hohen Grade getrieben wird, wie in
Italien, wo alles von Sängern und Tonſetzern
wimmelt, und wo noch obendrein über die ſchreck=
liche Unbeſtändigkeit der Nation, und ihren un=
erſättlichen Durſt nach ſtets abwechſelnden neuen
Kompoſitionen das ſchöne Jahrhundert der Mu=
ſik ſeinem Ende zuſehends näher kömmt, iſts
kaum anders möglich, als daß ſich manchmal pro=
fane Taglöhner der Natur mit ſchlecht organiſir=
ten Köpfen und zähem Gefühle kühn unter die
wenigen Genies mengen. Die meiſten neuen Ton=
ſetzer entfernen ſich da immer mehr vom dramati=
ſchen Meiſterſtyle ihres unſterblichen Jomelli, und
der kleine Reſt der übrigen meiſtens alten Künſt=
ler iſt bald kaum mehr im Stande, die bereits
hinſinkende Säule des guten Geſchmackes ſo zu

unter=

unterstützen, daß sie nicht vieleicht noch in un=
sern Tagen einstürzt.

So wenig wir berechtiget sind den Italiä=
nern, nachdem sie uns durch mehr Jahre mit der
angenehmsten Musik unterhalten, und mit man=
chen unverbesserlichen Meisterstücken der Kunst be=
reichert haben, bieß traurige Schicksal mit gutem
Herzen zu wünschen; so dörfte doch Deutschland
über den gänzlichen Verfall jeder auswärtigen
Theatermusik bey seiner dermaligen Lage wenig
mehr zu verlieren haben. Wäre auch Italiens
Geschmack immer in jeder Gattung der Sangmu=
sik noch so richtig und unverdorben, wie er nach
dem Urtheile gewisser Kenner, wenigst in der ko=
mischen Operette noch bis diese Stunde seyn soll,
so wünschte ichs doch zum Besten aller Deutschen
recht herzlich, daß jede ausländische Komposition
heute noch, wie ihre Sprache von unserm Na=
tionaltheater vollends verbannet wurde. In ih=
rer Abwesenheit sähe man sich doch einmal gezwun=
gen, den bereits lebenden deutschen Genies mit
belohnender Aufmunterung noch mehr rein origi=
näle ganz deutsche Singspiele abzulocken. Die
Aneiferung, jene fruchtbare Quelle jeder schönen
Kunst und Wissenschaft würde sich unter uns im=
mer

mer mehr verbreiten; und so könnte Deutschland
vieleicht in wenigen Jahren eine ganz eigenthüm=
liche, dem Charakter ihrer Sprache, und dem
Geiste ihrer Biedernation rein angemessene Thea=
termusik haben. Wir könnten dann aller aus=
wärtigen Hilfe für ewige Zeiten sehr leicht entbeh=
ren, und wir würden dabey mit Eckel und Scham
auf jene Tage zurücksehen, wo sich der größte
Theil unsers Publikums in unnatürlichen mit
Mühe und Zwang übersetzten ausländischen Sing=
spielen begnügte.

        Wohlgerathene Originale mögen, wie es alle
Welt weis, durch tausend getreue Uebersetzungen
kaum einmal einen wahren Vortheil zur mehrerer
Schönheit und Stärke ihres Ausdruckes gewin=
nen; verlieren werden sie aber auch gewiß nir=
gends zweymal, als nur in der Musik. Wäre
ich Sacchini, oder Gretri, ich würde den Mann,
der mir meine Komposition in eine andere Mund=
art zwingen wollte, für meinen offenbaren Feind
erklären. Jede Sprache hat ihre ganz besondere
Wortfügung und Deklamation. Es ist dabey
allerdings unmöglich, daß man beym Uebersetzen
immer jedem Worte, jeder Sylbe die nämlichen
Noten, den nämlichen Ausdruck der Melodie

                                        wie=

wieder geben könnte, den ihnen der fühlende Kom=
ponist im Originale nicht ohne Absicht angewie=
sen hat; und wenn der Ueberseßer auch noch so
sehr Dichter und Tonkünstler zugleich ist, denn
beydes soll man im ziemlichen Grade seyn, wenn
man ein Singspiel je nur mittelmäßig übersetzen
will; so mag ers doch kaum im Stande seyn,
diese vielbedeutende Regel genau zu beobachten,
ohne daß er auf der andern Seite einen eben so
unverzeihlichen Fehler wider die Syntare, oder
wider die Deklamation begeht. Der französische
Tonsetzer bleibt immer doch Franzose, in welchem
Kleide man ihn auch erscheinen läßt, und so tönet
auch seine Komposition nach jeder Ueberseßung
(und würde sie auch selbst von deutschen Walles=
häusern und Meißnern gesungen) immer noch mehr
französisch als deutsch.

Das profanste Ohr kann es bemerken, wenn
der Komponist die Abstufung der natürlichen De=
klamation verfehlet hat. - Es ist niemals erlaubt,
die Worte anders herauszusagen, als man ihren
Geist und Nachdruck innerlich fühlt. Diese Re=
gel liegt mit den kennbarsten Beyspielen schon in
der Natur jeder Sprache, und sie gilt in der
Sangmusik eben so viel, als in jedem Drama.
Wer

Wer mag sie aber in der Ueberseßung eines Sing=
spieles, wo man wider die ordentliche Natur der
Komposition ehender Noten als Worte vor sich
hat, und diese jenen unterlegen soll, so pünktlich
bepbehalten, als der Geist der natürlichen Dekla=
mation es fodert? Man sehe einmal in einer be=
liebigen Ueberseßung z. B. von Gretri, Mon=
signy, u. d. geflieffentlich darauf, auf welchen
Worten da die meiste Stärke des musikalischen
Ausdruckes ruht; und man wird sich überzeugen,
daß die geistigsten Stellen der Poesie oft in tiefen
fast unhörbaren Tönen kalt und ungefühlt durch=
schlüpfen, da sich dafür die unbedeutendsten fro=
stigsten Worte, welche oft kaum gesungen zu wer=
den verdienten, gerade in den Fokus der musika=
lischen Empfindung theilen, und dadurch das Ge=
heimniß verrathen, daß die Melodie niemals für
sie gemacht ward, und daß die Worte jünger als
selbst die musikalische Komposition sind l). Nun
halte man ganz deutsche Singspiele von Benda,
Haffe, Neefe und Hiller dagegen, und prüfe sie
auf die nämliche Weise. Wie rein harmonisch
hört

l) Ueberhaupt sind die Ueberseßungen der französischen
Operetten immer viel elender beschaffen, als die itä=
lianischen, die einem Manne von feinerm Geschmacke
und selbst musikalischen Einsichten Herrn Eschenbur-
Professor zu Braunschweig in die Hände geriethen.

hört man da immer die Worte mit ihrer Musik
fortgehen? wie fast buchstäblich sagen sie uns das,
was jede Note ausdrückt? Wie pünktlich getreu
bleibt die Deklamation auch im Gesange noch der
Natur unsrer Sprache, und der Empfindung des
Textes? Da läßt immer alles ganz deutsch; da
steht jedes Jota, wie jeder Akord, am gehörigen
Orte. Man fühlt sich überzeugt, daß dabey
alles sehr ordentlich hergieng, daß sich der Dichter und Tonsetzer einander ganz verstunden, und
in eine Seele zusammenschmolzen.

Dergleichen deutschgebohrne Meister in der Kunst
verdienten es um unsre Nation allerdings, daß man
sie feyerlich als Klassiker für das deutsche lyrische
Theater aufstellte. Im Studio ihrer Komposition
würden unsre auffkeimenden Genies den feinsten Unterricht zur Bildung ihres Geschmackes, und die
stärkste Nahrung ihres Geistes finden; nicht daß sie
Satz und Melodik so sklavisch und jugendlich nachahmen sollten, wie unsere Dichterleins einzelne
Oden vom Horaz oft nur mit verändertem Ge-
schlechtsname nachstammeln; sondern daß sie sich
bemühen, jene glücklichen, allgemeinen Quellen
aufzusuchen, woraus diese grossen Männer die
Schönheiten des sinnlichen Ausdruckes für ihre
Kom-

Komposition geschöpft haben, daß sie sich beym zärtlichsten Gefühle ihres Herzens noch dazu mit wahrem Dichtergeiste beseelten, bey jeder Gelegenheit den Menschen studirten, den Ton der wahren Empfindung sich ganz zur Natur machten, und der eigentlichen Weise nachspürten, wie sich jede Leidenschaft durch Töne malen läßt; *m*) daß sie sich endlich bey allem dem über den eigenthümlichen Charakter des deutschen Theatergesanges allgemeine Grundsätze und ein ganz besonderes System abzögen, und dann ihre ersten Versuche mit komischen Opereten wagten, worinn der Komponist doch immer mehr Rechte der natürlichen Freyheit behaupten mag, und vom Zuhörer eine nicht gar so ernste Kritik zu erwarten hat, wie in der grossen Opera und in Oratorien.

Ich denke jene Zeiten noch sehr wohl, wo unsere alten Kamponisten ihren musikalischen Zöglingen weiter nichts als von Vermeidung der Dissonanzen, Quinten = und Oktavengänge, und so etwas vom regulären Basse und der Mittelstimme vorpredigten; wo man vorzüglich nur die wider die eingebildeten Regeln der Harmonik begangenen

Feh=

---

m) Herr Daube ein Wiener, versprach über diesen Punkt schon vor einigen Jahren ein Buch, das mir aber noch nicht zu Gesicht kam.

Fehler ahndungswürdig fand, so, wie man da=
mals in den Schulen nur die sogenannten Böcke
wider die Grammatik und Syntare zu unterstreichen
gewohnt war. Man dünkte sich das vollkommen=
ste Muster von einem rechtschaffenen Komponisten
zu seyn, wenn man im Stande war, irgend durch
einen mathematischen, ausstudirten, neuen Akord
Töne zusammenzufügen, an deren Vereinigung
man ehe verzweifelt hatte. Jedoch von der musi=
kalischen Aesthetik, von der Verschiedenheit des
Ausdruckes über die Melodik, von den besondern
Schönheiten der Theatermusik, vom Gange der
Recitative, von ihrer genauen, ungezwungenen
Verbindung mit den Arien, vom Charakter der
Vor = und Zwischensymphonien, kurz, über die
wesentlichen Eigenschaften und Pflichten der Kom=
ponisten, der Sänger und des Orchesters viele
Worte zu verlieren, achteten die Herren entweder
für unnöthig, oder sie behielten das Geheimniß ganz
nur für sich.

Was liegt aber eigentlich daran, wenn ein Kom=
ponist auch alle die kopfermüdenden Systeme der
Harmonie vom Pythagoras, Euklides, Plutarch,
Kartesius und Rameau ganz in seiner Macht hat,
und durchgehends recht grundgelehrte Akorde lie=
fert,

fert, wenn seine Musik am Theater dem grössern
Theile des Publikums doch mißfällt? Dieser Fehler
gehört mit unter die Nationalschwachheiten der
französischen Tonsetzer, welche immer mehr für die
Harmonie als für den Gesang eingenommen sind,
die aber eben darum wenigst im lyrischen Schauspie=
le gar keine Wunder wirken. Wer sollte sich bey
der Aufführung eines Melodramas mit angestreng=
ten, kritischen Prüfungen der Harmonie, und mit
theoretischen Spekulationen abgeben, und da die
Verhältnisse der Töne theils unter sich, theils gegen
unsere Organe genau berechnen können? Wenn ein
Akord rein empfindenden, gesunden Ohren, die
die einzigen Richter in der Sache sind, nicht wider=
steht, dann, denke ich, mag er immer erlaubt und
richtig genug seyn, und sollte er auch alle mechani=
schen Systematiker wider sich haben. Die Ge=
heimnisse der Harmonie gehören immer nur für die
wenigen Kenner der Kunst, wovon manchmal das
zahlreichste Parterre kaum einen einzigen aufzuwei=
sen hat. Der bescheidene Komponist eines Sing=
spieles hat niemals so ängstlich daraufzusehen, daß
er die Kritik seiner Amtskollegen befriedigt, als
daß er die Sinne und Herzen des fühlenden Publi=
kums begnügt, und edle Empfindungen rege macht.
Dazu werden ihm aber alle mühsam ersonnenen
Räthsel der Harmonie nimmermehr verhelfen.

P   Ich

Ich will da eben der vollen schönen Harmonie
ihre Verdienste gar nicht absprechen. Ich weis
es, sie soll immer die Nahrung und Grundstütze
der Hauptstimme seyn; sie soll jedes Motiv stark
und geltend machen; aber mehr soll sie nicht. Sie
ist der Grund der Melodie, aber nur die Melo=
die selbst ist der fürnehmste angenehmste Theil des
musikalischen Lustgebäudes. Der herrschende Ge=
sang ist der Hauptgegenstand, den der aufmerk=
same fühlende Geist des Zuhörers überall aufsucht.
So bald in der Sangmusik die Menschenstimme,
oder je, im Falle diese manchmal schweigt, jenes
Instrument, das die Hauptempfindung auszu=
drücken hat, entweder aus Versehen des Tonse=
ßers unter der zu gehäuften Begleitung der Ne=
bentöne, oder im Strome eines undiskreten wü=
thenden Orchesters ersäuft, und ihre Melodie
nicht immer verstehlich, und so zu reden, sichtbar
in der obersten Sphäre einherschwimmt, dann ists mit
der roußeauischen Einheit der Melodie geschehen.
Die Aufmerksamkeit unserer Ohren bleibt über die gar
verschiedenen Eindrücke, wovon sich keiner vor=
züglich auszeichnet, zu sehr vertheilt, und dann
hat es das Ansehen, wie sich Dalembert aus=
drückt, als läse man uns 20. Bücher zugleich
vor, wovon wir im Ganzen rein gar nichts ver=
stehen mögen. Melodie muß sich besonders in
den

den Arien, und Chören, und manchmal auch, jedoch mit ganz verschiedenem Ausdrucke im Recitative finden.

Die besten Recitative, wenn sie weiter nichts
als empfindungsleere Begriffe vorzutragen haben,
nenne ich mir jene, welche der gewöhnlichen ge-
sprächartigen, feinen Deklamation am nächsten
kommen, und so die Bedeutung ihres Namens
genau erfüllen. In niedern Operetten mag man
sie, wie es unter uns Mode ist, immer so natürlich nach Art der Komödien ganz ohne Noten
sprechen. Die Praktik des alten Lulli, welcher
die Töne zu diesen Recitativen jederzeit nur so,
wie ihm selbe seine fühlende Chamelai gesellschaft-
lich vordeklamirte, hurtig in Noten auffaßte, ist
aller Welt bekannt. Schade, daß sich die Franzosen von einem so richtigen Naturmuster, dergleichen Lulli wenigst für seine Zeiten war, einmal entfernten. Im Falle die Poesie der Recitative manchmal auch rege Empfindungen unter
den Vortrag der Begriffe menget, dann ists billig,
daß sie der Komponist auch mit voller Harmonie
begleitet, den Gesang mit Würde erhebt, und
den Geist des Textes mit starken jedoch kurzen
Motiven ausdrückt. Der schöne natürliche Ueber-
gang vom Recitativ ins Arioso, die Rückkehr

von

von da zum Recitativ, und vorzüglich die nach
dem Gemälde der empfindenden Seele gut getrof=
fene Schattirung durch Allegro, Adagio, An=
dante, Presto, Largo, und wieder den plötzlichen
unvermutheten Hinsturz ins Prestissimo haben
immer ihre ganz besondere Wirkung. In Ben=
das Romeo und Julie *n*), in der Amerikanerinn
von Bach *o*), im allegorischen Ballete von Hiller
auf das Geburtsfest des Herrn Churfürsten von
Sachsen *p*), in Mossignys Deserteur *q*), u. d.
m. zeigen sich ganz unverbesserliche Muster von
dieser Gattung, welche die Italiäner die obliga=
ten, und wir Deutsche die begleiteten Recitative
nennen.

Die wahren ernsten Arien sind endlich der ei=
gentliche bequemste Ort, wo sich der Tonsetzer
mit edler Freyheit ganz seiner Empfindung über=
lassen darf. Die vorhandene Leidenschaft muß
da in natürlich aufeinander folgenden Tönen gleich=
sam

n) Im Klavierauszuge 1. Seite: Auch sie verstummt
die Sängerinn der Nacht u. s. w.

o) Du Quell, der sich durch Goldsand schlängelt rc.
14. S.

p) Auf Volk! auf zur Freude rc. Hillers Sammlung
1. Thl. 42. S.

q) Ungetreue! was that ich dir? rc. Stegmanns Kla=
vierauszug. 27. S.

sam selbst reden, und mit deutlichen, lebhaften
und feinen Ausdrücken, mit innigst empfundenen
Melodien die geheimste Scene der Seele malen.
Ihr Charakter und ihre Bedeutung müssen sich schon
vorzüglich im Gesange, und zum Theile auch im
Haupttone der Arie, im Charaktere der dazu ge=
wählten Blasinstrumente, und so gar auch in den
gehörigen dem Affekte des Herzens, und dem
Gange der Worte anpassenden Mensuren so kenn=
bar und verstehlich ausdrücken, daß sie der auf=
merksame fühlbare Zuhörer auch ohne Text bey
ihrem bestimmten Namen nennen, oder doch merk=
lich und rein empfinden kann. Dunkle, zweydeu=
tige Arien, deren Sinn sich nicht bestimmen läßt,
so schulgerecht sie in der Begleitung der Instru=
mente seyn mögen, sind doch in der That wenigst
fürs Theater eine recht elende, frostige Komposi=
tion. Sie gefallen und nützen dem Publikum
eben so wenig als eine Rede, welche Niemand,
als nur der Redner selbst versteht.

Die Empfindung fodert in jeder Arie ihren
gewissen Fokus. Der Komponist hat dafür zu
sorgen, daß er dazu den rechten Punkt wählt, den
stärksten Ausdruck der Hauptempfindung keiner
Nebensache wiedmet, aber auch jede Nuance, so
klein sie seyn mag, mit ihrem angemessenen Mo=

tive

tive vorträgt. Benda ist meines Urtheiles darinn
ein ganz unnachahmlicher Meister. Wenn er sich
irgend in einer Arie eine bestimmte Leidenschaft
z. B. r) die zärtliche Liebe zu malen vornimmt,
so erhält so gar die kleinste Nebenstelle ihren ge=
hörigen Ausdruck; der ergießt sich aber alsogleich
wieder mit so natürlicher Verbindung in den
Strom des Hauptaffektes, daß dabey doch alle
Modulationen das zärtlichste Gefühl der Liebe
athmen, und bey allen ihren mannigfaltigen Ne=
benausdrücken immer doch eine so genaue Einheit
der Empfindung behaupten, als sie selbst Rouß=
seau und Batteux fodern könnten.

Es ist nur gar zu gewiß, das Gefühl der
Ohren urtheilet beynahe feiner über eine Melo=
die, als selbst der schärfeste Blick der Augen ein
Gemälde prüfet. Ihr Geschmack ist allerdings
unersättlich. Es eckelt ihnen ab jedem musikali=
schen Stücke, dem das Verdienst der wahren Neu=
heit fehlt, und das nach Verschiedenheit des
Stoffes den gehörigen Grad der Erhabenheit oder
Simplicität, der Lieblichkeit oder Stärke nur
halb ausdrückt.

Die

---
r) Man beliebe nur in der muthvollen Arie, welche sich
mit Recitativ anfängt, den musikalischen Ausdruck
von jedem Worte zu prüfen. Klavierauszug: Ihn
wieder zu sehen, meinen Romeo ꝛc. 28. Seite.

Die besten Theatermelodien scheinen mir vor=
züglich jene zu seyn, welche das Ansehen haben,
als hätte sie der Tonsetzer von wahrer Empfin=
dung des Textes beseelt ganz ohne ängstliche Ge=
wissenshaftigkeit hingeschrieben; welche sich gleich=
sam von selbst ohne Zuthun der Kunst forthelfen,
und nicht allein die Ohren kützeln, sondern in
das Herz ertönen; die immer mehr Leidenschaft
für die handelnden Personen, als Bewunderung
für den Künstler erregen; kurz, die uns glauben
machen, die Melodie und Begleitung wären ent=
weder zugleich mit dem Texte entstanden, oder
der Komponist habe seine Töne alle aus der Seele
des Dichters gestohlen. Wenn nun dergleichen
Melodien noch obendrein, wie es wenigst in den
komischen Operetten allerdings geschehen soll,
durchgehends so leicht und faßlich hinfliessen, daß
sie jeder, dem es nicht sehr am Herzen und in
den Ohren fehlt, auch vom ersten Hören nachsin=
gen kann; dann haben sie noch dazu das schöne
gemeinnützliche Verdienst, daß sie die seligste Mun=
terkeit unter das Volk verbreiten, dem feinern
Sanggeschmacke immer mehr Platz einräumen,
und die elenden Gassenhauer und Zottenlieder vol=
lends verbringen.

Die=

Diesen Zweck bey seiner Nation durch die
Singspiele gewisser zu erreichen dörfte sich meines
Urtheiles jeder deutsche Komponist ein ganz be=
sonders System den Satz, die Forme und Rotun=
dität seiner Melodie betreffend in den Kopf setzen,
und alles genau seinem Zeitalter, und dem Na=
tionalgeiste seines Vaterlandes anmessen. Vor=
züglich dörfte er sich in den Verzierungen der
Arien vom gewöhnlichen Geschmacke aller Auslän=
der entfernen. Die deutsche Theatermusik sollte
immer den seligen Mittelweg zwischen der alten
steifen, frostigen Theoriegravität, und dem buntsche=
cichten Harlekinsgenius der neuern auswärtigen
Komponisten bestimmen. So ebenteuerlich sich
überhaupts die frauenzimmerliche, tändelnde, ver=
zärtelte Musik der Franzosen für den ernsten
kraftvollen männlichen Gang unsrer deutschen
Sprache verhält, so undeutsch und widernatürlich
scheinen mir doch auch manche musikalische For=
malitäten der Italiáner zu seyn, welche man im=
mer sogar an der besten Komposition und Auf=
führung ihrer Singspiele wahrnimmt, darüber
den Charakter der handelnden Personen vergißt,
und meistens nur den künstlichen Sänger hört,
oder gar den Komponisten mit sauerm Amtsschweisse
überronnen vor sich zu sehen glaubt, deren man
sich doch bey einer vollkommenen Theatermusik
nie=

niemals erinnern soll. Wie könnte sich die ro=
tunde Simplicität unsrer Sprache mit den schreck=
lich ausgedehnten Läufen der Italiäner natürlich
betragen? Welch innigsten Widerspruch fühlet
man, wenn sich selbe erst noch dazu auf wider=
sinnige Worte legt, wie sich z. B. in Naumanns
Robert und Kalliste das sonst rasche Wort: Zer=
reißt durch 13. ganze Täkte mühesam hinzieht ͦ)?
Was sollten im kernvollen deutschen Heldenge=
sange, besonders im Ausdrucke des heftigsten Af=
fektes die geschwätzigen Ritornelle der Italiäner?
Wo sieht mans einmal in der Natur, daß z. B.
der Zornige, so bald sein Blut in Wallung ge=
räth, und die unbändige Leidenschaft sich seiner
Seele bemächtigt, erst eine Weile mit stummen
Gebärden hinsteht, sich gleichsam auf Worte be=
sinnt, und einige Pausen aushält, bis man ihm
den Mund zu öffnen erlaubt? Fast eben so muth=
willig scheint mir der Sänger aller Natur und
Empfindung zu trotzen, und das Interesse für
seinen Charakter vollends hinzuwerfen, wenn er
manchmal am Ende einer feuerigen Bravourarie,
wo sich alles mit Heftigkeit schliessen soll, das
Publikum von der Gesundheit seiner Lunge, und
dem Verdienste seiner Kehle zu überweisen, im
sogenannten Passagio ein einzig A durch 20. lange

P 5

Täkte

<hr>

ͦ) Hillers zwote Sammlung 3. S. ꝛc.

Täkte und allmögliche Töne und Halbtöne künst=
lich trillernd durchwindet t). Was würden wir
von dem Tänzer halten, der sich im Augenbli=
cke, wo er seinen Feind aufzusuchen mit den hef=
tigsten Gebärden schwur, noch, ehe er abtritt,
einige zwanzigmale auf dem Absatze seines Schu=
hes tändelnd herumdreht, und darüber unsern
lauten Beyfall erwartet? — Welchen Vortheil
endlich eine Arie durch die gewöhnliche Wieder=
holung ihres ersten Theiles erobern soll, verstehe
ich eben so wenig. Der Ausdruck erkaltet manch=
mal über die kleinen Rosalien oder unnöthigen
Wiederholungen einzelner Motive schon sehr merk=
lich; wie viele edle Wärme muß er erst verlie=
ren, wenn man beynahe gar das Ganze wieder=
holt, und den Schlag der Empfindung nicht,
weil es die Natur der Sache so fodert, sondern
weil es ein altes Herkommen so befiehlt, unna=
türlich ins Lange dehnt? Jeder gut musikalische
Ausdruck legt sich schon das erstemal so stark ins
Herz der Zuhörer, daß er nichts weniger als einer
Wiederholung bedarf, welche, indem sich die
Sän=

---

t) Benda der deutsche Feind wälscher Zierrathen legt in
seinem Barbier von Sevilla in der Arie des Grafen
Almabiva aus D. dur das Passagio zweymal auf das
Wort Ewig, wo es sehr natürliche Wirkung her=
vorbringt. Dergleichen Stellen und dazu die Situa=
tion des Grafen findet man aber nicht in jedem Text.

Sänger und das Orchester dabey meistens ver=
nachläßigen, die erregte Empfindung wieder her=
abstimmt, die Illusion verräth, mehr Kälte als
Gefühl verbreitet, und so vielleicht die stärkste
Ursache ist, warum wir Deutsche uns fast so un=
gerne als selbst die Italiäner entschliessen, das
herrlichste Singspiel zweymal anzuhören.

Die Sänger selbst verderben sehr oft auch
ohne Schuld des Komponisten die angenehmste
vollkommenste Melodie. Vorausgesetzt, daß je=
der Theatersänger das Verdienst einer reinen, ge=
treuen Naturstimme, wahre, gründliche Musik,
und dazu alle Eigenschaften eines guten Schauspie=
lers besitzen muß, so ist doch keiner berechtiget,
daß er sein Talent einmal mit mehr oder weniger
Ausdruck zeigen dörfte, als es der Dichter und
Komponist, oder vielmehr der Charakter des Spie=
les von ihm fodern. Ein fast allgemeiner Fehler
der meisten Sänger ists, daß sie sich auf der
Schaubühne immer mehr für ihr Privatinteresse,
als für den gemeinsamen Zweck des Singspieles
verwenden. Um ihre Kunst öffentlich auszukramen,
begleiten sie fast jede Note über alle die originalen
ausgesetzten Zierrathen der Komposition noch mit
selbst beliebigen Grimassen, und verunstalten da=
mit den Ausdruck manchmal so sehr, daß sich die
gefälligste, natürlichste Melodie unter den Bürden

die=

dieser neuen Zusätze nur mehr lästig und mühsam fortschiebt, und der gegenwärtige Tonsetzer sein eigen Stück unter den ewigen Trillern, wälschen Schnörkeln und Läufen beynahe selbst kaum mehr erkennen würde.

Ueberhaupt soll sich im Singspiele jeder mitarbeitende Theil mit der feinsten Delikatesse, und mit der gutherzigsten, beugsamsten Anstrengung ohne minbeste Kabale und Nebenabsicht ganz nur für den gemeinschaftlichen Zweck der Handlung verwenden. Der nämliche Geist soll im Orchester alle Hände und jeden Hauch der Instrumentalisten beseelen. Alle sollten sich immer nur von der Melodie der herrschenden Menschenstimme nähren, und Stärke und Diskretion, Licht und Schatten in der richtigsten Taktirung und mit einmüthigem Crescendo und Diminuendo nach dem leitenden Bogen des an der Spitze stehenden ersten Violinisten, der jederzeit so ein tieffühlender, feueriger, mit einem Blicke alles umfassender Künstler vom ersten Range und feinsten Geschmacke, wie Kannabich und Gröner, seyn soll, über das Ganze verbreiten. Diesen Orchesterleitern allein soll auch das Recht zustehen, jedem Singspiele seine gehörigen Vor- und Zwischensymphonien zu bestimmen, wenn je der Komponist nicht selbst dafür gesorget hat. Was

Was Leßing in seiner Dramaturgie überhaupt
von Theatersymphonien schrieb, muß natürlicher
Weise eben so ernstlich auch für die Eingangs=
und Zwischenmusik der Singspiele gelten. Sie
haben ihre Bestimmung ganz verfehlt, wenn sie
weiter nichts als ein betäubendes Geräusch vortra=
gen, um damit das Getümmel der Logen und des
Parterres zu überschreyen. Jede vorgesetzte Sym=
phonie soll ihren ganz eigenthümlichen Charakter
immer nur aus jener Hauptempfindung nehmen,
die im unmittelbar darauffolgendem Theile des
Singspieles herrschet. Dazu soll sie die Herzen
der Zuhörer vorbereiten, und sich am Ende in die
nächste Scene mit so genauer, natürlicher Ver=
bindung ergiessen, daß, wenn man den Vorhang
aufzieht, sich weder nach der Dekoration des Thea=
ters, noch viel weniger nach dem Charakter der
Handlung ein unüberlegter Absprung bemerken läßt.
Daß jede Symphonie auch an der Schaubühne bey
der verschiedensten Situation der Singspiele immer
mit unabänderlicher Ordnung im Eingange ein
Allegro, in der Mitte ein Adagio oder Andante,
und am Ende ein rasches Presto haben soll, ist
eben so ein ganz mechanischer von den Italiänern
ererbter Gebrauch, der in den Ouvertüres, welche
beynahe einen wesentlichen Theil der folgenden
Sangmusik ausmacht, manchmal recht abentheuerlich
figurirt,

figurirt, nach der abgeschmackteften Einförmigkeit
riecht, und den eben darum Deutschlands feinere
Komponisten schon allmälig abändern.

Dieß sind nun meine unmaßgeblichen Gedanken
über die Singspiele. Gott behüte, daß ich sie mit
stolzer Eigenliebe Dichtern und Komponisten von
geprüftem Genie wie ein Gesetzbüchchen empfehlen
wollte. Berufsmässige Künstler erschaffen, ohne
sich an die Vorschrift irgend eines vernünftelnden
Philosophen zu binden, die vollkommensten Meisterstücke, die aller Welt gefallen. Hasse, Benda
und Neefe liefern uns immer die anmuthigsten
Singspiele, aber dazu keine Abhandlung; wie Angelo Gemälde verfertigte, aber keine geschriebene
Theorie über die Malerkunst hinterließ. Bey mir
kömmts aus erheblichen Ursachen, die sich sehr
leicht errathen lassen, gerade umgekehrt. Ich schrieb
hier eine Abhandlung über Singspiele; Singspiele
selbst dörfte man von meiner Hand immer vergebens erwarten.

Ludwig Fronhofer
über das

Studium
der

Kupferstecherey.

Vorrede.

Der Künstler, der Kenner, und der bloße Liebhaber von Werken der Zeichnung, alle drey haben nöthig auf Kupferstiche ihr erstes Augenmerk zu richten. — Dieser Satz braucht wohl keiner Erläuterung. — Und mit was grossem Vergnügen sehe ich, daß man jetzt so emsig in meinem Vaterlande nach Kupferstichen fragt, und studirt! Allenthalben wird gesammelt; hie und da zeigen sich bereits sehr artige Kaßinete, und nur dieß allein fehlt, daß noch manche Sammler keine ganz richtige Wahl zu treffen wissen.

Diesen zum Besten ergreife ich vorzüglich die Feder, und als bloße Skizze eines seiner Zeit besser auszuführenden Werkchens liefere ich kurze 3 Abschnitte, die den Kunstverständigen um so weniger überflüßig scheinen werden, als die im Jahre 1771 in Leipzig bey Schwickert herausgekommene aus dem Englischen über:

Q

überſetzte Abhandlung von Kupferſtichen
(außer dem eine klaſſiſche Schrift) den groſſen
Fehler hat ziemlich unvollſtändig zu ſeyn. Sehr
viele der größten Meiſter ſind darinn ganz vergeſſen, und von einem Edelink, Maſſon,
Drevet, Nantueil, Balechou, Audran,
Strange, Chodowiecki, Zuret, Porporati, u. ſ. w. geſchieht mit keiner Sylbe eine
Meldung, anderer Unrichtigkeiten, die ich hie
und da bemerken werde, nicht zu gedenken.
Zwar hat Herr Füeßlinn in Zürch in ſeinem
raiſonnirenden Verzeichniſſe der vornehm-
ſten Kupferſtecher, worinn er von obiger Abhandlung häufigen Gebrauch gemacht hat,
dieſe Lücken meiſtens ausgefüllt. Allein theils
iſt auch hier noch ſo manches überſehen worden, und von einigen berühmten Künſtlern, Zuret, Chodowiecki, P. Molyn, Lutma,
Bauſe, Schmuzer, Corn. Ploos u. ſ. w.
findet ſich darinn eben ſo wenig eine Anzeige,
theils hat Herr Füeßlinn vorzüglich ſchöne Arbeiten näher zu beleuchten, und zu zergliedern
unterlaſſen, und überhaupt iſt ſein Buch hier
unter den Liebhabern noch nicht ſo gemein, um
eine neue Bearbeitung dieſes Faches, beſonders
die Aushebung ſeltener und außerordentlich guter

ter Blätter ganz entbehrlich zu machen. Die Werke aber eines d'Argenville, Basan, Mariette, Gandellini, Marolles, und anderer sind entweder zu kostbar, oder sonst in zu wenigen Händen. *)

Ich wiederhole es nochmal, daß ich hier blos eine Skizze liefere. — Aber sie soll ausgeführt werden die Skizze, und vielleicht noch einige Abschnitte dazu erhalten.

Man wird übrigens wohl sehen, daß meine vornehmste Absicht für dießmal ist die Sammler und Liebhaber mit einigen ganz auserlesenen Blättern in jeder Gattung der Kupferstecherey nach Art der englischen Abhandlung näher bekannt zu machen, und sie ins Detail hineinzuführen. Und hiemit hätte ich nun vor dem Publikum genugsame Rechenschaft über mein Unternehmen abgelegt, und könnte schliessen. — Aber die Pflicht der Dankbarkeit fodert mich noch auf, ein öffentliches Zeugniß der ausgezeichnetsten

Q 2   Güte

*) In unsern Gegenden erschienen im Jahre 1777 Schubarts Vorlesungen über die schönen Künste. — Allein der Raum so weniger Blätter litt beynahe nichts als simple Anzeigen. Und wären nur noch diese nicht voller Unrichtigkeiten. Ihr Nutzen ist also sehr gering.

Güte abzulegen, mit der mich bey dieser meiner
geringen Arbeit verschiedene Gönner und Be-
förderer des artistischen richtigen Geschmacks,
unter ahdern unser grosse Künstler Herr Hofkammerrath und Gallerieinspektor Dorner, an
dem ich in Wahrheit meinen Lehrer verehre;
der die starke Liebe zu den bildenden Künsten
zuerst in mich gelegt, und mich zur Kenntniß
davon angeführt hat; — vor allen aber des Herrn
Münz- und Bergwerks-Präsidenten, Grafen
von Haimhausen Excellenz unterstützet haben.
Aus der kostbaren Sammlung von Kupfern
und zum Theil auch Handrissen, welche Dieselben besitzen, dorfte ich mich nach Herzenslust
Raths erholen, wo ich noch anstund. — Und
in der That habe ich daraus nicht wenig Licht
geschöpfet. Mein Dank sey also allen diesen
Gönnern, besonders aber der herablassendsten
Großmuth Sr. Excellenz des eben genannten erhabenen Kenners hier öffentlich geheiligt, so wie
das Andenken davon ewig meinem Herzen ein-
gedrückt bleiben wird.

Geschrieben, München, im März, 1781.

I. Ab-

I. Abschnitt.

Vom Alterthume der Kupferstecherey, von den verschiedenen Arten in Kupfer zu stechen, und von der nöthigen Vorsicht der Liebhaber im Sammeln.

Wie alt ist die Kupferstecherey? — Bey denen, die ihre Spuren schon beym Homer in dem berühmten Schilde des Achilles aufsuchen, ist sie freylich uralt. — Allein wenn man alles Fabelhafte oder blos Wahrscheinliche bey Seite setzt, so kann man damit nicht weit über Albrecht Dürers Zeiten hinausgehen. — Bartholomäus Schön, und dessen Bruder Martin Schön, (denn der Lehrer dieses Meisters Lupert Rust ist eher eine Fabel, und Marso Finiguerra muß den Deutschen die Ehre der Erfindung lassen) so auch Israel van Me-

cheln,

cheln, sind unter den ältesten Kupferstechern aufzufüh=
ren, und der Werth ihrer Blätter, wie derer von den
beyden Zasingern oder Zageln, die doch schon jün=
ger sind, beruht blos auf der Seltenheit, dem
Alterthume, und der Kaprize der Liebhaber; denn
außer dem sind die meisten herzlich schwach in
der Zeichnung, und der ganzen Behandlung. a) —
Ein gleiches läßt sich von einigen spätern Meistern
behaupten, nämlich den beyden Hopfern, Albert
Glockenthon, Hanns Sebald Böham, Lau=
tensack, Hanns Scheuffelein, Albrecht Alt=
dorfer, und verschiedenen andern ältern zum Theil
Formschneidern, aber ja nicht allen. Man neh=
me den Albrecht Dürer selbst, den Andreas An=
dreani, Andreas Mantegna, und Hugo da
Carpi b) besonders davon aus. — Nicht
viel mehrere Achtung verdienen in manchen Stü=
cken

***

a) Keine Regel ist ohne Ausnahme. So schwach dergleis
chen Arbeiten gewöhnlich sind, so habe ich doch eine
des Albrecht Dürers nicht unwürdige sehr schöne
Kreuzschleppung von Martin Schön gesehen.

b) Peter Schoeffer oder Schoiffer ein Deutscher, und
Joh. Fausts, eines der ersten Buchdrucker, Bedienter
wird von Füeßlinn in der neuen Ausgabe seines
Künstlerlexikons für den Erfinder der Holzschnitte an=
gegeben. — Zum Beweise dient dessen Psalter, der
1457. mit verschiedenen Farben gedruckt ist.

een selbst Marc=Antonio Raymondi und sein
Schüler Augustin von Venedig, deren Arbeiten
selten den Charakter des großen Raphael oder
Jul. Romanos so gut ausdrücken, wie einige
Kunstrichter vorzüglich von dem ersten behaupten
wollen.

Ueberhaupt werde ich dieser und vieler an=
derer ähnlicher Künstler in den folgenden Abschnit=
ten fast gar nicht wieder gedenken, und ich lasse
gern jedem Liebhaber die Freude, nicht nach wah=
rem Geschmack und wesentlicher Güte, sondern
nach der Seltenheit, nach dem blinden Rufe, und
aus Nachbethungseifer zu sammeln. — — Und
dieß sey genug vom Alterthume, und den aller=
ersten Meistern der Kunst gesagt.

In Kupfer wird auf mancherley Art gegra=
ben, und gearbeitet; ja nicht nur in Kupfer, son=
dern auch in Zinn, und Silber. (Leute, die keine
Kenner sind, wollen unter dem Name Silberstich
was außerordentlich Schönes bezeichnen) — End=
lich kommen noch wohl die Holzschnitte zu bemer=
ken, darinn viele Meister, selbst Titian, herrli=
che Proben ihrer Geschicklichkeit abgelegt.

In

In Kupfer zu arbeiten giebt es eigentlich
dreyerley Manieren. Mit einem wohl gehärteten
Grabeisen, (Grabstichel) das verhältnißmäßig bald
größer bald kleiner ist, und etwas dreyeckicht zu=
läuft, arbeitet man in die sauber polirte Kupfer=
platte, darauf aber gemeiniglich die Umrisse schon
vorhin in etwas eingeetzt sind, so lang und viel,
bis das Bild in allen seinen Theilen vollkommen
erscheint. —— Diese Art zu stechen ist die kräf=
tigste, und von einer gestochenen Platte, wenn
je die darein gegrabenen Furchen oder Punkte et=
was tief sind, lassen sich oft mehrere hundert gute
Abdrücke nehmen. Figuren ins Große lassen sich
auf diese Art besser als mit der Radirnadel be=
handeln, und die Muskeln herrlich ründen. Da=
gegen taugt der Grabstichel nicht sowohl zu ganz
kleinen Figuren, und fast noch weniger zu Land=
schaften; denn der Schmelz der Lüfte, das Zarte
der Baumblätter, die sanft in der Ferne sich ver=
lierenden Grabationen der Gegenstände sind lau=
ter Dinge, die der Grabstichel nicht gut erreicht,
und nur Anton Masson, wie wir schon hören
werden, hatte ihn so sehr in seiner Gewalt, daß
er damit alle Schwierigkeiten überwand. — Die
Franzosen, die Niederländer und die Deutschen
wetteifern beynahe die größten Meister hierinnfalls

aufzu=

aufzuweisen. — Doch gebührt den Franzosen an
der Anzahl und Vortreflichkeit ihrer Künstler
gleichwohl der Vorzug. Die Italiäner und Eng=
länder kamen nie damit so gut zurechte, bis auf
jener ihren Porporati, und dieser ihren Strange
einen sehr grossen Mann, der den Grabstichel so
weich führt, daß alles unter seiner Hand die
höchste Zärtlichkeit gewinnt, und sanft verfließt.

Das Radiren ist die gewöhnlichste Art in
Kupfer zu arbeiten. — Man unterscheide aber,
obschon bey der ganz gleichen Behandlung der
Platte, die malerische Manier zu radiren von
der, die bey den eigentlichen Kupferstechern üblich
ist. In dieser letztern herrscht immer eine gewisse
Monotonie der Schraffirung, die, wenn sie gleich
gemeinen Liebhabern oft besser in die Augen fällt,
dennoch der ersten unendlich weit nachzusetzen ist.
Unter wahren Kennern wird nichts so sehr ge=
schätzt als ein schönes malerisch rabirtes Blatt,
und diese Hochschätzung gründet sich auf wahre
Vorzüge. Gleichwie der kühne Pinsel von Rubens
oder Ant. van Dyck der ängstlichen mühesamen Aus=
arbeitung selbst eines Abr. van der Werf, oder Balth.
Denner in meinen Augen vorzuziehen ist, und wie
die natürliche freye kräftige Malerey des Peter

Q 5   van

von Laar oder David Teniers des jüngern vor
der reitzenden aber öfters manirten Arbeit des
Phil. Wouwermann bey mir den Rang behält:
eben so gefällt die schöne Regellosigkeit des Rem=
brandt oder Waterloo den vernünftigen Samm=
lern von Kupferstichen viel besser als die sorgfäl=
tigste Pünktlichkeit selbst eines Wille, Bause
oder Wagner. — Einiger Künstler Manier steht
indessen gleichsam zwischen der malerischen und
kupferstecherischen in der Mitte. — An deren
Spitze setze ich den grossen Daniel Chodowiecki,
und dahin zähle ich auch den Callot, beyde Israel
Henriet nämlich und Silvestre, Seb. le Clerc,
Steph. della Bella und viele andere, die alle in
einer sehr gefälligen Manier meistens kleine Blät=
ter lieferten. — Hieher gehören auch zum Theil
die Werke des le Bas, die erst zart geetzt, dann
aber meistentheils mit dem Grabstichel fein und
oft unmerklich ausgeführt sind. Nicht weniger
zähle ich hieher den vortreflichen Johann van
de Velde, der die Radirnadel und den Grabsti=
chel so geschickt verband, daß seine Blätter eine
ungemeine Wirkung thun, und oft an die schwar=
ze Kunst gränzen. Beyde aber übertrift noch der
in diesem Stücke unnachahmliche Cornelius Vi=
scher. Selbst Southmann, Sompel, Suyder=
hoef

Hoef und viele andere, die nicht ganz frey, aber doch sehr ungezwungen rabirten, könnten hier ih=
ren Platz angewiesen bekommen. — Unter den kupferstecherischen Rabirern empfehlen sich vor=
züglich der in Thiersti. ken noch nicht übertroffene Joh. El. Ridinger, und der berühmte Joseph Wagner, dessen reine Nadel vom Grabstichel, wo Kraft und starker Ausdruck nöthig sind, mei=
sterhaft unterstützt, c) in Deutschland und Vene=
dig billig bewundert wird. Ich kann hier nicht unterlassen eines besonders schönen Ecce Homo nach Guercino da Cento zu gedenken, das mir jedesmal sehr gefiel. Die Werke, die er in Ge=
sellschaft seiner Schüler herausgab, müssen seinen eigenen an Güte weichen, noch mehr die, welche von Flipart, Bartolozzi Berardi und andern allein gefertigt sind, wie denn überhaupt diese Schule, welches die Bibliothek der schönen Wis=
senschaften, wo ich nicht sehr irre, billig anmerkt, wegen der Menge ihrer Arbeiten, und dem Eifer durch den Verlag zu gewinnen seit einiger Zeit ziem=
lich herabgekommen ist. — — Uebrigens heissen rabirte Kupfer diejenigen, wo die Platte mit ei=
nem

---

c) Man muß hier überhaupt anmerken, daß die meisten neuern Meister ihre Blätter erst zu etzen pflegen, und dann mit dem Grabeisen überarbeiten.

nem dünnen, aber haltbaren Firniß, oder mit
Wachs überzogen, dann mit einer leichten Farbe
übergangen wird, auf welche man hernach mit
der Nadel, wie mit Bleyſtift auf Papier, zeichnet. — Nach der Hand wird die Platte mit Eßwaſſer (geſchwächtem Scheidewaſſer) übergoſſen,
das denn länger oder kürzer darüber ſtehend weniger oder mehr an allen den Stellen einfrißt, wo
die Linien oder Punkte die bloſſe glänzende Platte
berühren. Dazu gehört aber ſehr viele Geſchick-
lichkeit und Sorgfalt, und man muß die Platte
oft ausheben, und genau acht haben, daß das
Waſſer nirgend zu tief freſſe; denn dadurch und
auch, wenn der Firniß nicht feſt genug hält,
und das Eßwaſſer ihn hie und da aufhebt oder
unterſtißt, iſt ſchon manches herrliche Kunſtſtück
unwiderbringlich zu Schanden gegangen.

Ich komme auf die ſogenannte ſchwarze Kunſt.
Die Erfindung derſelben leiten einige vom Prinz
Rupert d) her. Andere eignen ſie dem berühmten Kneller zu, der aber, wie wieder andere
wol-

d) Sohn Churfürſt Friderichs V von der Pfalz, der nach
dem damaligen Unglücke, welches das Haus Pfalz be-
traf, in Engelland privatiſirte. -- -- Von ihm will
man ſelbſt einige Blätter haben.

wollen, sie nur als eine noch in Engelland
unbekannte Kunst mit übers Meer aus Deutsch=
land gebracht, wo sie ein hessischer Offizier er=
funden haben soll.

Sie die schwarze Kunst ist alles, was sie ist,
bis auf die Erfindung, ganz durch die Engellän=
der. Hier blüht sie seit dem vorigen Jahrhun=
derte, und den Georg White, der bießfalls als
der vorzüglichste Künstler damals bekannt war,
übertreffen einige neuere zum Theil noch lebende
Meister jetzt so sehr, daß diese Kunst kaum mehr
einen höhern Grad ihrer Vollkommenheit erreichen
kann. In andern Ländern schläft sie, so zu sa=
gen, und nur in Holland und Deutsch=
land zeigen sich einige Keime davon, wie z. B.
Sinzenich artige Blätter liefert, darinn er den
Engelländern, von denen er auch persönlich ge=
lernt hat, nahe kömmt. — So thut sich auch
unser Nachbar Herr Haid in Augsburg mächtig
hervor, und er hat es bießfalls schon weit gebracht,
doch muß er den besten englischen Meistern noch hier
und da weichen. — William Pethers leuchtet wie
ein Sirius unter allen diesen hervor, und ihm
ist die geschabene Platte das schuldig, was die ge=
stochene dem Anton Masson, und die geetzte dem

Rem=

Rembrandt und Chodowiecki. — Die Behand=
lung der Kupferplatten in der schwarzen Kunst ist
der Stecherey gerade entgegen gesetzt. Diese be=
dient sich einer glatten hellglänzenden Oberfläche.
Zur Bearbeitung in der schwarzen Kunst hingegen
macht man die Oberfläche erst rauh, und wie jene
die Schatten hinein arbeitet, werden hier die lich=
ten Theile dafür durch mehr oder minbere Glät=
tung der rauhen Erhabenheiten mittels verschie=
dener Eisen und Werkzeuge herausgebracht; denn
eine geschabene Platte ohne alle Glättung abge=
druckt giebt weiter nichts als einen schwarzen sam=
metartigen Flecken, daher auch die Benennung
Sammetstich, und schwarze Kunst ihren Ur=
sprung hat. — — Die schwarze Kunst hat in
gewisser Rücksicht sehr viele Vorzüge vor den bey=
den andern Arten. Sie ist weich und sanft, voll=
kommen nach der Manier, wie man mit Tusche
arbeitet. Die Massen des Lichtes und der Schat=
ten schmelzen besser in einander, das Fleisch wird
weicher und zärter, und durch kein anders Kunst=
stück die malerische Wirkung des Hellbunkels schö=
ner erreicht. — Rembrandt der grosse Zauberer
in Austheilung des Lichts hatte ohne Zweifel in
dieser Schule gelernt; denn er schien hie und da
die schwarze Kunst durch Verkritzelung seiner Hin=
ter=

tergründe und anderer ganz oder halbschat=
tichter Theile in etwas nachahmen zu wollen. In
der That brachte er auch öfters mit der Radirna=
del erstaunliche Wirkungen hervor. Nicht nur
ganze und Schlagschatten, sondern auch die schön=
sten Mitteltinten behandelte er auf eine ihm ganz
eigene Art so, daß das Aug manchmal beynahe
getäuscht werden, und ein halb rabirtes, halb
geschabenes Platt vor sich zu haben glauben könn=
te. — Eins seiner besten Blätter von dieser Gat=
tung ist wohl die Verkündigung der Hirten.
Darinn hat er ein gedoppeltes Meisterstück gelie=
fert, in wundervoller Vertheilung der Lichter
nämlich, und in sammetartiger Führung der Na=
del, und kluger Modifikation des Eßens. Außer
diesem zweyfachen Verdienste hätte dieses Blatt
sonst auch weiter nichts, woburch es sich beson=
ders empfehlen würde.

Die mittlere Größe ist den Werken in schwar=
zer Kunst die angemessenste; denn sowohl beson=
ders grosse als auch gar kleine Figuren, Köpfe,
u. s. w. fallen darinn nicht gut aus, und die klei=
nen am wenigsten. — Callotische oder zarte cho=
dowieckische Figürchen ist sie kaum im Stande nur
erträglich vorzustellen. So gefallen mir unge=
heure

heure Thesen und dergleichen, wie man sie hat,
vollends nicht, und nur Platten von der Höhe
eines ordentlichen Bogens, höchstens, wenns Por-
traitköpfe sind, in halber Lebensgröße, nehmen
sich herrlich aus. — Die meisten Gattungen von
Landschaften sind auch nicht für die schwarze
Kunst leicht zu bearbeiten. Doch sind hievon aus-
zunehmen Meerstürme, Nachtstücke, Feuersbrün-
ste, und überhaupt alle Gegenstände, worinn
von Feuer und Beleuchtung Alles abhängt.

Bey den vielen Vorzügen der schwarzen Kunst
zeigen sich auch einige Beschwerlichkeiten. — Man
kann von einer geschabenen Platte nicht viel über
hundert gute Abdrücke machen, und dabey muß
man diese Blätter mit mehrerer Sorgfalt zu bewahren, und mit zartem Zwischenpapier wohl zu
belegen suchen, da sie dem Abschmutzen, und
folglich dem Blaßwerden viel eher ausgesetzt sind,
als alle andern Kupferstiche.

Und diese sind nun die drey gewöhnlichsten
Manieren in Kupfer zu arbeiten. — Es giebt
aber noch einige andere Arten, und der uner-
schöpfliche Erfindungsgeist unsers Jahrhunderts
läßt uns vielleicht noch welche in der Folge an-
staus

ſtaunen. — Heinrich Goudt, Peter Molyn, ja ſelbſt manchmal Albrecht Dürer und ſein Nachſtecher Hieronymus Wierx, und noch einige arbeiteten mit dem Grabſtichel ſo ungemein zart, daß man oft Mühe hat mit einem Vergröſſerungsglaſe die Furchen und Linien abgeſondert von einander zu ſehen. Auf dieſe Weiſe kommen ſie denn auch der ſchwarzen Kunſt ſehr nahe, beſonders die erſten zween, davon mir Goudts Milchſtraſſe, am geſtirnten Himmel ſo meiſterhaft ausgebrückt, unter ſeinen bekannten 7 Blättern am beſten gefällt. Molyns heil. 3 KönigsNacht iſt nicht weniger ein ganz herrliches Blatt. — Johann Lutma ein Goldſchmied verſuchte es mit dem Goldſchmiedspunze in Kupfer zu arbeiten. Man nennt dieß opus mallei, Hammerſchlag. Er lieferte von dieſer ſeltenen Erfindung ungefähr 6 Blätter, die rar ſind, und ſehr geſucht werden. Dieſe Manier nimmt ſich wie ein ganz mit dem Grabeiſen nach gewiſſen Richtungen ſehr zart und verfloſſen überpunktirtes Bild aus, und in dem Stücke nähert ſich auch dieſe Manier wieder der ſchwarzen Kunſt. — In eben derſelben Manier mit noch zärter in einander verflieſſenden Pünktchen ahmen heut zu Tage in Paris und anderwärts verſchiedene Künſtler Zeichnungen mit

R   Rö

Röthel, und sogenannter schwarzer Kreibe nach. — Desmarteaux war einer der ersten davon, der dergleichen meistens nach *Boucher* herausgab. — Aber alle bisher angezeigte Manieren übertrift sehr weit die wunderwürdige Erfindung vom *Cornelius Ploos van Amstel*. Dieser ganz besondere Künstler ist nichts weniger als ein Maler, oder Kupferstecher von Profession, sondern ein reicher Privatmann zu Amsterdam. Die Kunst treibt er zu seinem Vergnügen, und seine Erfindung ist noch ein Geheimniß, das außer ihm Niemand besitzt. Er ahmt Oelmalereyen mit ihren so unzähligen Farbenmischungen, Zeichnungen mit allerhand Kreiben, Arbeiten mit chinesischer Dinte, kurz alles nach, und täuscht das Aug selbst des geübten Kenners. Am Ende werde ich sein Werk umständlicher beschreiben.

Endlich komme ich auf die Holzschnitte. Sie sind ungleich älter als die Kupferstiche, und haben vermuthlich zu den letztern Gelegenheit gegeben, da die Holzschnitte in den ältesten Mönchsschriften vom 14. und den beyden darauffolgenden Jahrhunderte ungemein fein sind. — *Hugo da Carpi* erfand eine neue Art derselben, davon hernach geredet werden soll. — Die Manipulation davon ist sehr mühsam. —

Auf

Auf ein verhältnißmäßig dickes Brett von Buchs=
oder Birnbaumholz, (das erstere ist ungleich besser)
nachdem es sehr glatt und fein abgehobelt worden,
wird mit Dinte das gezeichnet, was ausgeschnitten
werden soll. — Manche Formschneider, die nicht
geübt genug im Zeichnen waren, liessen sich ihr
ganzes Bild von andern mit allen Strichen in allen
seinen Theilen vollkommen fertig zeichnen, überzo=
gen die gezeichnete Seite des Papiers mit einem
dünnen haltbaren Kleister, legten das überkleisterte
Papier auf ihr Holz, und liessen es wohl trocknen.
Nach einiger Zeit wuschen sie das Papier mit äuf=
ferster Behutsamkeit langsam und gelinde weg, da
denn jede gezeichnete Linie in der Pappe, wie die=
se auf dem Holz kleben blieb, nicht anders, als ob
die Zeichnung gleich anfangs darauf gemacht wor=
den wäre. — Es mag nun auf diese oder jene
Weise in Auftragung der Zeichnung verfahren wer=
den, so schneidet man hernach mit scharfen Messer=
chen, oder andern dazu tauglichen Eisen in gewisser
Tiefe alles Holz rein aus, das nicht bezeichnet ist.
— Lange wagten es die Formschneider nicht, Kreuz=
schnitte anzubringen, weil solche so gerne aussprin=
gen, und Albrecht Dürer war der erste, der es glück=
lich unternahm, und meist lauter vortreffliche Blät=
ter verfertigte. — Die Abdrücke der Holzschnitte

ge=

geſchehen durch Buchdruckerpreſſen, und man kann
mehrere hundert abziehen, ja noch mehr als von
geſtochenen Platten. — — Auch dieſe Gattung
der Kunſt hat wieder ihre Abweichung. Hugo da
Carpi, von dem ſchon oben Meldung geſchehen,
der um 1510 blühete, erfand eine neue Manier,
ſich dreyer Stöcke zu Holzſchnitten zu bedienen.
Auf den erſten Stock zeichnete er den Umriß, auf
den zweyten den Schatten, und auf den dritten das
Licht, und ſo druckte er einen nach dem andern auf
gefärbtes Papier ab. In dieſer Manier nun ahmte ihm Andreas Andreani nach, ſo daß ihn darinn noch Niemand übertroffen. Wenn man gute
Abdrücke, die aber ſelten ſind, zu Geſicht bekömmt,
hat man Mühe, ſie von getuſchten Arbeiten gleich
zu unterſcheiden. Sie ſind ganz das, was die
Maler ſonſt Farb in Farb gemalet heiſſen, und
in dieſem Stücke muß ihnen ſelbſt die ſchwarze
Kunſt weichen. — Seine meiſten Blätter ſind nach
Raphael, Titian, und andern ähnlichen groſſen
Meiſtern. Richtige Zeichnung, gute Haltung,
geiſtreiche Ausführung, und die vortrefflichſte
Wirkung, die beſonders das Getuſchte der Mitteltinten macht, iſt ihr eigenthümlicher Charakter.
Parmeſan und andere lieſſen ſich dieſe Manier ſo
ſehr gefallen, daß ſie ſelbſt manches darinn ausar-
beiteten,

beiteten, ja man will wohl gar vom Raphael eini=
ge Figuren haben.   Heut zu Tage sieht man wenig
neues von dieser Art, wie überhaupt die Holz=
schnitte nicht mehr so üblich sind.   Einer Abneh=
mung Christi vom Kreutz muß ich hier aber ge=
benken, die einer meiner werthesten Freunde besitzt,
und die in ganz gleichem Geschmacke, wo nicht
vom Reinbrandt selbst (freylich merkt kein einziger
Schriftsteller meines Behalts so was an) doch von
einem seiner besten Schüler herrlich ausgeführt ist.

Was über die Kunst in Kupfer und Holz zu
graben und zu schneiden gesagt werden kann, das
habe ich nun, glaube ich, gesagt. — Es ist noch
übrig, daß ich auch etwas weniges vom Kupferdru=
cken und der nöthigen Vorsicht rede, welche Liebha=
ber beym Sammeln zu beobachten haben.   Die Far=
be zum Drucke ist gleichgültig.   Man hat schwarze,
blaue, rothe, gelbe und braune Blätter.   Die
schwarzen sind die gewöhnlichsten.   Man druckt
auch mit mehrern Farben, und da muß denn die
Platte öfters unter die Presse kommen. — Auf die
Kupferpresse und gute Bereitung der schwarzen
Farbe kömmt unendlich viel an. Ist das Oel nicht
wohl rein, so wird immer dessen Schmutz, ja selbst
dessen gelblichte Farbe vorschlagen, und aus den

Häu=

Hånden unerfahrner, unachtsamer, übereilender
Kupferdrucker erhält man nur schlechte, oft sogar
beschmußte, nur halb ausgedruckte Blätter. Das
kostbarste Stück verliert unter solchen Umständen
beynahe alle seine Schönheit, und eine schwache,
nicht gut befestigte Presse mit einer zu leichten, nicht
wohl einpassenden, knarrenden Walze verderbt
mehr als sie nüßt. — Leider muß ich hier anmerken,
daß unsere vaterländischen Künstler diesen so wich-
tigen Gegenstand der Kunst, das Drucken nämlich,
einer zu geringen Achtung würdigen, und oft einer
Magd, oder dem ungeschicktesten Kerl überlassen.
— Die englischen Pressen sind zwar sehr theuer,
aber ganz ausnehmend gut. Ihr vortrefflicher Cy-
linder verschafft noch fünfzig auch hundert gute
Abdrücke, wenn selbe schon das Ansehen haben,
unter den gemeinen Pressen matt werden zu wollen. — — Ich habe eben der Abdrücke mit mehrern Farben gedacht, darinn ist der oben so sehr
angerühmte Cornelius Ploos ein unerreichbarer
Meister, der von der gewöhnlichen Art mit Farben zu drucken völlig abgeht, und die Kenner fast
begriffleer läßt, wie er damit zu Werke geht.
Hier wäre zwar der Plaß davon zu handeln. Allein ich bleibe schon einmal auf meinem Vorsaß,
sie am Ende zu beschreiben, so wie ich von illuminirten

minirten Werken im 2ten Abschnitte, zu handeln gedenke.

Auf gute Abbrücke haben die Sammler vor al= lem zu sehen. Die ersten und lezten sind nicht son= derlich schäzbar, doch allezeit noch ungleich schäz= barer die ersten. Einige Liebhaber suchen sogar mit Fleiß nicht ganz ohne Grund wegen der Schär= fe und Kraft erste Abbrücke, die man beßwegen Probbrücke nennt, weil die Meister, bevor sie ihre Namen darunter sezen, sehen wollen, wie die Platte ausfällt. Wenn sonst Punkt auf Punkt, Strich auf Strich zween Abbrücke einander haar= klein gleichen, und auf einem der Name, auf dem andern aber nicht steht, so darf man das Blatt ohne Namen fast allezeit für einen Probbruck anneh= men. Man sehe aber wohl zu, daß man den Na= men oder das Zeichen des Stechers selbst nicht mit des Erfinders oder Verlegers seinem vermenge. Die wenigsten Kupferstecher arbeiten nach eigener Erfindung, sondern nach andern Künstlern. Auf einem und eben dem Blatte sind oft 3, 4, 5, auch mehrere Namen oder Zeichen, der Name des Malers oder Erfinders, der Name des Ste= chers und des Verlegers, manchmal noch eines zweyten, auch dritten Verlegers, und dann auch

R 4   bis=

bisweilen, wenn Verse oder Denksprüche dabey
stehen, der Name des Autors von selben.—
Sculpſit, incidebat,caelauit, auch fecit, wenn
je der Erfinder und Stecher eine Perſon ſind,
bisweilen in wälſchen Blättern ſogar intalgauit,
(vom Italiäniſchen intagliare, ſtechen, eingra-
ben, einhauen) das franzöſiſche Graué, und das
engliſche Engraved, ferner fecit aqua forti,
oder inuenit et fecit, bezeichnen jedesmal den
Stecher, Etzer oder Formſchneider; dagegen pin-
xit oder inuenit, wenn ſie beſonders ſtehen,
den Maler oder Erfinder, excudit oder formis
aber allzeit den Verleger.   Mehrerer Verleger
Namen, oder wenn oft einer ausgekratzt, und
ein anderer hingeſetzt iſt, zeigen an, daß die
Platte käuflich von einer Hand in die andere gekommen, zugleich zeigen ſie aber auch, daß eben
durch dieſen Wechſel, und den zu häufigen Druck
die Platte ſehr ſtumpf geworden, daher ſolche
Blätter nothwendig im Werth nicht mehr ſo hoch
geſchätzt werden können.   Uebrigens hält man die
Abbrücke zwiſchen 25 und 75 für die allerbeſten,
und ſie werden theuer bezahlt, wo man ſie be-
ſtellen kann.   Einige Stecher haben in dieſer Abſicht wohl gar ihre Blätter rückwärts marquirt,
wo ich nicht ſehr irre. — Noch beſſer, und zugleich

gleich auch sicherer wäre es, sie mit einem un=
nachahmlichen Stempel, der zugleich die Numer
enthielte, zu bezeichnen, auf die Art, wie Corn.
Ploos seine schönen Abbrücke durchgehends auf
dem Rücken mit seinem Wappen stempelt. ——
Kann man inzwischen nicht allzeit einen guten
Druck haben, so ists doch immer besser einen mit=
telmäßigen oder sogar aufgekratzten, als gar kei=
nen zu haben. Von vielen Werken kann man
fast nicht einmal mehr, oder nur durch einen Zu=
fall, einen ganz reinen Druck erhalten. Dieß ist
das Schicksal des schönsten Blattes, die Verkün=
digung Mariä von Fridr. Baroccio. In dem
Gesichte der heil. Jungfrau entdeckt man kaum
mehr die Spuren der kleinsten Nuanzen, und
sanften Drucker (wie die Maler sprechen) die dem
Kopf Geist, Anmuth und Rundung gaben, gleich
andern ähnlichen Köpfen dieses Künstlers. Jetzt
erscheint er (versteht sich in den gewöhnlichen sehr
verlöschten Abbrücken) hart wie überhaupt das
ganze Bild. — Eben dieß Schicksal haben einige
Stücke von Rembrandt und fast alle Landschaf=
ten von Waterloo; sie sind ziemlich matt und
blaß, und letztere meist gar aufgekratzt. Wenn
das Aufkratzen einer stumpfen Platte von ihrem
Urheber selbst geschieht, so bleibt immer der vo=

rige

rige Geist, und wird oft besser hergestellt. Allein
meist fallen die Platten in Stümperhände, die
sie wahrhaft schänden, so daß ein blasser Druck
noch zehnmal mehr werth ist, als eine so ver=
hunzte Arbeit, die der Künstler, wenn er je auf=
leben könnte, nie wieder für die seinige erkennen
und annehmen würde. — In Absicht auf die
Anfangsbuchstaben der Künstler, die ihre Namen
nicht ganz beyfügen, welche oft wunderlich an=
gebracht oder verschlungen sind, noch mehr in
Absicht auf andere Zeichen, die sie beysetzen, oder
statt der Namen anbringen, lassen sich unmöglich
allgemeine Regeln geben. Studium und Uebung
müssen hier das meiste, wo nicht Alles thun.
Indessen empfehle ich Jedermann das hierzu noth=
wendige Buch: Joh. Fridr. Christens Anzeige
und Auslegung der Monogrammatum, Leip=
zig bey Fritschens Wittwe. 1747. So un=
vollständig es auch noch ist, und fast nicht an=
ders seyn kann, dient es doch vortreflich, und
ist am Rande jedes Monogramm oder Zeichen im
Holzschnitt abgedruckt.

Wer Kupfer mit Verstand sammeln will,
hat übrigens noch so manches in Acht zu nehmen,
davon ich in gegenwärtigen wenigen Blättern nur
im Vorbeygehen reden kann. Das

Das Wichtigste außer dem bisher Gesagten ist, daß man nicht Originale mit Kopien verwechsle. Es hält aber sehr schwer in diesem Stücke sicher genug zu gehen. Die größten Kenner haben sich manchmal geirrt, und bey gut nachgestochenen Blättern ist es oft kaum möglich den Unterschied zu entdecken, zumal wenn man das Original nicht dagegen halten kann. Da ich im folgenden und dem dritten Abschnitte von den besten Blättern der besten Meister handeln werde, so sollen dabey Bemerkungen vorkommen, die diesen Punkt hier und da besser aufklären. Indessen ist eins von den wichtigsten Kennzeichen der Originalität der Name des Stechers. Nur sehr selten wagten es Kopisten durch Nachmachung von Zeichen und Namen das Publikum betrügen zu wollen. Der Name des Künstlers entscheidet also meistentheils, und die Kopisten setzen seltener ihren Namen unter die Kopie, oder sie zeigen zugleich, wenn sie's auch thun, den wahren Meister nebenbey an. Ein eben so gutes Kennzeichen ist die Verkehrung des Bildes. Was im Originale zur rechten Hand ist, das befindet sich in der Kopie gemeiniglich zur linken, außer wenn der Kopist sein Urbild nicht gerade zu, wie es vor ihm lag, sondern mit Fleiß verkehrt nachge-

sto=

stochen hat. Bisweilen arbeiteten zween Meister nach einem und eben demselben Gemälde, ohne daß einer des andern Stich gesehen, oder zu Rathe gezogen. In diesem Falle sind beyde Stiche Originale zu nennen. So haben Gerard Audran und Edelink den Besuch Alexanders bey der Mutter und Gemahlinn des Darius nach Karl le Brun vortreflich gestochen, jeder in seiner Manier, jeder nach dem Urbilde. Eben so haben Sompel und Suaneburg die Jünger in Emaus nach Rubens, jener frey radirt, dieser schön gestochen, ohne einander nachzuarbeiten, einer Menge anderer Beyspiele nicht zu gedenken, da ich nur die nächsten besten wählte.

Vor der wunderlichen Grille blos für den Namen eines Künstlers, oder die Seltenheit eines Blattes blinde Hochschätzung zu tragen, warne ich jeden vernünftigen Liebhaber. Nicht jeder Meister ist, weil von ihm schwer was zu bekommen, deßwegen groß, und nicht alle Arbeiten eines großen Meisters sind gut. Bern. Picart spottete darüber in seinen impostures innocentes. So both mir Jemand ein herrliches Gemälde von hohem Werthe an, wenn ich ihm nur eine Kollektion von etwa einem paar hundert Blättern lauter Zasinger, Martin Schön, H. S. Lautensack, Israel

van

van Mecheln, und ähnlicher alter Meister, beren Stiche (doch nicht alle) weiter nichts als eben das Alter für sich zur Empfehlung haben, verschaffen könnte. Welch einen Lärm hat man nicht mit Marco Antonio! — Und ich gäbe doch für einen schönen Rembrandt, Masson, William Perthes, u. f. w. ihrer bey 50, einige wenige seiner bessern Arbeiten ausgenommen. — Gewisse oft kleine Umstände machen manchmal ein Blatt selten. Der eben genannte Marc Anton Raymondi stach bekanntermassen die kleine Leidensgeschichte Christi vom Albr. Dürer nach, und in der That mit vieler Geschicklichkeit. Man hat Mühe, ohne wirkliche Zusammenhaltung, den Unterschied zu treffen. Er setzte auch Dürers Zeichen, und die Jahrzahlen bey. Endlich ward ihm dieser Betrug scharf verwiesen, und er angehalten, seinen Kopien ein unterscheidendes Merkmal aufzudrücken. Dieß that er mit einer Art von Stempel, womit er nur an den Namen des Dürers ein paar Striche, die ein A formiren, ansetzte. — Nun sind seine Paßionsblättchen sehr gesucht, nicht weil sie gute Kopien sind, sondern wegen dem Stempel, und man fragt nie nach den ungestempelten, die Niemand achtet.

Noch

Noch eine heilsame Warnung ertheile ich dem Sammler, und beschliesse dann diesen Abschnitt. — Man trachte nie, außer man kanns leicht haben, das ganze Werk, das ist, alle Stücke eines Meisters zu sammeln; denn manchmal machen selbe mehrere hundert, ja tausend aus, und neben dem, daß diese Art zu sammeln unendlich kostbar, und meist über das Vermögen eines Privaten ist, erhält man noch, eben wegen der Menge, einen Haufen mittelmäßiges, oft schlechtes Zeug. Wie kann man auf diese Weise eine Sammlung von allen großen Kupferstechern zur Vollständigkeit bringen, da die Anzahl von Kupferstichen sich bereits auf Millionen beläuft, und noch täglich vermehrt wird? Dieß ist also eine lächerliche Kaprize, und ich bedaure die, welche sich damit abgeben. Rembrandts alle Blätter belaufen sich allein schon auf 341. Beynahe die Helfte davon ist mittelmäßig, und einige sind unterm mittelmäßigen. Dem ungeachtet bezahlte Jemand eine sehr kleine Flucht in Aegypten, die ihm neben noch 5 andern Stücken fehlte, ungemein theuer, da doch gewiß dieses kleine Blättchen eines von Rembrandts allerschlechtesten ist, und ich selbes kaum für 6 Groschen nähme. Ein anders ist aber Blätter unge-

getrennt beysammen haben wollen, die unmittel=
bar zusammen gehören, wie Callots Uebel des
Krieges, u. s. w.

Man sehe daher, daß man von den berühm=
testen Meistern nur ihre besten Stücke bekomme,
und so, und nicht anders gehe man im Sammeln
zu Werke. So sammeln alle Kenner, so sammelt
unser erlauchte Graf von Haimhausen.

II. Abschnitt.

Von den größten Meistern in jeder Art
der Kupferstiche, und einigen ihrer besten
Arbeiten.

Bisher habe ich mich meist mit dem Mecha=
nismus der Kunst beschäftiget. Es ist nothwen=
dig, daß ich die Liebhaber nun näher mit dem
Innern und Wesentlichen bekannt mache. Man
erwarte indessen ja nicht ein Verzeichniß aller
Künstler und ihrer Arbeiten. Nur für die wich=
tigsten Werke der berühmtesten Meister in jeder
Gattung ist dieser Abschnitt meiner Abhandlung
bestimmt. — Ich beobachte die vorige Ordnung,
und fange wieder bey den gestochenen Blättern an.

Unter

Unter den Franzosen, denen ich, wie billig,
schon vorhin den ersten Platz in dieser Art eingeräumt, raget Anton Masson über alle hervor.
Bosremon in seinem 2ten Bande und der 7ten
Abhandlung wiedmet der Beschreibung und Zer-
gliederung der Jünger in Emaus von dessen
Hand beynahe zween volle Bogen, darinn er,
wie ihm Jedermann beypflichten muß, diese Arbeit über alle Arbeiten mit dem Grabstichel erhe-
bet. — Ich selbst besaß ehedessen dieses kostbare
Stück, und ich werde es im dritten Abschnitte
umständlich, obgleich nicht so weitläuftig als Bosremon, abschildern. — Dieser große Künstler
übertraf alle Meister nach wie vor in kühner Führung des Grabeisens, mit dem er alles machte,
was ihm beliebte. Er schraffirte kräftiger und
dreister, als Golz, Paul du Pont, Johann
Müller, und selbst als Mellan, und gleich auch
wieder so zart, und verflossen, als Dürer oder
Wierx, so daß er hier und da die Radiernadel
überholte, und sich der schwarzen Kunst näherte.
So verschiedene Manieren wußte er meist in
einer einzigen Platte zusammen anzubringen, und
im Ausdrucke der Haare ist ihm noch Niemand
gleich gekommen, nur P. van Schuppen scheint
ihn dießfalls nachgeahmt zu haben. Statt die

Hand

Hand nach den verschiedenen Krümmungen der
Schraffirungen zu bewegen, wie andere zu thun
pflegten, bewegte und drehte er die Platte, und
konnte sich vollkommen auf seine Geschicklichkeit
und die Festigkeit seiner Hand verlassen. In
diesem Stücke folgen ihm viele neuere Stecher mit
gutem Nutzen. — Außer dem G. Edelink, be=
sonders in dessen Phil. de Champagne, kommen
wenige seiner Kraft und zugleich Annehmlichkeit
im Portraite bey, und in neuern Zeiten stehen
ihm nur J. Georg Wille und dessen Schüler
Jak. Schmutzer würdig zur Seite, jener wegen
seiner so süßen und doch festen und verständigen
Behandlung des Grabstichels, dieser aber wegen
seiner ungemeinen Kühnheit in Variation der
Schraffirung, dadurch er die verschiedenen Erhe=
bungen, Vertiefungen, Büge und Lagen der
Muskeln, und die Brüche und Falten der Ge=
wänder mit der besten Wirkung ausdrückt, wie
man z. B. an dem schönen Bildnisse des Don
Emanuel Desvall sieht. Feigel ahmt Schmu=
zern ziemlich nach. — Massons beste Wer=
ke sind: die Jünger in Emaus nach Titian,
davon ich besonders zu handeln versprochen, wo=
bey ich auch des herrlichen Bildnisses des Maler
Peter Dupuis nicht vergessen werde; ferner das
Bildniß des Grafen von Harcourt, das man

S   ge=

gemeiniglich le Cadet a la Perle nennt; das
Portrait des Herzogs von Albret, des Mar=
schall Turenne; (ein lebensgroßes Brustbild)
das des Karl Patin, welches Köremon eben=
falls umständlich beschreibt; so fort das des gro=
ßen Colbert, des Kardin. Richelieu, der Dau=
phine Viktorie aus Baiern, endlich Maſſons
eigenes Bildniß als königlich franzöſiſchen Ku=
pferstechers im 66ten Jahre von ihm ſelbſt ge=
macht, und das Portrait eines gewiſſen Crimi=
nal = Lieutenants aus Lyon. Dieſes letzte hal=
ten viele für das größte Meiſterſtück nach dem
Blatte die Jünger in Emaus.

Nach Maſſon gehört unter den ältern fran=
zöſiſchen Kupferstechern der Vorrang unstreitig
dem Gerard Edelink, der nur an der Freyheit
und Manchfaltigkeit der Behandlung dem Maſſon
nachstehen muß. — Welch ein vortrefliches Blatt
iſt nicht ſeine heilige Familie nach Raphael!
Gleichwie Maſſons oftgenanntes Nachtmahl zu
Emaus der beſte Kupferstich in der Welt in
Abſicht auf die Kunſt iſt, ſo iſt Edelinks heil.
Familie der beſte Kupferstich in Abſicht auf die
Wirkung. — Auf dieſe Art laſſen ſich die Wi=
derſprüche vergleichen, die in den Beſchreibungen

und

und Kritiken von Ädremon und Füeßlinn über
diese 2 Blätter so sehr auffallen. — Edelink
kopirte eins der schönsten Werke von Raphael,
Masson ein Gemälde von Titian, das eben nicht
das größte Meisterstück dieses sonst so großen
Malers heißen darf; vielleicht stach er es deßwe-
gen, weil alle Köpfe bis auf des Erlösers seine
Portraite sind. — So weit also Raphael den
Titian übertrift, (besonders bey so ungleicher
Wahl der Güte von den Stücken dieser beyden
Meister) eben so weit und nicht weiter übertrift
Edelinks heil. Familie das Emaus des Masson,
und Dreßtrio hat Recht, (Ädremon und Dre-
strio ist immer eine und eben die Person nämlich
Franz Christoph von Scheyb) wenn er im
2ten Theile von den 3 Künsten der Zeichnung
S. 144. sagt, „ wenn Masson die Familia
„ sacra, Edelink aber Emaus gestochen hätte,
„ würde man im Edelink einen großen Ab-
„ stand, den Masson aber in seiner Vortref-
„ lichkeit finden. " — — Uebrigens werde ich
auch diese schöne heil. Familie im 3. Abschnitte
zergliedern. — — Edelink hat viel, und fast
alles vortreflich gearbeitet. — Nach seiner heil.
Familie kömmt sogleich das schöne, aber sehr große
Blatt das Kruzifix mit den Engeln nach Karl

le Brun; ferner nach eben demſelben der ſchon
im vorigen Abſchnitte angezeigte Beſuch Alexanders bey der Mutter des Darius, und die
büßende Magdalena, welche Wolfgang in Augsburg ſehr gut nachgeſtochen. — Auch hat man
vom Edelink 3 große Theſen, und eine Menge
ſehr ſchöner Portraite, darunter das vom Maler
Phil. de Champagne das herrlichſte iſt, welches
er ſelbſt für den Triumph ſeines Grabſtichels an-
ſah. — Noch ſind 3 Künſtler dieſes Namens
bekannt, Johann, Ludwig, und Nikolaus Edelink. — Nikolaus war Gerards Sohn; er
ahmte die Manier ſeines Vaters nach, aber deſſen
Freyheit erreichte er nicht. Sein Stich zeugt von
müheſamer Aengſtlichkeit, (ein Schickſal faſt
aller Nachahmer) und die Haltung fehlt ziemlich.
Indeſſen hat man doch von ihm unter andern
eine ſehr hübſche Madonna mit d-m ſchlafen-
den göttlichen Kinde nach Correggio. Dieſer Nikolaus Edelink arbeitete meiſt in Rom und Venebig.

Die Audran machen, ſo zuſagen, eine eigene
Kupferſtecherſchule aus. So viel ihrer geweſen,
waren ſie alle wackere Maler oder Kupferſtecher,
und letzteres zwar die meiſten. Unter ihnen zeichnet ſich Gerard Audran vorzüglich aus. Er
über=

übersieht die andern, wie die Zeder den umherste=
henden Wald. Sein Meisterwerk sind die Tha=
ten Alexanders nach Karl le Brun, und unter
diesen ist wieder das beste der bekannte Besuch
bey der Mutter und Gemahlinn des Darius,
welcher eine der schönstenKompositionen des le
Brun ist, voll Zärtlichkeit, Geist und Ausdruck,
ganz eines Raphael würdig. — Johann Audran,
der bey seinem Oheime dem obigen Gerard ge=
lernt, ward auch sehr berühmt. Er gab die an=
gezogenen Thaten Alexanders im Kleinen heraus,
und sie sind wirklich schön. Nur mangelt ihnen
der freye Schwung, und Gerards Feuer, das
sich auch im Kleinen nicht wohl nachahmen ließ. —
Noch sind Benedikt und Ludwig wohl zu be=
merken, davon besonders der erste sich ziemlichen
Ruhm erwarb. — — Bey dieser Gelegenheit
kann ich unmöglich ein Bild unerwähnt lassen,
das mir meine Phantasie allzeit wieder frisch vor=
hält, so oft der Name le Brun über meine Lip=
pen rollt. Eine flüchtige Zeichnung dieses gro=
ßen Malers ist es, die Audran einer der seltenen
Kupferstecher, der wie Jakob Frey, jederzeit den
Geist und Genieblitz seines Originals getren und
ungewäßert auf seine Platte hinüberträgt, eben
so flüchtig nachgearbeitet. Dieses Blatt besitz
mein Freund Herr Hofkammerrath Dorner, und

es

es stellt den Untergang des ägyptischen Heeres
im rothen Meere vor. Nirgend habe ich noch
diesen so oft bearbeiteten Gegenstand so erhaben,
so feuervoll, so der fürchterlichen Größe des gött=
lichen Wunders angemessen vorgestellt gesehen.
Statt aller Beschreibung lese man in der Note
eine Poesie, die die Frucht einer Stunde war;
die ich hingerissen von Begeisterung beym ersten
Anblicke entworfen, und schon im Jahre 1771
eben meinem obigen Freunde zugeschrieben, aber
noch nie in den Druck gegeben habe. *)

Die

---

*) Danklied Mosis
nach dem Untergange
der Aegypter,
auf Veranlassung
einer Zeichnung von le Brun.

Dank Israel dem Herrn der Heere!
   Er unsre Hoffnung stund dir bey.
Die Wellen in dem rothen Meere
Verkündigen, wie groß er sey;
Liebreich für die, die zu ihm flehen,
Erschrecklich denen, die ihn schmähen.
Vom Aufgang bis zum Niedergang
Singt alle Völker Lobgesang!

   Das Wasser stund, dich zu bewahren,
Von ihm zu Felsen aufgethürmt;

Das

Die Menge guter französischer Kupferstecher
älterer und neuerer Zeiten ist zu groß, als daß
S 4   man

Das Wasser fiel, und deckt' die Schaaren
Des Feinds, der ihn in dir bestürmt,
Ihn deinen Schild, der heilt und tödtet,
In Abgrund stürzt, vom Abgrund rettet.
Sing', singe jegliches Geschlecht,
Der Herr ist gütig und gerecht!

Er nahte sich, der freche Spötter,
Und flog in die zertheilte Fluth.
Wo ist, rief er, der Gott der Götter,
Der sonst die großen Wunder thut?
Wo ist er? — Eine Donnerstimme
Antwortet' ihm in hohem Grimme:
Hier ist er, zittre! — — Sturm und Nacht
Brach ein auf seine Kriegesmacht.

Vom Himmel kam umzielt mit Blitzen
Der Ewige ein starker Held:
Entschlossen seinen Bund zu schützen
Schalt er; da zitterte die Welt.
Sein Wort eilt' auf der Winde Flügeln,
Die Berg' verkündigten's den Hügeln,
Die Wasser hörten's. — Tief im Meer
Lag Pferd, und Mannschaft und Gewehr.

Nur schwamm der Lästrer auf den Trümmern
Von seinem Kriegsheer noch empor.
Er sah des Volkes Lager schimmern,
Das er erst zu vertilgen schwor.
Beschämt wandt er die wilden Blicke
Auf die empörte Fluth zurücke,
Und sträubte sich, wie bey dem Herd
Ein Schlachtthier vor des Würgers Schwert.

Umman von allen umständlicher handeln könnte. Die ältern lernt man indeſſen am beſten aus dem zahlreichen und großen Werke des Crozariſchen Kabinets erkennen, worinn ihrer viele nach den Zeichnungen und Gemälden der berühmteſten meiſt italiäniſchen Maler faſt lauter prächtige Stiche geliefert haben. Nicht weniger lernt man ſie ken=nen aus dem ſchönen Werke: Tableaux du Cabinet du Roy, a Paris, de l'imprimerie royale, 1679. — Die größten franzöſiſchen Meiſter haben darein wahre Schätze ihrer Kunſt getragen, und man braucht nur die Namen Edes

linE

Umſonſt! der Herr geboth den Wogen;
Sie ſchlangen Alles in ſich ein.
Nicht einer ward dem Sturm entzogen,
Ein Bothe dieſes Greuls zu ſeyn.
Und dich, o Iſrael! bedeckte
Der Arm, der Tauſende erlegte,
Der Arm, vor dem Nichts kann beſtehn,
Der Arm des Allgewaltigen.

Dank Iſrael, dem Herrn der Heere!
Er, unſre Hoffnung, ſtund dir bey.
Die Wellen in dem rothen Meere
Verkündigen, wie groß er ſey;
Liebreich für die, die zu ihm flehen,
Erſchrecklich denen, die ihn ſchmähen.
Vom Aufgang bis zum Niedergang
Singt alle Völker Lobgeſang!

linķ a), Maſſon, Ger. Audran, Steph. Picart
genannt der Römer, Aeg. Rouſſelet, und G.
Chaſteau zu hören, um zu wiſſen, was man
davon zu erwarten berechtigt iſt. — Dieſe eben
genannten Künſtler arbeiteten hierinn nach nichtś
geringerm als nach Werken von Raphael, Titian, Corregio, Guido Reni, Dominichino,
Ann. Carracci, van Dyk, Ḿik. Pouſſin, und
Moſ. Valentin. Genug, wenn man ſagt, daß
in dieſem Werke Edelinks ſchöne heilige Familie, und Maſſons Emaus ſich befindet.

Nanteuil, Drevet, Cherau, Poilly, Ḿik.
Dorigny, nicht eben ſo ſehr Michael, die beyden
Landri, Bazin, Baſan zugleich der Verfaſſer
des bekannten Diktionairs, Simoneau, Cochin
und de l'Armeſſin, verdienen noch hoch angerühmt zu werden, beſonders der erſte wegen ſeines vortreflich weichen und markichten Ausdrucks
der Köpfe; denn er ſchmelzte mit ſeinem Grabſtichel wie mit einem Pinſel, und ſetzte ſeine zarten länglichten Punkte bis zum höchſten Lichte,
ohne die nöthigen Mitteltinten aus dem Auge zu
verlieren. Seine Haare ſind aber ſchon etwas

S 5   gezwun=

a) Edelink gebohren zu Antwerpen gehört freylich eigentlich nicht hieher. Allein er lebte, arbeitete, und
ſtarb in Paris.

gezwungen, und z. Th. steif. Einer seiner besten
Köpfe, darinn alle diese Vorzüge vereinigt sind,
ist Aegidius Menagius, in kleinem Formate.

Claudius Mellan hatte unter allen diesen
Künstlern eine ganz besondere Manier. Er ar=
beitete mit einer kühnen starken aber einfachen
Schraffirung meist ohne Kreutzstriche und Quer=
linien. Oft setzte er seinen Grabstichel am näch=
sten besten Orte an, und stach immer in gleicher
Runde fort, so daß er mit einer einzigen hier
und da geschlängelten Spirallinie sein ganzes Bild
vollendete. Von dieser Gattung ist sein vornehm=
stes Blatt das famöse Schweißtuch; die Spi=
rallinie fängt hier an der Nasenspitze an, und
läuft durchaus ohne Absatz fort, und schließt in
sich sogar den Hintergrund mit ein. Dem unge=
achtet thut es seine gute Wirkung, besonders in
einer gewissen Ferne; denn in der Nähe kann
mans nicht betrachten, ohne daß einem die Au=
gen vergehen. Die Haltung leidet bey solchen
Werken aber allzeit in etwas. — In dieser wun=
derlichen Manier hatte er in diesem und dem vo=
rigen Jahrhunderte verschiedene Nachahmer, da=
runter Steph. Baudet, Thourneiser, und Spier=
re bekannt sind. Selbst Masson arbeitete in sei=
nem

nem Emaus einen Kopf nach dieser Art, wie
wir hören werden, und Pitteri nebst einigen
aus seiner Schule hatte sich auch vermuthlich den
Mellan zum Muster gewählet, wiewohl er in
etwas davon abweicht, lauter Parallellinien meist
senkrecht ziehet, und daran, wo Schatten und
Kraft es erfodern, entweder Punkte ansetzt, oder
die Linien selbst stärker hält.

In unsern Zeiten ist Frankreich noch eben
so reich an großen Kupferstechern. Tardieu,
Bern. Picart, Desrochers, Surigue, Che-
villet, Cars, Thomassin, Desplaces, Karl
Dupuis, l'Epicie, le Bas, Subleyras, Daul-
le, Aliamet, Flipart, Beauvarlet, Fiquet,
Gravelot, und vornehmlich Balechou sind lauter berühmte Namen. — Und wer kennt nicht
den großen Deutschen, unsern Johann Georg
Wille, der in Paris lebt und arbeitet? — Er
glänzt unter den französischen und deutschen Kupferstechern dieser Zeiten velut inter ignes lu-
na minores. — Wie oft schon haben große
Deutsche den sinkenden Ruhm des Auslandes auf=
recht erhalten, oder denselben, wenn er auch gleich
auf guten Wegen war, mit einemmale zur höch=
sten Stufe erhoben! Eben unser hessische Wille
hat

hat dem stolzen Italien gezeigt b), wer Albrecht Dürer war; in wie vielerley Betracht er den grossen Geistern jenseits der Alpen an die Seite zu setzen sey, und wie sehr er sie vielleicht alle übertroffen haben würde, wenn er so mitten im Besitz der Kunstreichthümer des Alterthums gewesen wäre wie jene. — — Doch hievon ein andermal. Genug, daß Raphael und Bonaroti die Verdienste Dürers kannten und schätzten; daß die größtentheils lange schon erloschenen flamändischen Schulen seit geraumer Zeit gleichsam nach Deutschland c) verpflanzt zu seyn scheinen; daß Wille

für

b) Sieh dessen Schreiben an Herrn Füeßlinn in Zürch.
c) Dietsich in Dresden, er allein eine ganze Künstler-akademie, wie viel herrliche Meisterstücke in niederländischein besonders poelemburgischen Geschmacke hat er geliefert; wie viele gute Künstler, besonders einen Wagner und eine Wagnerinn, gezogen! — Von einem sichern Dorfmeister, wie mir ihn der Eigenthümer nannte, einem sehr jung verstorbenen Maler in Wien sah ich zwo vortreflich staffirte Landschäftchen mit vielen Figuren, die völlig Teniern gleich kamen, mit dem Unterschiede, daß diese Figuren noch besser gezeichnet, und nicht so eintönig waren, wie Teniers seine. — Unser Herr Dorner, welch ein Meister in niederländischem Geschmacke ist er, wie vorzüglich geschickt in Nachtstücken in Schalkens Manier; wie sehr hat er sich Berchems glühende Lüfte, schöne Vorgründe, und zarten Duft, den je-
net

für Frankreich, nach deffen längft verweften Maß=
fons, Nantueils, Drevets 2c. jetzt das ift, was
demfelben fchon der niederländifche Edelink vor=
mals war; daß der ewig unfterbliche Raphael
Anton Mengs den Geift der Corregio's und
Raphaele, davon in Rom und ganz Italien
kaum einzelne Spuren mehr exiftirten, wieder aus
ihren Grüften, wie Prometheus das Feuer vom
Olymp, holete, und auf feiner Leinwand zur
allgemeinen Bewunderung lebendig und hellglän=
zend darftellte. — Und wie wenn man auch noch von
einem Guibal und Maron deffen Schülern redete?
Den erftern preißt Schubart mit Recht in hohem
Dichterfchwunge an. — — Doch ich komme
von meiner Abweichung zurück, und wende mich
wieder zu unferm Wille.

Unter

---

ner über feine Fernungen hinfchmelzt, in feinen präch=
tigen Landfchaften eigen gemacht! Seine Kabinet=
gemälde, und die eines gewiffen Nettenläuters, der
eine zeitlang bey ihm arbeitete, werden weit umher
und felbft in Niederlanden gefucht und gut bezahlt. —
Was wäre nicht noch Alles von meinem Landsmanne
dem berühmten Schinnagel einem Landfchaftmaler;
ferner von einem Janneck, Platzer, Orient, Ferg,
Brand, Oefer, Seekatz, Wunder, Schütz, Brincke=
mann, Robell, unferm Joh. Wink, einem Früchte=und
Blumenmaler in Huyfums Gefchmack und vielen an=
dern zu fagen, die alle in niederländifcher Art zu ma=
len theils fich erft vor Kurzem hervorgethan, theils
noch wirklich hervorthun.

Unter den vielen reizenden Stichen, die die=
sen großen Künstler verewigen, nennt man billig
zuerst die Bildniße des Grafen von Florentin,
und Marquis von Marigni, die wirklich schon
jetzt in sehr hohen Preisen bezahlt werden. Die=
sen folgen le Muſiciens ambulans nach Die=
trich, und Inſtruction paternelle nach Ter=
burg. Nach Mieris arbeitete Herr Wille mit
besonderm Glücke, welches kein Wunder ist, da
Mieris schmelzvolle markichte Malerey so sehr
mit dem willischen Grabstichel sympathiſiret. Nicht
weniger glücklich war er in Stücken nach Gerard
Douw. Die Bibliothek der schönen Wissen=
schaften, welche seine besten Werke, wie sie von
Zeit zu Zeit in Paris öffentlich zur Schau ausge=
stellt wurden, recenſirt hat, darf man hierüber
nur nachlesen. Nach diesen lieferte er besonders
la Tricoteuſe hollandoiſe, la deuideuſe Me-
re, la Liſeuſe. — Ich übergehe eine Menge
anderer schöner Blätter, z. E. Portraite; denn
mittelmäßiges kömmt eigentlich nichts von seiner
Hand, und selbst seine erstern Arbeiten zeigen ihn
schon von einer sehr sehr vortheilhaften Seite,
wie z. B. die Bildniße unsers durchleuchtigsten
Landesherrn und Kurfürsten Karl Theodor
nebst Höchſtdero durchleuchtigsten Frau Gemah=
linn

linn nach dem berühmten Portraitiſten Zieſenis in kleinem Formate, und rund.

Ehe ich den Artikel von den franzöſiſchen Kupferſtechern ganz aus den Augen laſſe, muß ich noch eines ſeltenen Meiſters vom vorigen Jahrhunderte gedenken, der beßwegen vorzüglich merkwürdig iſt, weil er nie nach anbern geſto= chen, (einige wenige Portraite ausgenommen) ſondern alle ſeine Blätter zugleich auch ſeine eigene Erfindung ſind. Vielmehr haben ihm andere nachgeſtochen. — Dieſer iſt Gregorius Huret von Lyon. Seine Schraffirungen ſind voll Ver= ſtand, und abgewechſelt, wie es die Gegenſtände foderten. Sie ſind kurz, flach, tief, lang, runb, je nachbem ſie eine Wirkung thun müſſen. Lieb= lichkeit oder Kraft, Glanz oder Mattigkeit gab er ſeinen Bildern, ſo weit jede dieſer Eigenſchaf= ten zur Vollkommenheit des Ganzen beytrug, bie er nirgend aus dem Geſichte verlor. — Unter ſeinen Werken iſt das wichtigſte die Leidensge= ſchichte des göttlichen Erlöſers in 33 Folioblät= tern, welche unſers erlauchten Herrn Grafen Max von Preyſing Excellenz in Dero Kapelle des herrſchaftlichen Schloſſes Wildenwart beſitzen. Hier habe ich ſie das erſte= und einzigemal geſe= hen, und bewundert. Ich

Ich komme auf die Kupferstecher außer Frank=
reich. — Hier und forthin binde ich mich aber
nicht mehr so strenge an die Ordnung der Natio=
nalen, eher noch an die der Schulen; denn wo
würde ich sonst hinkommen? Statt einer Abhand=
lung müßte ich ein Buch liefern. — Die Nie=
derländer und die Deutschen haben herrliche und
viele Werke in ältern und neuern Zeiten geliefert.
Die Engelländer und Italiäner aber sehr wenige.
Von den Spaniern weis man beynahe nichts,
wenigst kam nichts zu uns, welches einen sichern
Beweis von der geringern Güte ihrer meisten Ar=
beiten abgiebt. Nur Manuel Salvador Car=
mona, in Paris unter dem Kupferstecher Du=
puis zum großen Künstler gebildet, erwarb sich
sogar einen Platz in dasiger Künstlerakademie,
und stach vortrefliche Portraite z. Th. nach van
Dyk, sowohl in Frankreich selbst, als auch in
Madrid, wohin er im Jahre 1760 zurück gieng.
Für sein bestes Stück hält man ein allegorisches
Bild auf Karl III König in Spanien nach So=
limeno. — Diesem kann man, ob er gleich als ein
Egzer eben nicht eigentlich hieher gehört, einen Por=
tugiesen Rodriguez Stoop, (nach andern Peter)
der vortrefliche Pferde rabirte, beyfügen.

Unter

Unter den älteſten niederländiſchen Kupfer=
ſtechern zeichnet ſich L. Leyden aus, den ich aber
nach Albrecht Dürern wegen der Aehnlichkeit
der Manier anführen werde. — Heinrich Golz
folgte nicht gar lange hernach, und bald die Lieb=
lichkeit, bald die ungemeine Stärke und Freyheit
ſeines Stichels geben ihm einen hohen Rang un=
ter den Künſtlern. Er arbeitete viel nach Spran=
gern, deſſen zu übertrieben manirte Art der
Zeichnung, vielmehr Verzeichnung, die er oft
nachahmte, möchte faſt ſeinen Ruhm in etwas
verdunkeln. Doch er behielt ſie nicht immer bey,
und in ſeiner ſchönen kleinen Paßion findet ſie
ſich nicht, eben ſo wenig in ſeinem vortrefflichen
Blatte, das einen muntern Jungen vorſtellt, wie
er ſich über einen großen Hund ſchwingt, und
auf der einen Hand einen Falken hält. Dieſes
Blatt, ſonſt glattweg der Bub mit dem gro=
ßen Hunde genannt, iſt eins von Golzens ge=
ſuchteſten Stücken, eben ſo ein unausgemachtes
Bild eine heilige Familie vorſtellend. Dieſes iſt
das herrlichſte, was mir jemal von ihm zu Ge=
ſichte gekommen. Die Köpfe und auch ein Theil
der Hände, Gewänder, u. ſ. w. ſind ganz und ſo
ausgeführt, daß wenige Kupferſtiche dieſen über=
treffen. Von allem Uebrigen ſind blos einige Um=

T   riſſe

riffe vorhanden. Man·will wiffen, dieß sey des
Golzius letzte Arbeit gewesen, dazwischen er ge=
storben. — In seine Fußstapfen traten eine Men=
ge Künstler, die wir gleich kennen lernen sollen,
so bald ich zuerst unsern Albrecht Dürer ge=
nannt haben werde.

Da weder die Holzschneidekunst, noch die
Kupferstecherey vor Albrecht Dürern viel beson=
ders geliefert hatte, so erhob sie beyde dieser au=
ßerordentliche Mann mit einemmale zu einem ho=
hen Grade der Vollkommenheit. — Man kann
nichts kühners sehen, als sein Schweißtuch unter
den Holzschnitten, so wie seine große Paßions=
geschichte in eben der Art, wenn man nicht et=
wa einige Landschaften von Titians Hand selbst
ausnehmen will, wie nicht weniger schöne Skelete,
im Ganzen, und in einzelnen Parthien zu des
Vesalius anatomischen Werke, das eben jetzt wie=
der mit den gleichen sauber nachgearbeiteten Holz=
schnitten neu aufgelegt wird. Diese anatomische
Tafeln werden auch dem Titian mit vielem Rechte
zugeschrieben. — Dürer nun gleich stark im Holz=
schneiden, wie im Kupferstechen hat besonders in
letzterer Kunst Meisterstücke geliefert. Den Triumph
seines Grabstichels mag man billig einen heiligen
Hie=

Hieronymus in einem Zimmer nennen, wenn
Reinigkeit des Grabeisens, unbegreiflicher Fleiß,
(dieser ist in Adam und Eva noch verwunderlicher) und Feinheit und Zierlichkeit die wichtigsten
Eigenschaften dieser Kunst sind. Allein Freyheit,
Haltung, Kraft und Nachdruck werden sehr oft
in seinen Werken vermißt. Dürer stach mehr,
als er malte, und seine Hölle vom Jahre 1713;
sein Adam und Eva, von Hieronymus Wierx
prächtig nachgestochen; (man würde die Kopie sicher allzeit mit dem Originale verwechseln können,
wäre Wierx nicht so ehrlich gewesen neben Dürers auch seinen Namen beyzusetzen) ferner sein
heiliger Hieronymus, dessen ich vorhin gedacht
habe; sein Erasmus; dann die Melancholie,
eine ausnehmend gute Erfindung, die von Dürers dichterischem Talente zeugt, der heilige Hu-
bertus; die größere Pandora; das sogenannte
weisse Pferd; eine Geburt Christi mit viel
gothischer Architektur und gar kleinen Figürchen; endlich die kleine Passions-Geschichte eine
Folge von vielen Blättchen. Diese sinds, welche
Marc Anton nachgestochen, und darüber ihn
Dürer verklagt hatte, wie wir schon im ersten
Abschnitte vernommen. Ueberhaupt sind wenige
Meister, denen so viel nachgestochen worden, als

T 2   Dü-

Dürer, und von diesen Nachstichen hat man sich
in Absicht auf die Originalität mehr in Acht zu
nehmen, als vor andern, weil ein Werk, dessen
Hauptcharakter der mühesamste Fleiß ist, doch
immer leichter nachgearbeitet wird, als eines, wo=
rinn Kühnheit und freye Größe herrscht. — In
Dürers Holzschnitten findet sich schon mehrere
Dreistigkeit, und diese, wie überhaupt seine sämmt=
lichen Werke, wählte sich der große Maler Tie=
polo so sehr zu seinem Studium, daß er sich
selbst öfters rühmte, ihn in vielen Stücken nach=
geahmt zu haben, und ihm einen grossen Theil
seiner Geschicklichkeit schuldig zu seyn.

Die herrliche Morgenröthe der Kupferstecher=
kunst, sobald sie durch Dürern aufgegangen war,
erweckte allenthalben die Künstlerwelt aus dem
Schläfe. Lukas Leyden, davon schon vorher
Meldung geschehen, war Dürers Zeitgenosse
Freund und Nebenbuhler in der Kunst. Ihre
Manieren gleichen sich sehr stark, nur daß Dü=
rer richtiger zeichnete; dafür übertraf ihn aber
Leyden an Haltung und Uebereinstimmung, und
er war der erste, welcher auf den Einfall gerieth,
die Tinten nach dem Maaße der Entfernung der
Gegenstände zu schwächen, welches allerdings eine

wich=

wichtige Periode in der Geschichte der Kunst ist. Unter Leydens beste Arbeiten gehören der soge= nannte Spiegel, die große Hagar, und 4 an= dere Blätter aus der Geschichte des neuen Te= staments.

Außer Leyden thaten sich Georg Pens, Heinrich Aldegraf, Hanns Sebald Beham oder Böhm, und Bartholomäus und Johann dessen Brüder, denen man allenfalls auch noch den Albrecht Altdorfer beygesellen mag, ziemlich hervor. Man pflegt diese deutschen Kupferstecher gemeiniglich die kleinen Meister zu nennen, weil sie fast lauter gar kleine aber in ihrer Art sehr schätzbare Blättchen herausgegeben haben.

Ich komme nochmal auf den niederländischen Heinrich Golz zurück. Auch er war einer von denen, die die Welt durch Nachahmung einer fremden Manier zu täuschen suchten. Seine Ab= sicht mag dabey eine andere gewesen seyn, als des Bernard Picart, (in der englischen Abhand= lung von Kupferstichen immer mit Stephan Pi= cart vermengt gelassen) der bey der Herausgabe seiner Impostures innocentes, worinn er Rem= brandts, und vieler anderer Manieren treflich

T 3   nach=

nachgekünstelt, diejenigen spotten wollte, die eine
blinde Anbethung für gewiſſe Namen hegen. —
Golz alſo machte es in dieſem Stücke wie Pi=
cart, und ſtach Blätter im Geſchmacke von Dü=
rern, und Luk. van Leyden mit Beyſetzung ih=
rer Zeichen. Dieſe ſind eine Beſchneidung in
Folio, und ein Veſperbild. — — Uebrigens er=
weckte Golzens freye Hand bald viele Nachah=
mer. — Sein Zeitgenoſſe Abraham Bloc=
maert hatte eine gleiche freye Manier, aber auch
faſt gleiche Fehler in den gezwungenen geſuchten
unnatürlichen Wendungen. Er war indeſſen ein
viel größerer Maler und Zeichner als Golz, und
ſeine Figuren ſind angenehm, und voll Grazie. —
Er malte und zeichnete mehr, da Golz mehr ſtach.
Indeſſen wunderts mich, daß ihn Füeßlinns rai=
ſonnirendes Verzeichniß blos als einen Radirer
von 3 Blättern aufführt, da er doch mehreres gear=
beitet. — In Golzens und Bloemaerts Ma=
nier arbeiteten die beyden Matham, Saene=
dam, einigermaſſen auch Criſpin de Paas, Jo=
hann und Harmann oder Hermann Müller,
ja die Sadeler faſt alle, beſonders Aegydius.
Alle dieſe Stecher arbeiteten viel nach Sprangern,
und eben deßwegen hängt ihnen allen deſſen

Kün=

Künſteley ſtark an. — Unter ihnen aber iſt
Johann Müller derjenige, der ſelbſt den Golzius an Kühnheit und Feſtigkeit übertraf. Von
ihm hat man prächtige Blätter, beſonders eine
Taufe des heiligen Johannes, und die heiligen
3 Könige.

Noch iſt um dieſelben Zeiten Cornelius Cort
berühmt geworden. Er kam zeitig nach Italien,
von da er auch nie wieder zurück gieng. Sein
guter Geſchmack, und die Richtigkeit ſeiner Zeich=
nung gefiel dem Auguſtin Caracci, der ſelbſt
vortrefliche Werke herausgab, ſo wohl, daß er,
gleich andern Kennern nach ihm, dieſes Meiſters
Manier für das beſte Studium hielt, ſich in der
Kunſt vollkommen zu machen. Unter ſeine beſten
Stücke gehören die Verklärung Chriſti nach
Raphael, und Prometheus mit dem Geyer nach
Titian.

Eine Reihe von großen Kupferſtechern bil=
dete ſich nach den Gemälden des Fürſten der nie=
derländiſchen Maler Peter Paul Rubens. —
Wer kennt nicht die Bolswerts, Vorſtermanns,
Pontius, Peter de Jode, Jak. Neefs, Wilh.
T 4   Hon-

Hondius, Galle, Marinus, Rüdemanns?
Alle diese, und viele andere arbeiteten meisten=
theils nach ihm und seiner Schule. Die ersten 7
von denselben nebst dem jüngern Vorstermann,
Johann Meyssens, Rob. van Voerst, Adrian
Lommelin, Wilh. Jak. Delphius, Peter
Clouet, Andr. Stock, und Nik. Lauwers
brachten das herrliche Werk zu Stande, welches
van Dyk herausgab, und das lauter Bildnisse der
berühmtesten Leute und Künstler dasiger Zeiten
von seiner Hand enthält. Van Dyk selbst hat
mehrere Köpfe dazu radirt, und unter andern
seinen eigenen auf dem Titelblatte, davon das
übrige Jak. Neefs mit dem Grabstichel vollendete.—
Neben van Dyk haben darinn besonders beyde
Vorstermann, Paul Pontius, und Scheldus
Bolswert (nicht Boetius, der nicht daran ge=
arbeitet) die größten Proben ihrer Geschicklichkeit
abgelegt. — Vorstermann der ältere, Schel=
dus Bolswert, und Paul de Pont wetteifern
gleichsam um den Siegeskranz in der Kunst.
Doch werden Kenner selben jedesmal dem Vor=
stermann aufsetzen, und ein zweytes Kränzlein
dem Bolswert reichen; da diese beyden Meister
ihr Urbild den großen Rubens jeder in seiner

Art

Art ganz erreicht haben. Ihre Manieren sind
nicht sehr verschieden. Aber mehr Gefälligkeit
besitzt Vorstermann, dagegen Bolswert mehr
Feuer und Kühnheit. Pontius holt sie oft beyde
ein, und überholt sie manchmal sogar. — Bols=
wert wußte wie Vorstermann die verschiedenen
Massen der Farben begreiflich zu machen, und
bisweilen herrschte in seinem Stichel die der Ra=
dirnadel sonst so eigene malerische Unordnung.
Die ungemeinen Wirkungen, die Rubens Ge=
mälde thun, thun sie auch in dieser beyder Kupfer=
stecher Arbeiten. Vorstermann besaß indessen,
wie schon gesagt, mehr Zärtlichkeit und Schmelze
als Bolswert und Pontius; besonders ist er in
Unterscheidung der Stoffe ein unnachahmlicher
Meister. Pontius hingegen zeichnete sich durch
seinen kunstvollen Ausdruck der Harmonie der
Gemälde, und den Zauber des Hellbunkels, den
er auf seine Platten übertrug, in gewisser Maaß
vor jenen aus. — Eigentlich möchte man bald
wieder anstehen, wem der Siegeskranz gebühre.
Doch er bleibt dem Vorstermann, denn die
beyden andern haben gleichwohl keinen En=
gelsturz geliefert. — Wiewohl dieser kleinere
Engelsturz (Ragot ein französischer Kupferstecher
kopirte ihn, wie ohngefähr noch 39 Blätter nach
Rubens, mit ausnehmender Fertigkeit) muß dem

T 5   grö=

größern, den Seyderhoef herrlich rabirte, soweit
nachstehen, als die Erfindung und Zusammense=
zung diesem letztern großen Engelsturze nach=
geht, der ein Wunder der Kunst ist, darinn sich
Rubens selbst übertroffen, und davon ich mirs
vorbehalte eine eigene Beschreibung im 3ten Ab=
schnitte zu geben. — Pontius endlich der Schü=
ler Vorstermanns muß doch seinem Lehrer und
dessen Nebenbuhler weichen, um so mehr, als
man behauptet, daß Rubens selbst öfters jener
ihre Arbeiten halb angelegt, oder die Platten her=
nach übergangen hätte, welcher Umstand noth=
wendig ihren Werken einen größern Vorschub
verschaffen mußte. — Uebrigens hat man außer
obigem kleinern Engelsturze und einer Menge
schöner Stücke vom Vorstermann noch besonders
einen Hiob vom Teufel und seinem Weibe ge=
plagt, welcher ein herrliches Bild ist. Vom
Scheldus Bolswert sind neben vielen Werken
seine Landschaften nach Rubens das verwun=
derlichste und schätzbarste. So wenig sonst der
Grabstichel für die Landschaften geschaffen scheint,
wenn man ihn nicht so zart als van Velde und
andere zu führen weis: so thut er doch hier nach
Rubens mit all seiner Freyheit und Stärke die
beste Wirkung. Bolswert gräbt seine Landschaft

sehr

sehr tief, und dennoch erscheint die rubensische
Luft, dessen flüchtiger, angenehm verwirrter, ver=
ständiger Baumschlag, seine Staffage, kurz, Alles
in der diesem Maler eigenen meisterhaften Größe.
Nirgend lebt und webt sein Geist so frey in Ku=
pferstichen, als in diesen Landschaften, darunter
die unter dem Titel: der Wagen, die gesuchteste
ist. — Unter Pontius Arbeiten verdient den
ersten Rang sein herodianischer Kindermord
ein großes Blatt nach Rubens, davon das un=
schätzbare Original unsere hiesige Gallerie verherr=
lichet. — Mit welchen Empfindungen ich das
erstemal vor diesem Gemälde gestanden, wie sehr
die grauenvolle Scene auf mich gewirket, mögen
meine Leser aus einigen Versen schliessen, die ich
aus einem längern poetischen Sendschreiben aus=
hebe, das ich dazumal vor zehn Jahren an
einen Freund entworfen.

Mein Herz zerreißt der armen Mütter Ringen:
Ich sehe die in Tod und Schwerter ringen,
Hör' ihr Geschrey, seh' ihre Augen glühn,
Und tobend den Barbar bey seinen Haaren ziehn;
Die ganz Verzweiflungsvoll mit giftgen Zähnen
Des Würgers Arm zernagen, und in Thränen

Geba=

Gebadet eine Frau das blutbesprengte Tuch
Aufheben gegen Gott, und fodern Rach und Fluch.
Indeß' am Stein, der schriftlich an der Stirne
Das Schreckensurtheil trägt, manch rauchendes
Gehirne
Zerquetscht unmenschlich von dem Henker klebt,
Der eben seine Faust zu neuem Greul erhebt,
Da kläglich noch ein Kind nach seiner Mutter Armen
Die Häudchen streckt, die voll von Wuth und von
Erbarmen
Hinsinkend, blaß, ohnmächtig, und beraubt
Den Donnern ruft auf des Tirannen Haupt.

Diese 3 grossen Kupferstecher arbeiteten übri=
gens nicht nach Rubens und van Dyk allein,
sondern auch nach andern aber meist niederländi=
schen Meistern, so wie sie auch nicht die einzigen
waren, die nach Rubens glücklich stachen;
denn Peter de Jode, Neefs, der jüngere Vor=
stermann, Boetius Bolswert, Clement de
Jonghe, und andere kamen ihnen sehr oft bey.
Was für ein verwunderlicher Meister ist nicht
Heinrich Bary, der auch nach van Dyk, sonst
aber meistens nach Mirevelt, Terburg, u. s. w.
am besten aber nach Mieris gearbeitet, mit so
gutem Erfolge, daß kein anderer Stecher die
Schmel=

Schmelze und den ganzen Charakter dieses Ma=
lers der Grazien sowohl erreichte, indem er mit
dem Grabeisen mehr malte als stach. Seine Blät=
ter sind sehr selten, wenig bekannt, und ausneh=
mend gesucht.

Welches weite Feld stünde noch offen, wenn
ich alle Kupferstecher so ausführlich behandeln
sollte? — Habe ich aber das versprochen? — Da
wäre nun freylich noch keines Luk. Cranach, der
unter den deutschen Malern so viele Vorzüge hat,
und unter den Holzschneidern mit Ruhm aufzu=
führen ist, eben so wenig, als eines Hanns
Burgmayr, und Virgilius Solis gedacht worden.—
Hirschvogel, Feliſſen ein Künstler, dessen Namen
ich noch nirgend gelesen, und doch ein ziemlich gu=
tes Blatt von ihm gesehen; die Kiliane in Augs=
burg, und die Wolfgange, Heinzelmann, Au=
denaert, und Villamena beyde berühmt durch
ihre Kreuzabnehmung; die Galle, Persyn,
Seywouter, Blooteling bekannt als Stecher,
Etzer und Schwarzkünstler; Nik. de Bruyn ein
feiner Stecher aber ohne alle Haltung und Kennt=
niß von Licht und Schatten; Bonaſone; der
Engelländer Hogarth, ein wegen seiner Einfälle,
Karikaturen, und Charakteristiken merkwürdiger

und

und schätzbarer Künstler; der vortreffliche Martin
Rota; selbst noch einige Franzosen, als Mich.
Dorigny, wohl zu unterscheiden vom Nikol. Dorigny, der die Verklärung Christi nach Raphael, welche Addison das beste Blatt in der
Welt nennt, herausgegeben; ferner Charpantier,
Maleuvre, Picou ein seltener Meister, dessen
Stiche mehr radirt scheinen; dann noch manche
andere, nämlich der Niederländer Vermeulen,
der ungefähr in der Manier des Edelink sich
rühmlichst hervorgethan; Johann Visscher, der
vortreflich stach und ätzte, Berghems Landschaften und Thiere in Kupfer brachte, und oft besser
als Berghem selbst, der auch dergleichen herausgab; ferner Folkema, Wigaerde, van Gunst,
Caukerken, Falk ein Polacke, Liotard ein Schweizer, einige Deutsche, nämlich die ältern Schmuzer, wohl vom Jakob zu unterscheiden, Preiß-
ler, Sysang, Weise, Schulze, Bernigeroth,
Crusius, Meil, Geyser, (diese 3 stechen und
ätzen lieblich, am meisten der letztere) der mann-
heimische sehr geschickte Aegyd. Verhelst, und unser
Amling d), und wie viele andere noch können
auf diese Art keine ausführliche Anzeige erhalten.

Doch

d) Amling oder Ambling Karl Gustav ist im vorigen
Jahrhunderte unser einziger Kupferstecher, der im
Aus-

Doch ehe ich von den Stechern zu den Eßern
übergehe, muß ich meine Leser noch mit 5 gro=
ßen Namen bekannt machen, davon ich bisher
nicht wohl handeln konnte. Diese sind Corne=
lius Bloemaert Abrahams Sohn, der von der
Manier seines Vaters und der golzischen Schule
sich

Auslande berühmt geworden. Er war von Nürn=
berg, ward aber auf Kosten des baierischen Hofes in
Paris unter Poilly ein guter Künstler. Einige
Portraite von ihm, besonders das des Freyherrn
von Schmied geheimen Kanzlers, sind noch besser als
seine bekannte ottonische Geschichte. -- Einige der
Sadeler haben auch in Baiern gelebt und viel ge=
arbeitet, vornehmlich der jüngere Raphael, eben so
auch etwa einer von den Wussims. --- Sonst wur=
den bey uns bekannt die beyden Wening, ein gewisser
Curiger, Franz Schaur von Salzburg, Weiner,
der vieles nach Schwarz, vorzüglich dessen Hochal=
tarblatt in der nunmehrigen hiesigen Garnisonspfarr=
kirche, rabirte, (sein Zeichen eine Traube findet man
in Christs Monogramm. S. 401.) sodann Mörl,
Spätt, und Rösch. -- Franz Xav. Jungwirth that
sich rühmlich hervor, doch lassen ihn jetzt Alter und
Schwäche der Augen wenig mehr arbeiten. Wir
haben aber noch einen Söckler, Weissenhahn, Zimmer=
mann, die ich hier alle viere in alphabetischer Ord=
nung, um aller Kritik auszuweichen, hersetze. -- --
Ich war wohl anfangs Willens, einen eigenen Ab=
schnitt den baierischen Meistern in dieser Kunst zu
widmen. Die Kürze der Zeit hieß mich aber mei=
nen Vorsatz ändern.

sich völlig entfernte, und in Rom zum großen
Künstler reiste; dann Houbraken und die vortref=
lichen Deutschen Jak. Frey, Georg Friderich
Schmidt von Berlin, und Joh. Fridr. Bause,
der in Leipzig lebt und arbeitet. — Ich bin so
kurz als möglich, nicht als ob nicht von ihnen
unendlich viel zu sagen wäre, sondern weil ich
doch einmal diesen Gegenstand verlassen muß. —
Cornel. Bloemaert, den ich eben deßwegen hie=
her gesparet habe, weil er von den meisten an=
dern Niederländern in seiner Art zu stechen ab=
gegangen, hatte die besondere Geschicklichkeit, die
man auch am Frey anrühmt, seinen Grabstichel
nach den Manieren der verschiedenen Maler ein=
zurichten, deren Werke er kopirte. — Das ma=
nirte Wesen, das um selbe Zeiten herrschte, und
womit Spranger so viele Künstler ansteckte, ist
bey ihm nicht zu finden. Er zeichnete richtig,
denn er bildete sich meist nach römischen Mustern,
wie er denn in Rom lebte und starb. Licht und
Schatten vertheilte er schön, doch nicht allemal,
und vornehmlich finde ich die Lichter in einer sonst
prächtigen Todten=Erweckung durch den hei=
ligen Petrus nach Francisco Barbieri da Cen=
to, zu zerstreut. Sonst ist Reinlichkeit, An=
muth, Genauigkeit und ein zärtlicher Geschmack

sein

sein eigenthümlicher Charakter, und seine besteArbeit
ist die Erweckung des Lazarus, die Cornelius
nach seinem Vater Abraham, nicht aber Abra=
ham Bloemaert gestochen, wie die englische Ab=
handlung höchst irrig angiebt, die dieß Blatt
auf 5 Seiten recensiret. — Arnold Houbra=
ken hat sich in der Welt durch seine Herausgabe
der Lebensbeschreibungen von den niederlän=
dischen Malern e), die mit stattlichen Bild=
nissen und zum Theile andern Kupfern geziert
sind, einen großen Ruf erworben. Er stach sehr
schön, und radirte auch, wie man denn von
ihm ein Nachtmahl in Emaus im Geschmacke
Rembrandts hat, das eine artige Erfindung ist.
— Aber sein Sohn Jakob übertraf ihn, und
seine leichte nachläßige Führung des Grabstichels,
sein Genie in sanfter, niedlicher, und doch so
freyer Ausführung seiner Portraite erhebt ihn zu
einem hohen Range, und er darf wenigen Ku=
pferstechern nachgesetzt werden. Von seiner Hand
sind die meisten Blätter in den genannten Le=
bensbeschreibungen. Sonst unter seinen übrigen

U   Wer=

---

e) Sind 3 Theile unter dem Titel: De Groote Schou-
burgh der nederlantsche Konstschildersen Schilde-
ressen. — In's Gravenhage, by I. Swart, C. Bou-
quet, en M. Gaillard, 1753.

Werken wird Wilhelm *VIII* Landgraf von
Heſſen=Caſſel als das vornehmſte geſchätzt. —
Jakob Frey ein Schweitzer zeichnete mit der größ=
ten Korrektion, und ahmte, wie wir ſchon ge=
hört haben, die verſchiedenen Behandlungsarten,
Ausdrücke, und Tinten ſeiner Originale, ſo gut
er konnte, nach. Bald erſcheint ſein Stich kräf=
tig, bald zart und geſchmolzen nach Erfoderniß
des Bildes, das er nacharbeitete. — Frey hat
eigentlich nichts mittelmäßiges gemacht. Aber das
ſehe ich nicht, warum eben dem Bilde: in Con-
ſpectu Angelorum pſallam tibi, das den
heiligen Philippus Nerius knieud vor einem
Bildniſſe der heiligen Jungfrau und einen Engel
zur Seite vorſtellt, der Vorzug vor allen ſeinen
übrigen Stücken eingeräumt wird. Das Blatt
iſt nach Maratti, und ſehr ſchön, allein ſeine
Aurora nach Guido, ſo wie Bacchus und Ariad=
ne nach eben demſelben gefallen mir beſſer. Und
warum läßt man den Ausſpruch der Künſtler
ſelbſt zu wenig gelten, wenn ſie ein Stück von
ihrer Hand ihren übrigen vorſetzen? Der heilige
Romuald nach Sacchi ſtünde ſodann am erſten
Plaße. — So groß indeſſen ſeine Verdienſte
ſind, muß er doch den erſten Lichtern der Kupfer=
ſtecherey nachſtehen. — Ein Beweis deſſen iſt

Ede,

Edelinks heilige Familie nach Raphael. Frey
stach sie Punkt auf Punkt, Strich auf Strich
nach, und erreichte sein Muster so gut, daß man
ohne der veränderten Namensunterschrift, (Frey
war kein Betrüger) und ohne Zusammenhaltung
getäuscht werden könnte. Aber die Gegeneinander=
stellung hält die Kopie nicht aus. Ein andermal
stach Frey eine gleiche Familie unter einem Bau=
me nach Karl Maratti. Die Mutter Jesu hat
Blumen im Schooße, und der göttliche Sohn
hüpft freudig heran, und in ihren Schooß. Ede=
link hatte eben dasselbe Gemälde gestochen, so
auch Frey, jeder aber nach seiner Art. Hier ist
nun ein großer Abstand zwischen dem herrlichen
edelinkischen und dem zwar auch schönen freyi=
schen Kupferstiche. Man muß sie beyde sehen,
um den Unterschied zu bemerken. — — Georg
Friderich Schmidt in Berlin steht an der Seite
eines jeden andern großen Meisters, vorzüglich
in Rücksicht auf seine Portraite, mit vielem Rechte.
Man darf ihn mit den würdigsten französischen
Künstlern vergleichen. Sein Charakter ist männli=
cher Ausdruck und vortrefliche Haltung. Er ward, ob=
schon ein Protestant, dennoch ein Mitglied der königl.
Künstlerakademie zu Paris, und an verschiedene Höfe,
sogar den russischen berief man ihn. — Schmidt

ezte

eßte auch, und zwar in Rembrandts Manier,
die ihm sehr wohl glückte. — Endlich komme
ich auf unsern noch lebenden Bause. — Ein
Schüler des großen Wille sticht er ganz in seiner
Manier, und ist das mitten unter uns, was
Wille im Auslande ist, — die Ehre der deut=
schen Nation. Seine Portraite der würdigsten
deutschen Gelehrten, und verschiedene andere theils
Kabinetstücke theils Bildnisse (das des Herrn
Winklers in Leipzig, vorgedruckt den historischen Er=
klärungen von dessen Gemäldesammlung, gefällt mir
ausnehmend) geben ihm einen vorzüglichen Plaß
unter den heutigen berühmtesten Künstlern, und
man sieht es seiner Arbeit an, wie sehr er be=
müht ist, zur Höhe seines Lehrers täglich stärker
empor zu glimmen.

Nun wäre ich mit den Kupferstechern so
ziemlich am Ende, — Allein man ruft mir zu:
wo bleibt denn Strange, wo Porporati? Die
Antwort ist kurz. Beyder habe ich schon hier
und da gedacht, und da ich von jedem ein Stück
im 3ten Abschnitte ausführlich behandeln werde,
so konnte ich sie hier ohne Nachtheil ihres Ruhms
vorbeygehen. — Ich bin auch nicht mehr Wil=
lens von Holzschnitten ein Wort zu reden, sondern
wende

wende mich gerade zu den Egern und Schwarz=
künstlern.

Parmigiano soll der Erfinder des Kupfer=
egens seyn. Einige geben ihn wohl gar auch als
den Erfinder der Holzschnitte an. Gewiß ist,
daß er einer der ersten Eger war, und einige
leichte Blätter in dieser Art herausgab. Sie sind
aber sehr selten, eben wie seine Holzschnitte, die
schön sind; denn sein Geschmack war rein, und
durch das Studium nach Raphael und Bonaroti
verfeinert. — — Ohne indessen einer chronologi=
schen Ordnung zu folgen laßt uns lieber gleich zu
demjenigen kommen, der die Radirnabel am mei=
sterhaftesten geführt. Dieser ist der große Rem=
brandt. — Ich habe seiner schon so oft Erwäh=
nung gethan, daß ich in Schilderung seiner Ma=
nier eben nicht mehr so weitläuftig seyn darf. —
Als Maler und Eger ist Rembrandts größtes
Verdienst seine Austheilung von Schatten und
Licht. Diese besteht meist in einem herrlichen
Kontraste, welcher die unbegreiflichste Wirkung
thut. Im Zeichnen war Rembrandt mittelmä=
ßig, und Grazie und Kostume muß man bey
ihm gar nie suchen. Seine Heiligen sind Bauern;
seine Helden Karrikaturen, und seine Gewänder,

Ver=

Verzierungen, u. s. w. grotesk, und nach den Mo=
den seiner Zeit angebracht. Der heilige Joseph
kniet im Tempel vor dem Priester Simeon und
der Prophetinn Hanna, die über den neuge=
bohrnen Heiland weissagten, wie ein moderner
Holzhacker, eine Hirtentasche, oder großen Schließ=
beutel an der Seite, und der Theil des Tempels,
den der Hintergrund vorstellt, welch eine erbärm=
liche Idee giebt er von dem prachtvollen Heilig=
thume Jerusalems! — Aber seine alten Köpfe
sind geistreich, seine Phantasie im Erfinden oder
Zusammensetzen ist oft fruchtbar, und über sein
Kolorit geht nichts. In Absicht auf seine Kupfer
ist seine Ausführung meisterhaft, und ihm allein
eigen. Er verstund die Wirkungen des Hellbun=
kels, der Widerscheine, und der Mitteltinten wohl.
Aber allemal brachte er sie in seinen Kupfern nicht
an. Manchmal sind selbe gleichsam Skizzen. —
Rembrandts gesuchteste Blätter sind 1. das soge=
nannte Hundert=Guldenblatt, welches Christum
vorstellt, wie er verschiedene Kranke heilt. (man
merke wohl, daß nach der Hand auch andere
Blätter von Rembrandt den Namen Hundert=
guldenblatt erhalten haben, als nämlich eine
große Kreutzabnehmung, eine Erweckung des
Lazarus, und ein Mann mit einem spitzigen
Hute.

Zute, der sich auf dem Tische stützt) 2. Das
Bildniß des Bürgermeister Six, das seltenste
Blatt von ihm, weil sehr wenige Abbrücke in
der Welt sind. Dieser Six war Rembrandts
bester Freund. Das Blatt ist unvergleichlich,
und ward in Paris schon zweymal um 800 Li=
vres verkauft. Bafan hat es schon kopirt, und
man nehme sich dafür wohl in Acht, wie über=
haupt für den vielen Kopien nach Rembrandt.
3. Christus vor Pilato. 4. Eine Anbethung
der heiligen 3 Könige. 5. Der Tod Mariä.
6. Die Verkündigung der Hirten, davon ich
schon im ersten Abschnitte geredet. 7. Der Ad=
vokat Tolling, auch sehr selten zu bekommen.
8. Unter seinen vielen Landschaften, die nicht viel
heissen, die sogenannte Landschaft mit den 3
Bäumen, welche die beste und sehr gesucht ist.
9. Eine kleinere Erweckung des Lazarus, eben
so 10. eine kleinere Abnehmung vom Kreutze.
11. Christus, der im Tempel predigt. 12.
Sein eigenes und seiner Frau Portraite in ver=
schiedener Art und Form, das erste 4mal. 13.
Copenool, rar, und zweymal, jedes anders. 14.
Der sogenannte Rabbi, das ist, das Portrait des
Joh. Cornelius Sylvius. 15. Clement de Jonghe.
16. Der alte Zaring. 17. Vieillard à grande
barbe, vom Schmidt gar ausgemacht, und sehr rar.

U 4 Ich

Ich bin es müde das Verzeichniß seiner Werke zu verlängern, denn ihrer sind, wie ich schon anderwärts gemeldet, bey 341 theils historische Stücke, theils Landschaften, Idealköpfe, Kaprizen, Einfälle, und Portraite. — Von dem Hundertguldenblatte, welches ich zum ersten angesetzt habe, erinnert die englische Abhandlung: „daß er darinn alle seine Geschicklichkeit, „man möchte aber auch hinzusetzen, seine „Fehler vereinigt habe. Das Alter und „Elend ist vortreflich ausgedrückt, aber die „Hauptfigur fällt bis zum Lächerlichen ins „Niedrige. "

So berühmt nun Paul Rembrandt f) wegen der seltenen Manier in seinen Kupfern geworden, eben so vielfältig hatte er Nachahmer derselben. Hier sind die Namen von denen, die

mir

---

f) Wegen der vielen Nachstiche muß ich doch etwas von seinen Zeichen reden. Auf größern Blättern schrieb er gewöhnlich seinen Namen ganz, das ist, *Rembrandt f.* neben der Jahrzahl. Bisweilen setzte er auch *Rembrandt van Rhyn* oder *Ryn.* Am meisten aber nur ein *R* und *H* verschlungen, und zart neben einem *f.* -- Christ hat dieß Zeichen auf der 341 Seite. Auch sah ich Blätter, worauf *R B R* halb verlöscht erschien, und des Verlegers *Claus Vischers* Name ganz ausgeschrieben war.

mir bekannt geworden. Sie sind: Joh. Livens, Georg van Vliet, Ferdinand Bol, der Engel= länder Worlidge, Marcenay, Laurenz, Andr. Both, B. Picart, Joh. Andr. Benj. Nothnagel, G. Fr. Schmidt, und C. W. E. Dietrich, (dieser beyder Blätter werden täglich rarer) Wilh. Bailie, Joh. Heinr. Rode nach seinem Bruder Bernard ganz in Rembrands Manier, und unser oft ge= nannte Herr Jak. Dorner g), der neben dem Portraite dieses großen Malers einige ungemein artige Blättchen in rembrandtischem Geschmacke rabirte. — Benedikt Castiglione gleicht in sei= ner Art zu rabiren öfters dem Rembrandt. Aber bisweilen schien er sich dem Salvator Rosa mehr zu nähern. Alle seine Blätter werden billig un=

U 5　　　　　ge=

---

g) Verschiedene unserer baierischen Künstler haben ein und anders malerisch rabirt. Barth. Renter und Beich sind unter den ältern bekannt. In unsern Zeiten aber haben wir einige hübsche Blätter von unserm so sehr berühmten Historienmaler Christian Wink, so auch von dem Professor der hiesigen Ma= lerakademie Oefele, von einem Schöpf, Barthol. Weiß, Hartwagner, Kaltner. u. s. w. -- Die beyden kurfürstl. Baumeister Cuvilliers Vater und Sohn rabirten nicht weniger vieles, und gaben ein eigenes Werk heraus. -- Und eben jetzt befindet sich unter uns Freyherr von Göz Dichter, Maler, Zeich= ner, und Etzer, der sich von Tag zu Tag berühmter macht. -- Vom Joach. Beich werde ich hernach be= sonders reden.

gemein geſchätzt, da ſie ſchön und ſelten ſind. —
Johann Anton Riedel in Dresden ätzte viel nach
Rembrandt, und ſehr gut in ſeinem Geſchmacke,
ſo wie Baſan, den wir ſchon genannt haben;
nicht weniger Martini und Weisbrod unter der
Direktion von dem vortreflichen le Bas, deſſen
ich ſchon öfters gedacht habe. Dieſe 2 letztern
obgleich eigentliche Kupferſtecher kamen hier und
da der maleriſchen Unordnung, dadurch Rem=
brandt ſo verwunderlich iſt, ziemlich bey, und
le Bas verſtärkte noch die Wirkung, indem er,
obſchon mit dem Grabſtichel, nachhalf. — Der
berühmte antwerpiſche Maler und Kopiſt Balthaſ.
Beſchey malte auch einige Köpfe nach Rembrandt,
und von A. Leonh. Möglich von Nürnberg
habe ich ein paar derſelben ſo ziemlich gut geätzt
geſehen. — Doch wer ſollte alle Nachahmer und
Kopiſten dieſes wunderlichen Kunſtgenies herzählen?

Van Vliet und Livens 2 große Namen
ſtehen mit allem Rechte dicht an der Seite des
Rembrandt. Die Manier des Vliet iſt eben die=
ſelbe, und die Lichter hält er wunderbar zuſam=
men, und ſeine Kontrapoſten machen den ſchön=
ſten Effekt. Ueber ſeine Köpfe geht nichts, und
billig gebührt ihm noch der Vorzug vor dem Li=

vens,

vens, obgleich des leztern Arbeiten seltner zu be=
kommen sind, als jenes seine. Vliets heiliger
Hieronymus nach Rembrand ist ein herrliches
Bild, wie nicht minder viele andere nach seiner
eigenen Erfindung, besonders Gesellschaften von
Bauern u. d. gl. — Livens ezte ebenfalls sehr
schöne Köpfe, und seine vorzüglichste Arbeit ist eine
Erweckung des Lazarus nach Rembrandt. Doch
davon im 3ten Abschnitte. Ferd. Bol ezte hüb=
sche alte Köpfe, kam aber den beyden vorigen
nicht gleich. Allein Worlidge übertraf in Köpfen
alle vor und nach, selbst manchmal den Rembrandt,
und zwar an der Zeichnung, Zärte, Reinlichkeit
und Schmelze seiner Tinten. Unter seinen Köpfen
befindet sich auch sein eigenes Bildniß. —
Schmidt war besonders glücklich in Kopirung
und Nachahmung Rembrandts, und dann Picart
und Dietrich. — Keinen geringern Ruhm hat
sich gleichfalls der oben schon berührte Nothnagel
Fabrikant von Frankfurt am Mayn erworben,
der eine eigene mäßige Sammlung von seinen
Arbeiten herausgegeben, die sehr geschätzt wird,
und darunter ich einen Geitzhals, der bey sei=
nen Geldsäcken sizt, eine Hand am Golde, in
der andern die Brille, fürs beste halte. Das
Matte der Tinten, das eine wesentliche Schön=
heit

heit der besten rembrandtischen Werke ist, und
gleichsam die letzte fast unmerkliche Gränzlinie zwi=
schen Radiren und Schwarzkunst ausmacht, er=
reicht er hier und da ziemlich gut.

Was Rembrandt den Nachahmern und
Kunstliebhabern im Historischen ist, das ist ihnen
Waterloo in der Landschaft. Die englische Ab=
handlung sagt mit allem Rechte: „ Waterloo ist
„ ein Name, der in Ansehung der Land=
„ schaft fast über alle Meister steht. Seine
„ Landschaften sind ganz ländlich. Ihr Cha=
„ rakter ist die große Einfalt. " — Nur
Schade ists, daß man so selten ganz gute Abdrü=
cke antrift, wie ich schon im ersten Abschnitte
erinnert habe. Sein Baumschlag, worinn Wa=
terloo der größte Meister ist, leidet dabey am
stärksten, und man kann aus aufgekratzten Plat=
ten sich kaum mehr eine rechte Idee von dessel=
ben Schönheit machen. — — Waterloo ist zu
bekannt, und alle Schriftsteller reden zu viel von
ihm, als daß ich es nicht für überflüßig hielte
hier weitläuftig zu seyn, um so mehr, da unser
große Salomon Geßner der sanfte ländliche
Maler unter den Dichtern, dem dritten Bande
seiner Schriften (und wer hat Geßners Schrif=
ten

ten nicht?) einen so lehrreichen Brief über die
Landschaftmalerey an Herrn Füeßlin angehängt
hat. — Wenn Dichter sich in das Feld der bil=
denden Künste wagen, so müssen nothwendig ihre
Versuche schon wichtig seyn. Aber Geßner, der
nicht blos Versuche wagte, zeigte sich als einen
Meister in der Kunst, indem er herrliche Land=
schaften voll edler Einfalt, wie seine Hir=
tengedichte sind, rabirte, und besonders eine fran=
zösische Ausgabe von ihm nebst Diderots Erzäh=
lungen in Quart, mit anmuthvollen Blättern
ganz im Geschmacke des Waterloo verschönerte.
Wenn ich daran gleichwohl was auszusetzen hätte,
so wäre es einige Härte, und mancher gar zu starke
Schatten. Geßner beweist übrigens durch sein
Beyspiel, was für die Kunst zu erwarten seyn
würde, wenn Künstler entweder selbst Dichter
oder doch wenigst nachdenkende gefühlvolle Lieb=
haber der Dichtkunst und überhaupt einer guten
Lektüre wären. Allein wenige lesen gern, oder
wenn sie auch lesen, verdauen sie das Gelesene
nicht. — Doch nochmal zum Waterloo. Seine
beste Landschaft ist der junge reisende Tobias;
er und der Engel und ein Hund, die einzigen
Figuren, kommen von einem Hügel herab. — —
Dem Waterloo geselle ich, außer seinem Nachah=
mer

nier Geßner die besten andern Landschafteזer, ob
sie gleich mit seinem Stile nicht viel, oder nur
hier und da, übereinkommen, bey. Swanefeld
ist der nächste, dessen reizende gefällige Manier
sich (für das Aug wenigst) meist noch besser als
jene des Waterloo ausnimmt. — Und welche
Namen sind nicht Salvator Rofa mit seiner
kühnen Wildheit; der ländliche und ganz arkabi-
sche Berghem; der meisterhafte Peter van Laar;
der in seinen Bäumen verwunderliche Ruysdaal;
Paul Potter; Claudius Gelee oder Lorrain;
die beyden Roos, besonders Heinrich; der liebliche Ferdinand Kobell, den die baierischen Beyträge zur schönen und nützlichen Litteratur billig
hoch erheben, und dann unser wegen seinen Si-
tuationen und Fernungen, wegen Reichthum und
Mannigfältigkeit vortrefliche FranzJoachimBeich,
der im Geschmacke von Salvator Rosa (Beich
ahmte in seinen Gemälden bald den Stil des Rosa, bald den des Dughet nach, und nur gegen
sein Ende arbeitete er in einer zu hellen, unstu-
birten, und zu nachläßigen Manier) 6 Blätter
in die Höhe meisterhaft ausgeführt. Mich be-
frembdet es billig, daß Geßner seiner so gar nicht gedacht hat. — Nichts zu melden von einem Merian,
Felix Mayr, Wilh. Baur, Lembke, Zeemann,

Gou-

Goupy, Grafen von Sunderland, den beyden
van Velde, Wenzel Zollar, (von ihm sind die
sogenannten Schnecken sehr gesucht) Perelle, van
der Meulen, Luk. van Uden, von dem einige
radirte Landschäftchen theils nach Rubens, theils
seine eigene Erfindung unter die größten Selten=
heiten gehören, dann Corn. Poclemburg, Jo=
hann Both, Abraham Hondius, Offenbeck,
Moordt, Ridinger, und einer Menge anderer
Rabirer, die viel Gutes, z. T. Vortrefliches ge=
liefert haben. Auch der wackern Kopisten so vieler
großer Landschaftmaler, des oft genannten le Bas
nach Tenier, Berghem, und Wouwermann, (der
zerbrochene Milchhafen nach dem letztern ist sein
bestes Stück) so auch des Joh. Vischer nach
Berghem, Goyen, u. s. w. und des geschickten
und fleißigen Moyreau, der ein ganzes sehr schö=
nes Werk nach Wouwermann herausgegeben, und
noch mehrerer nur im Vorbeygehen zu gedenken.
Nur den Namen Poussin muß ich noch von allen
ausheben. Beyde Poussin, Nikolaus nämlich
und Kaspar, der eigentlich Dughet heißt, sind
in gewisser Rücksicht die Raphaels in der Land=
schaft. Wenn die übrigen Landschaftmaler die
Natur getreulich schildern, wie sie sie finden: so
erheben diese hingegen die Schönheiten derselben

bis

bis zur Wahl, und suchen nur das Vollkommene, das Große, das Erhabene vorzustellen. Daher sind ihre, eigentlich aber die Landschaften des Kaspar (denn Nikolaus arbeitete viel weniger in diesem Fache) unter den andern das, was das Heldengedicht, was der hohe Kothurn unter den übrigen Dichtarten sind. Diese Eigenschaften, die dem Kaspar Dughet als Maler zukommen, kommen ihm auch als Radirer zu; seine Nadel führte er leicht, und doch beherzt; nur Schade ists, daß er nicht mehr als 8 Landschaften geetzet.

Ich fange es an zu fühlen, daß mein 2ter Abschnitt sich zu weit ausdehnet, und da ich schon einmal erinnert habe, daß ich hier kein Buch, sondern eigentlich eine Skizze liefere, so wird man mirs um so weniger verübeln, wenn ich mich immer mehr einschränke.

Die meisten großen Maler, nur sehr wenige ausgenommen, haben auch ein und anders, und zwar meist so herrlich, als sie malten, geetzet, oder auf andere Weise in Kupfer oder Holz, ja gar in Eisen, gebracht. Selbst vom Raphael, wie wir schon gehört, will man in des Andreani Manier etwas haben. Auch so gar vom Rubens weiset man

man in auserlefenen Sammlungen einige Blätt=
chen auf. — Von Lanfranco, und Sifto Ba=
dalocchio kommen die fchönen Loggien des Ra=
phael her, die fie in einem eigenen Werke, be=
fonders der erfte, in leichten Blättchen, ganz im
raphaelifchen Geifte der Welt übergeben haben.
Vom van Dyk hat man außer feinem Werke,
noch ein prächtiges Ecce Homo, das fehr ge=
fchätt wird. Doch nehme man fich vor der Ko=
pie in Acht. — Was Peter Tefta für fchät=
bare Werke in ziemlicher Anzahl an das Licht
geftellt, davon reden alle Kunftrecenfenten, die
einen Zug oder Triumph des Silen ungemein
erheben. Cäfar Tefta fein Bruder trat wohl in
feine Fußftapfen, und oft find ihre Arbeiten
hart zu unterfcheiden. Vom letztern ift die welt=
berühmte Kommunion des heiligen Hierony=
mus nach Dominik. Zampieri, fonft Domini=
chino genannt, rabirt. Cornel. Schuet etzte fo
breift, als er malte. Vom Laur. de la Hyre
findet man einen artigen Sturz Pauli. — Welch
ein köftliches Werk hat nicht Gerard Lairefe
herausgegeben! Seine korrekte Zeichnung, und
fein zarter Pinfel findet fich in feinen rabirten
Platten wieder. Wie viel wackere Künftler ha=
ben an dem fogenannten Theatro pictorico ge=

arbeitet, welches unter Teniers Augen, und durch
seine Veranstaltung herauskam! Die vom Pren-
ner meist selbst ausgearbeitete wienerische Gallerie enthält viele derjenigen Bilder, die schon in
diesem Theatro anzutreffen sind. — Die Carracci haben verschiedenes selbst radirt, Hannibal,
Ludwig und Augustin, der letztere das meiste
und herrlich nach seinen eigenen und anderer Meister Erfindungen. Des Zeichners Raymund la
Fage Werk wird über die massen hoch gehalten;
denn er zeichnet fest und groß. Seine Baccha-
nalen zeugen von der Fruchtbarkeit seines Genies,
und seiner Einbildungskraft, und manchmal
schwang er sich zu einer Erhabenheit, die eines
Raphael würdig wäre, wie z. B. in einigen Figuren Christi, in einer Geburt Jesu, und
in einer leichten Skizze von der Berufung Mo-
sis, darinn er der Gottheit eine verehrungswür-
dige Majestät mitgetheilet. Außer seinen eigen-
händig radirten Blättern ist Ertinger ein sehr ge-
schickter Künstler seinen Originalzeichnungen genau
gefolget, so, daß man Anstand nehmen möchte sie
für Kopien zu erklären. Von Licht und Schatten
hatte la Fage keinen Begriff; daher sind seine
Stücke eigentlich nichts als Umrisse.

Kürze

Kürze halber darf ich noch viele große Män=
ner dieſer Art nur nennen, und mich auf weiter
nichts einlaſſen. Sonſt würde noch von einem
Spagnolet oder Joſ. Ribera, von dem großen
Tiepolo, von Palma, Guido, Romyn de Hoog=
he, Arthur Pond, Bellange, Richardſon,
dem berühmten Antiquar und Künſtebeſchützer
Grafen Caylus, Marmion, Parrocel, Scia=
minoſſi, Claud. Gillot, Valent. le Febre, der
ſo vieles nach Titian, Paul Veroneſe, und an=
dern, aber in meinen Augen mittelmäßig, gear=
beitet, H. Ulr. Frank, dem zierlichen J. Epiſ=
copius oder de Biſchopp, den großen Malern
Teniers, Brouwer und Adr. Oſtade, die auch
etzten, den ſeltenen und künſtlichen Erfindungen
und Ausführungen des Joh. Luyken; ferner vom
Corn. Bega, Flamen, van Hoy, Brennbergh,
Overböck, Marc. Ricci, Kuyp, Morin, und
wie vielen noch, und endlich von den unvergleich=
lichen Etzern nach Rubens, dem Southmann,
Sompel, Suyderhoef, deren Werke meiſt köſt=
lich ſind, unendlich viel zu ſagen ſeyn. Aber die
Leſer müſſen ſich für dießmal ſchon mit der blo=
ßen Anzeige begnügen.

X 2

Indeſſen ehe ich auch dieſen Artikel beſchließe,
muß ich von dem Lieblingsrabirer der Franzoſen,
dem Jakob Callot, und denen, die entweder
förmlich, oder nur hier und da ſeinem Stil ge=
folget, noch ein paar Worte reden. — Wie der
Lieblingsgeſchmack dieſer Nation ſeine Epochen
hat, darinn er beynahe ſchwärmet, aber nur zu
oft ſich ändert: ſo war eine Zeit, da man keinen
Kunſtnamen als Callot hörte. Dieß dauerte eine
Weile, man kam zurück, und dann erſcholl wie=
der nichts anders als Rembrandt. So wurden
Teniers muntere Kabinetgemälde unter Ludwig
XIV allgemein verachtet, und jetzt will ganz
Frankreich faſt nichts als Teniere. — — Die
kaltblütigern Britten und Deutſchen, denen min=
der Enthuſiasmus aber deſto mehr Ueberlegung
eigen iſt, ſchätzen Alles, was gut und ſchön iſt,
und laſſen ihre auf Vernunft gegründete Hoch=
achtung weder durch die Zeit noch die Mode feſ=
ſeln. Wir ehren den Rembrandt und den Callot,
und jeden andern nach ſeinem Verdienſte. —
Callot war ein Künſtler voll Laune, komiſcher
Einfälle, und fruchtbarer Einbildungskraft. Mit
all dem verband er eine gefällige Manier in der
Ausführung im Kleinen, und ungemeinen Fleiß.
Seine Nadel führte er zart, und leicht, obgleich

nicht

nicht so malerisch unordentlich, als viele andere, sondern er hatte seine eigene Weise, und die Schraffirungen laufen gemeiniglich senkrecht, ohne viele Querstriche. Seine noch so kleinen Köpfchen sind voll Ausdruck, und er verstund sich manch= mal sehr gut auf die Charakteristik. Aber die Stellungen sind, obschon angenehm, doch oft ma= nirt. In Zusammensetzung und Vertheilung des Lichts war er nicht glücklich. Dieß sieht man am meisten in seinen kleinen Gemälden, (Callot malte indessen sehr wenig) worinn vollends keine Haltung herrscht, und alles bunt, und gefärbelt erscheint. Doch sein Fleiß und Ausdruck ist hier so verwunderlich, als in seinen Zeichnungen und Platten. Die hiesige kurfürstl. Gallerie besitzt, von ihm die bekannten Uebel des Kriegs in eben der Größe gemalt, wie seine geetzten Blättchen sind. — In einzelnen Figuren zeigt sich dem= nach Callot in seiner Stärke, und daher ziehen Kenner seine Bettler allen übrigen Werken von ihm vor. Diesen möchte ich allenfalls noch die Zigeuner in 4 Blättern beygesellen: Nach diesen kömmt sein Jahrmarkt ein Inbegrif aller seiner Kunst. Der jüngere Tenier hielt dieß Blatt, das sehr groß ist, so hoch, daß er es in einem acht Fuß hohen und 12 Fuß breiten Gemälde

X 3   nach

nach seiner Art kopirte, und allen Zauber seines
bekannten leichten und lieblichen Kolorits darinn
anbrachte. Die kurfürstl. hiesige Gallerie besitzt
diesen Schatz. Die Erfindung ist in einzelnen
Parthien sehr schön, aber im Ganzen ists eine
Zusammenstoppelung, und zeigt wieder von der
Wahrheit des Satzes, daß Callot in einzelnen
Figuren ungleich größer sey. Wiewohl Tenier
hat durch seine Kunst den Fehlern des Stückes
merklich abgeholfen. — Wo Callot seiner Laune vollen freyen Lauf lassen kann, bringt er seltene Phantasien zur Welt. Das sieht man an
seiner Versuchung des heiligen Antonius, die
keinen andern Werth hat, als daß er darinn,
wie Dichter Ariost, alle mögliche Schwärmerey
erschöpft, und die lächerlichsten Grillen und Karrikaturen ausgeheckt hat. Callots Arbeiten sind
übrigens ungemein zahlreich, und die wunderliche
Kaprize der Liebhaber ist auch da wieder zu be-
dauern, weil sie von einer kleinen Platte, dadurch Callot nach der Hand, und nachdem schon
viele Drücke abgezogen waren, ein Loch gemacht
um sie am Rockknopfe tragen zu können, jeden
Abdruck nach dem gemachten Loche der Seltenheit willen ungemein theuer bezahlen. — Gegen
Kopien nach Callot muß man sehr behutsam seyn;

denn

denn faſt alles ward nachgearbeitet, und z. T.
ziemlich gut, vorzüglich die Bettler von Chriſt.
Görz, die Zigeuner, und die Miſeres de la
Guerre. Von einigen dieſer Kopien ſind wieder andere Kopien abgenommen worden, wie von
den Bettlern, und Zigeunern.

Nach Callot bildeten ſich Franz Colignon,
und Iſrael Henriet, auch Iſrael Silveſtre,
und ohngefähr in einer gleichen Manier arbeiteten
der ſehr geſchickte Stephan della Bella, und
der noch geſchicktere Sebaſtian le Clerc, deſſen
Werke wegen der ungemein geiſtreichen Ausführung, Zärtlichkeit, und beſſern Zuſammenſetzung
beynahe höher geachtet werden, als die des Callot, nur an der Dreiſtigkeit, und, weil nicht
alle Stücke des le Clerc auch ſeine Erfindung ſind,
wie bey jenem, muß er ihm nachſtehen. — Auch den
Andr. Pauli, und die Küſſel, und Krauſen beyderley
Geſchlechts kann man hieher zählen. — In unſern
Zeiten nähert ſich dieſem Stile Daniel Chodowiecki, und nach ihm arbeitet am beſten Daniel
Berger. Schellenberg radirt mit Chodowiecki
in der gleichen Manier, und erſt neuerlich kam
bey Füeßlin Lavaters Jeſus Meſſias heraus,
ein Werkchen, das mit 40 den köſtlichſten Vig-

netten

netten von diefen beyden groffen Meiftern ver-
herrlichet ift. — Vom Daniel Berger, der mit
weniger Freyheit, aber defto reinlicher, fußer und
nieblicher den Zeichnungen des Chodowiecki, und
zwar ganz auf deffen Art, nachradirt, hat man
befonders die Meifterftücke von Kupferchen zur
neuen Ausgabe des Don Quixote. — — Chodowiecki ift in mehr als einer Abficht ein unver-
gleichlicher Künftler, und daß ich ihn hier zum
Callot, den er fo himmelweit übertrift, gefellet
habe, gefchah blos wegen der Gleichheit der Ausführung beyder Meifter. Diefer große Mann
malet, zeichnet und exet vortreflich, und Eigen-
fchaften, die fich fonft fo ungern paaren, find in
ihm vereinigt. Er ift bald erhaben, bald komifch,
bald hat man Urfache feine edeln hiftorifchen Erfindungen, und ernfte Größe zu bewundern, bald
feine lächerlichen häuslichen Scenen. Kein Künftler ift ein größerer Phyfiognom, keiner fchildert
alle mögliche Charaktere treffender, und nur ein
Raphael (man darf ihn kühn mit felbem vergleichen) hat ihn an der Eigenthümlichkeit des Ausdrucks jeder Leidenfchaft in den Gefichtszügen und
Geften, fo wie in der Kompofition, Wahl und
Anordnung übertroffen. Chodowiecki ift das
erfte Kunftgenie Deutfchlands heutiger Zeiten.

Doch

Doch dünkt er mich in kleinen Figuren noch stär=
ker, als wenn er große Platten behandelt. —
Und dieser einzige in seiner Art arbeitet so vieles
so unermüdet. Alles ist seine Erfindung. Der
Reichthum und die Lebhaftigkeit seiner Einbil=
dungskraft sind also unerschöpflich. Von seinemMei=
sterstücke dem Johann Calas werden wir im 3ten
Abschnitte noch etwas hören. Daher für dieß=
mal genug von ihm.

Ich nähere mich den Meistern in der schwar=
zen Kunst, und bald auch dem Ende dieses lan=
gen Abschnittes. — Einer der ersten, die in
der schwarzen Kunst sich rühmlich hervorthaten,
war Wallerant Vaillant. Ihn hatte Prinz Ru=
pert von der Pfalz dieses Geheimniß unter den
theuersten Beschwörungen es Niemanden zu offen=
baren gelehret. Es ward aber dennoch durch ei=
nen Zufall entdeckt. Und dieser Umstand macht
es am meisten wahrscheinlich, daß gedachtem Prin=
zen und sonst keinem derer, die auch Anspruch
darauf machen, die Ehre der Erfindung ge=
bühre. Der Prinz soll darauf verfallen seyn, als
er einen Soldaten sein sehr rostiges Gewehr pu=
tzen sah. Er ward nach der Hand Großadmiral
von Großbrittanien, und Herzog von Kumberland.

X 5   Außer

Außer den Engelländern, denen, wie wir
längst vernommen, diese Kunst beynahe allein eigen ist, da keine Nation sich so sehr darauf ver-
wendet, haben wir nur hier und da einzelne
Meister, die darinn sich einen Namen erwarben,
obigen Vaillant, Schenk, Al. van Haecken,
Verkolje, Blooteling, und einige andere. Heut
zu Tage wird in Deutschland viel in Schwarzkunst gearbeitet, doch wenig beträchtliches, außer
was die Herren Haid in Augsburg uns liefern.
Vom berühmten Baufe sah ich auch ein artiges
Köpfchen in dieser Art.

Unter den englischen Schwarzkünstlern des
vorigen Jahrhunderts sind Becker, Joh. Smith,
vor allen aber Georg White merkwürdig. White
hatte eine besondere Manier. Er rabirte seine
Platten zuerst, und dann überarbeitete er sie nach
Art der schwarzen Kunst. Daher verbleibt darinn
bis zu letzt ein gewisses Leben, das den übrigen
so gerne fehlt. Man siehts auch wirklich, daß
er zuvor rabirte; denn wo Hauptschatten hinge-
hörten, ließ er das Rabirte vorstechen, welches
die beste Wirkung thut, wie man an den beyden
Paar sieht, die nach dem Außspruche aller Kenner, und nach seinem eigenen Urtheile seine be-

sten

ſten 2 Portraite ſind. Die Neuern ahmen ihn
dießfalls hier und da nach. — Die beſten Künſtler dieſes Jahrhunderts ſind J. Raph. Smith,
ein ſicherer Blondel, Faber, Ardell, Fry, Di-
ckinſon, Fiſher, Blackmore, Wattſon, Wooler, Philipps, und die zween großen Meiſter Rich. Earlom,
und William Pether. Von dem letzten als demjenigen, der alle andere übertrift, habe ich ſchon
öfters Meldung gethan, und im 3ten Abſchnitte
ſoll ſein Name nochmal rühmlichſt vorkommen, wenn
ich die ſchöne Hammerſchmiede des Earlom behandeln werde. — Eins von Pethers vorzüglichſten
Arbeiten iſt deſſen jüdiſcher Rabbi nach Rembrandt.

Noch muß ich mein Verſprechen erfüllen,
und dieſen Abſchnitt mit den illuminirten Werken beſchließen.

Daß man mit mehrern Farben drucke, wiſſen
die Leſer aus meinem erſten Abſchnitte. In dieſer Art iſt der ſo oft genannte Ploos der ver-
wunderlichſte Meiſter. Ob gleich aber ſeine Manier noch ein Geheimniß genannt wird, ſo haben
ſich doch ſchon einige gewagt ſie nachzuahmen,
und zwar der franzöſiſche Kupferſtecher Janivet
mit vielem Glücke. Man hat von dieſem bereits
einige Blätter, die der plooſiſchen Kunſt ſehr nahe kommen. — Fr. Londonio ein Meyländer
radirt ſehr artig und leicht nach Berghem und
Roos,

Moos, drückt seine Platten auf blaues oder bräun-
liches Papier ab, übergeht sie dann mit dem
Pinsel, und höhet die höchsten Lichter weiß auf. —
Man hat von ihm auch ein und andere historische Stücke. Fast auf dieselbe Weise muß auch
J. D. Landerer verfahren, von dem Orestrio
im 2ten Theile S. 146 und 147 eine Beschreibung macht. — Seit einiger Zeit fangen so gar
die Engelländer an einige ihrer schwarzen Kunst-
blätter mit verschiedenen Farben abzudrücken, meistens Portraite, und einzelne halbe Figuren oder
Köpfe. Allein die wenigsten gelingen sonderlich,
und sie färben Gesichter, Hände, und alles Fleisch
sehr widernatürlich, als wenn alles so stark als
nur möglich in Rouge getaucht wäre. — — Noch
giebt es endlich mit Wasserfarben wirklich über-
malte Kupfer. — Wenn dieß Uebermalen oder
eigentliche Illuminiren von Künstlerhand geschieht,
so läßt es schön. Allein das ist was seltenes,
und die Bildchen, die in Augsburg und anderwärts von dieser Art zum Vorschein kommen,
und womit andächtige Leute ihre Gebethbücher
anfüllen, verdienen in Absicht auf die Kunst meistens nicht einmal den Anblick eines Kenners. —
Entgegen verdienen die Loggien des Raphael
alle mögliche Bewunderung, die illuminirt, und

auillu-

unilluminirt in Rom herausgekommen. Volpato
ist der Herausgeber davon, und alles Historische
ist von seiner Hand gestochen. Die Arabesken
aber sind von Ottaviani. Die Richtigkeit der
Zeichnung, die Schönheit und Höhe der Farben,
die Karnation, kurz alles ist zum Er=
staunen groß und prächtig. Die Färbung ist
mit ungemeinen Verstande behandelt, und die Ab=
weichung derselben, das Glühende, die Schmelze,
das Kräftige ist so gut erreicht, als es mit Waf=
serfarben möglich ist. Man kann sich auch kaum
überreden illuminirte Kupferstiche vor sich zu ha=
ben, sondern man glaubt wirkliche Gemälde zu
sehen. — Dieß Werk ist aber selten und theuer,
und nur der Hr. Graf von Haimhausen besitzt
es unter uns.

III. Abschnitt.

Nähere Zergliederung einiger der vor= züglichsten Blätter.

Endlich bin ich daran, die Beschreibung einiger
ganz ausnehmend schöner Blätter zu liefern.
Ich habe dazu keines von denen gewählt, welche
schon in dem vierten Kapitel der englischen Ab=

handl=

handlung recensirt stehen, nicht als ob sies nicht
verdienten, sondern weil ich den Lesern nicht gerne
das nochmal vorlege, was sie dort finden können,
und weil es noch so viele andere Stücke giebt, die
ein gleiches, und noch größeres Recht haben, öf=
fentlich und hoch angerühmt zu werden. — Die
englische Abhandlung verewigte die Namen Blo=
maert, Salv. Rosa, Peter Testa, Smith,
Will. Pether, Abraham Hondius, Du Jar=
din, Waterloo, Romeyn de Hooghe, und Ho=
garth: ich aber hebe die Namen aus von den grof=
fen Männern Edelink, Masson, Suyderhoef,
Strange, Earlom, Chodowiecki, Porpo=
rati, Rembrandt und Livens, und endlich Corn.
Ploos, Vor allen wähle ich demnach:

Edelinks
heilige Familie nach Raphael.

Schöpfer großer Ideale, unversiegte Quelle
schöner Formen, Wunder im Ausdruck, größe
Regel der Nachahmung der Natur, allumfassen=
des Genie, Geist der Erhabenheit, Richtschnur der
Wahl, du Einziger — — Raphael Sanzio von
Urbino! — Vater der Kunst, und alleiniges
Stubium des Künstlers! Du Alles in Allem bist
billig der Erste, den ich der unbeschränktesten Be=
wun=

wunderung darstelle, und derjenige, durch den
Edelink zum größten Meister geworden. — —
Unter Raphaels unsterblichen Werken behauptet
seine heilige Familie einen der ersten Plätze. Er
malte dieß Bild zwey Jahre vor seinem Tode 1518
für den König in Frankreich Franz I. Die kö=
nigliche Gallerie bewahret diesen köstlichen Schatz
noch mit ausnehmender Sorgfalt, und wie oft
sich auch schon daran Zeichner und Stecher
geübt haben, so hat doch keiner das Original
besser erreicht als Edelink.

Die heil. Jungfrau neigt sich gegen das göttliche
Kind Jesus, der fröhlich in ihre Arme eilt, den linken
Fuß aber noch auf dem Kissen hat. Sie faßt ihn bey=
derseits unter den Achseln, und er hat das eine
Händchen auf ihrer Schulter ruhend. Hinter der
göttlichen Mutter steht der heilige Joseph auf sei=
nen Arm gestützt. Auf der andern Seite zeigt sich
die heilige Elisabeth, und ist bemühet dem klei=
nen Johannes eine Richtung zu geben, damit er
seine Hände gegen den Erlöser falte; ein Engel
streckt über der Elisabeth seine Arme stark aus, um
das göttliche Kind mit Blumen zu überstreuen; ein
anderer Engel, der sich zwischen ihm und Joseph
befin=

befindet, sieht ihn an, die Hände kreuzweis in einer andächtigen Lage auf der Brust. Das Zimmer, worinn diese heil. Handlung vorgeht, hat eine Oeffnung oder Fenster rückwärts des Engels, der die Blumen hinstreut, von da aus man einen Theil eines Gebirges erblickt. — Diese herrliche Zusammensetzung ist mit ausnehmendem Verstande angeordnet; die Gruppirung hat allenthalben die schöne Piramidalform, und Licht und Schatten sind so klug vertheilt, daß jede Figur vom Grunde wie abgelöst erscheint, und das Ganze mittels unmerklicher Abstuffung der Tinten die angenehmste Harmonie und Haltung gewinnet. Die Drapperie ist groß im antiken Geschmacke, und die Zeichnung — Aber wer kennt nicht Raphaeln als den vollkommensten Zeichner? — — Dieß sind nun zwar lauter Verdienste des Malers. Allein kömmt nicht auch ein Theil derselben dem Stecher zu, der im Stande war, so viele Schönheiten so würdig nachzubilden?

Ein charakteristischer Zug von Raphaels Meisterwerken, wie von den Antiken, ist der, daß sie lang und emsig mit versammeltem Geiste betrachtet seyn wollen, um den der Vollkommenheit allein eigenen unverlöschlichen Eindruck auf

unsre

unsre Seele zu machen, der die rasche Anstaunung des flüchtigen Begaffers so himmelweit übertrift. — Man hebe aus dem ganzen Bilde nur den einzigen Kopf der heiligen Jungfrau aus, studire ihn Tage lang, und man wird stets neue Wunder der Kunst darinn gewahr werden. Das höchste Ideal weiblicher griechischer Schönheit vereint mit jungfräulicher Zucht, edelm Anstand, himmlischer Anmuth, froher Heiterkeit, voll Friede, seliger Stille, holder Zärtlichkeit, voll sanfter Größe und Würde ist das Angesicht Mariä. Wer all das, und was ich nicht zu schildern vermag, darinn nicht findet, den bedaure ich von Herzen, wie den Kenner, der geraume Zeit vor dem Bilde steht, und ausruft: Was ist denn sonderliches daran? — Die große Einfalt, die stille Majestät, ohne Geräusch, ohne Zwang und Manirung (eben das macht die Nachahmung von ihm und den Antiken so schwer) herrscht durch die ganze unverbesserliche Figur von der Stirne an, worauf die Haare sanftwallend zurückfliessen, halb versteckt unter dem dünnen zarten Schleyer, der die Grazie des Kopfes und des zierlichen Umrisses erhöht, bis auf die Ferse herab. Der längliche schmächtige Hals ganz in griechischer Form; die eine nur wenig entblößte Schulter; der Saum des Kleides

Y   über

über dem Busen in einen artigen Winkel verlau=
fend; der weite Mantel, der über der andern
Schulter in geschlängelten Falten hängt, und vor=
ne prächtig herabfällt; die grossen Falten des gan=
zen Gewandes, im Gegensatz mit den kleinern
verschobenen am Ermel (vermuthlich eine Nach=
ahmung der nassen Kleidung der Antiken) kurz,
Alles, Alles trägt bey die Schönheit zu erheben,
und die herrlichste Wirkung zu thun. — Eben das
gilt auch von dem Kinde Jesu. Aus seinem Auge
spricht die Gottheit verbunden mit der freyen lä=
chelnden Munterkeit, und der süßen gefälligen
Unschuld der Kindheit, und Klopstock, h) dünkt
mich, geht zu weit, wenn er nicht *Edles genug*
im Gesichte Jesu zu finden glaubt, so wie er den
Joseph tadelt, daß er sich auf den Arm stützt,welches,
wie er meynt,nebst seiner Miene ihn *zu ruhig* zeige.
Die Urtheile der Kenner sind oft so verschieden, als
die Menschengesichter. Doch Klopstock gesteht
dem ungeachtet, daß dieß Bild eins von *Raphaels*
schönsten Werken sey. In jedem Gesichte liegt un=
endlich viel Interesse, selbst ein leichtes ätherisches
Wesen zeigt sich an den beyden Engeln, und die
himm=

_____

h) Sieh dessen kleine poetische und profaische Werke,
Frankfurt und Leipzig im Verlag der neuen Buchhänd-
lergesellschaft, 1771.

himmlische Freude lacht aus ihren Mienen, beson=
ders deſſen, der die Blumen hinſtreut. — (Im
Vorbeygehn muß ich anmerken, daß dieß letztere
eine Lieblingsfigur des Raphael iſt, die er öfters
angebracht hat) — Die groſſe Ruhe des heiligen
Joſeph paßt vollkommen auf ſein Alter, und den
männlichen Ernſt; entgegen möchte ich faſt ſelbſt
das Verkleinernde in der Handlung der heiligen
Eliſabeth, und in ihren Zügen mit Klopſtock ahn=
den. Der geringfügige Umſtand mit dem Halten
der Aermchen des Johannes fällt mehr ins Tän=
delhafte, und iſt nicht würdig genug der heiligen
Erhabenheit, die aus dem ganzen Stücke hervor=
leuchtet.

Nun zum Kupferſtecher. — Nach dem Ur=
theile aller Kenner iſt dieß Edelinks größtes Kunſt=
ſtück. Die Freyheit des Stichels, das Kräftige
ſeiner gezogenen Hauptfurchen, nebſt der ſanft ver=
flieſenden Feinheit ſeiner zarten länglichten Punkte,
Striche und Linien, die er ſo gern zwiſchen den
Größern anbringt, wenn er das Weiche und Run=
de des Fleiſches ausdrücken will, ſeine Richtigkeit
in der Zeichnung, und die ſeltene Kunſt Raphaels
Geiſt ganz in die Kopie zu bringen, erheben dieſen
Kupferſtich zu einem der erſten in der Welt.

Frey,

Frey, wie wir schon vernommen, hat ihn pünkt=
lich und höchst mühsam nachgearbeitet, und er
verdient dennoch viele Lobsprüche, wenn auch
gleich die Freyheit fehlt, die bey der ängstlichen
Bindung an sein Vorbild nothwendig feh n muß=
ste; wenn gleich die kleinen Nuanzen hier man=
geln, die in den Köpfen Raphaels so bedeutungs=
voll sind. — Auch Bazin kopirte dieß Bild im
kleinen Formate sehr artig. Allein hier vermißt
man noch mehr Schönheiten, als in der Kopie
des Frey, die Zeichnung ist minder richtig, und
das Fleisch ganz punktirt.

Anton Maffons
Jünger in Emaus, nach Titian.

Haben wir vorhin mehr den Maler bewundert,
so bewundern wir hier mehr den Kupferstecher.
Böremon in seinem zweyten Theile von der Na=
tur und Kunst in Gemälden beschreibt, wie
wir schon wissen, diesen Kupferstich von S. 262
an bis 291. — Ich habe nichts bessers zu thun,
als seine weitläuftige Schilderung in einen sehr en=
gen Raum einzuschließen; denn es läßt sich wenig
hinzusetzen.

Chri=

Christus und die beyden Jünger sind an einer
Tafel in einem geräumigen Saale. In der Mitte
sitzt der Erlöser, der in der linken Hand das schon
gebrochene Brod hält, mit der rechten aber den
Segen giebt. Der eine Jünger sitzt dicht neben
ihm, der Kopf ist im Profile, und er hat die
Stellung eines Staunenden. Der zweyte Jünger
an der Vorderseite des Tisches erhebt sich ein wenig,
hat den Leib über den Tisch geneigt, und die Hän=
de zum Bethen gefaltet. Zwischen Christo und
dem ersten Jünger steht hinterhalb ein Mann mit
aufgestrickten Ermeln, und auf dem Kopf eine
Mütze. Man möchte ihn für den Wirth halten;
und noch etwas mehr zurück trägt eine junge mit
einem runden Hut bedeckte Mannsperson eine Spei=
se auf. Unter dem Tische beissen sich ein Hund und
eine Katze wegen eines Knochens. Der Saal hat
vorberhalb des Erlösers, und zwischen dem sich
aufrichtenden Jünger eine niedere Mauer zum
Grunde, oder eine ziemliche Oeffnung, von da
aus man in eine sehr angenehme Landschaft hinsieht.
Das Haupt Christi ist Jdeal, alle andern Köpfe
aber sind Portraite. Der bethende Jünger stellt den
Pabst Adrian VI, der andere den Kaiser Karl V, der
Wirth den Beichtvater des Kaisers, und der jun=
ge Speisenträger den Sohn des Kaisers und nach=

maligen

maligen König in Spanien Philipp II, vor. —
— Die Erfindung und Zusammensetzung ist eben
nicht das größte Meisterstück des Titian, so auch
das Gesicht des Heilandes, dem der erhabne Charakter der Gottheit fast gänzlich fehlet. Das Kostume leidet hier und da, unerachtet der Entschul-
bigungen, die Köremon anbringt; denn wie
kömmt der römischkaiserliche doppelte Adler, abge-
bildet an der Wand, hinter Karl V, in diese
Geschichte? Das Beißen der Thiere unter dem Tische, welch ein nichtiger kindischer Einfall ist dieser!
wie entstellt er nicht die hohe Feyerlichkeit einer so
heiligen Handlung? — Entgegen ist die Arbeit
des Kupferstechers das verwunderlichste Meisterwerk, und wegen dieser, nicht wegen der Anordnung des Bildes, ist dieß das erste in der Welt
unter den gestochenen Blättern. Jeder Kopf ist
anders behandelt, jeder andere Gegenstand wieder
anders. Der sich halb erhebende vorderste Jünger ist die herrlichste Figur in diesem Stücke, voll
Geist, und wahrhaft titianisch. Der Grabstichel
kömmt in Haaren und dem Gesichte der malerischen
Unordnung des Essens bey, und die ganze Figur
ist bald dreist und kräftig, bald nachläßig und gelinde behandelt. Die wellenförmige Schraffirung
des Mantels ist kostbar. Das Gesicht König
Phi-

Philipps II macht, in Mellans Geschmack, eine einige Spirallinie aus, die sich am Kinne anfängt. Die Haare an den Figuren und den Thieren, die Gläser, der Teppich, und besonders das schöne Tischtuch mit allen seinen Falten und Brüchen (man glaubt das Papier wirklich runzlicht zu erblicken, und gleich machen zu müssen) sind unbegreiflich gemacht. Die Italiäner nennen dieß Bild wegen der Schönheit des Tischtuchs nur gemeiniglich das Tischtuchblatt, il quadro della tovaglia. Luft, Wolken, Bäume, Berge und Ebenen, und die Trümmer von Gebäuden in der Landschaftsaussicht, Alles ist so unvergleichlich, daß man in Erstaunen geräth. — Herr Füeßlin, der in der neuen Ausgabe seines Künstlerlexikons in Fol. ganz anders davon, als in seinem raisonirenden Verzeichniße urtheilt, (vermuthlich haben ihn zu jenem härtern Urtheil, das Orestrio widerlegte, die Fehler der Komposition veranlasset) sagt billig, daß Niemand so wie Masson „ seine „ Schraffirungen nach der Behandlung des „ Pinsels, nach der Lage der Muskeln, oder „ nach der Ordnung der Falten und dem Cha„ rakter der Stoffe anzulegen wußte; daß „ er jeden Gegenstand in einem so hohen Gra„ de der Wahrheit nachahmte, daß es schwer

Y 4 „ lich

„ lich möglich ist, diese Kunst höher zu trei=
„ ben; daß endlich kein Kupferstecher mit dem
„ Grabstichel auf so vielerley einander ganz
„ unähnliche Manieren gearbeitet habe. „ —
— Das Stück wird oft sehr hoch verkauft, und
manche Liebhaber biethen darum 4 auch 5 Louis
d'ore. Mir wenigst ist keine Kopie davon bekannt,
wenn man nicht etwa ein höchst elendes Blättchen
für eine Kopie annehmen will, worauf nur die drey
Figuren, Christus und die zween Jünger nämlich,
am Tische sich befinden.— Und welcher vernünftige
Künstler mag es wohl auch wagen, so was zu
kopiren? — Unterhalb steht der Name des Ma=
lers und Stechers. Aber Masson war damit noch
nicht zufrieden, sondern brachte seinen Namen auch
neben dem Adler auf der Wand so künstlich an,
daß man kaum die Spuren von Buchstaben ent=
decken kann, obgleich ziemlich groß gegraben steht:
ANT. MASSON, SCVLP. — Noch muß ich
anmerken, daß dieser Kupferstich nicht umgekehrt,
sondern dem Gemälde gleich gearbeitet ist. Er hat
in der Höhe ungefähr gegen 16, in der Länge ge=
gen 22 Zoll, da das Gemälde 5 Schuhe hoch, und
7 breit ist. — Ich sollte auch noch vom Portrai=
te des Dupuis handeln. Allein die Zeit verwehrts,
und dieß Versprechen erfülle ich ein andermal.

Jo=

Jonas Suyderhoefs
Sturz der Engel, nach Rubens.

Peter Paul Rubens von Antwerpen, (ge=
bohren zu Köln am Rhein) ist unter allen Ma=
lern, die jemal gelebt haben, unstreitig das feu=
rigste Genie, so wie Raphael das erhabenste ist.—
Unter seinen so unzähligen Werken ist dieser En=
gelsturz gleichsam der ganze Inbegrif seiner Ta=
lente, und zugleich seines zügellofesten Schwunges.—
Nichts ist damit zu vergleichen, als das jüngste
Gericht des Michael Angelo Bonaroti, (von
Leonard Gaultier klein, sehr artig, aber weit
schöner von Martin Rota groß und klein ge=
stochen) welches zwar eine noch größere Kompo=
sition, und edler, und besser gezeichnet, und er=
habener, doch nicht so voll ungemeiner Glut,
und dichterisch erhitzter Phantasie ist.

Dieses unvergleichliche Kunststück besitzen Sr.
Kurfürstl. Durchl. zu Pfalz=Baiern, unser gnädig=
ster Landesherr in Höchst Ihrer Gallerie zu Düs=
feldorf, und der Originalkupferstich davon, den
ich eben vor mir habe, gehört in die sehr schätz=
bare Sammlung meines Freundes und Vetters
Franz Kuedorfs. — Links und rechts des
Bildes öffnen sich unermeßliche Abgründe voll
Rauch und Feuer, entzündet durch die Stralen,
die von oben herabschieffen, und durch die Blitze,

ge=

geschleubert aus den Händen der Engel. Zu
oberst erscheint der heilige Michael gerüstet wie
ein Held, in der einen Hand einen stralenden
Schild, in der andern den rächenden Donner des
Höchsten. Er fliegt schnell wie der Gedanke
mit gesträubtem Haupthaar auf die Empörerrotte
herab, und aus seinem Angesichte leuchtet der
heilige Grimm, womit er für die Sache Gottes
eifert. Sein nachläßig um die Hüfte geschlunge=
ner Mantel flattert wie das Pannier eines Sie=
gers über seinem Haupte hin. Mehrere Engel
folgen seinem Beyspiele, und stürmen auf die
Teufel los, die in größter Unordnung und Ver=
wirrung auf allen Seiten haufenweise herunter=
stürzen, unverschämt genug noch im Fallen selbst
einige der sieghaften Engel mit sich herabziehen
zu wollen. — Das Gewimmel der Fallenden;
die verwickelten in einander sich verschlingenden
grossen und unverbesserlichen Gruppen; die un=
endliche Verschiedenheit von Formen, Stellungen,
Wendungen, Gestalten, alles kühn, beherzt und
flüchtig hingeworfen; die ungeheure Zusammense=
tzung; das Fürchterliche, Schreckliche, und Gräß=
liche der ganzen Anordnung, und selbst das Un=
regelmäßige der Zeichnung, das sogar auch hier

und

und da gefällt, ist höchst verwunderlich, hinrei=
ßend, und mit Worten unbeschreiblich.

Rubens hat nicht Zeit erst mühsam zu über=
legen, ob dieser oder jener Theil nicht noch besser ge=
zeichnet seyn könnte. Wie ein schnelles Gewitter,
oder wie die brennende Lava, die von un=
terirdischen Feuerherden losströmt, über alles
siedend und tobend hinsprudelt, reißt sein Enthu=
siasmus unaufhaltsam ihn fort über Ebenen und
Berge, und erlaubt ihm keine Seitenblicke auf
vorkommende Schwierigkeiten zu thun. — Dieß
ist die große Ursache, warum man manchmal so
viel Inkorrektion bey ihm antrift, bey ihm, der
gar wohl zeichnen konnte, wenn die Begeisterung
ihn minder berauschte. — Aber das geschah ziem=
lich selten; denn

Seht ihr den Bergstrom dort nicht? So, wie laut=
                brüllender Donner,
Schießt er, von eigenem Duft umnebelt, die Fel=
                sen herunter
Senkrecht Fall auf Fall. Mit edelm Ungestüm
                hassend
Alle Beschränkung durchgräbt er zwanzig marmor=
                ne Dämme,
                Brei=

Breitet rings um sich aus, bohrt neue Rinnsale,
                                        wälzet
Lasten von Steinen vor sich daher, und frißt an
                                    der Wurzel
Einer hundertjährigen Eiche, die einwärts gebeuget
Nachgiebt dem Stärkern, und lecket anjetzt am sil=
                                    bernen Schaume,
Den ihr stolzer Wipfel zuvor mildthätig beschattet,
Bis durch hundert Krümmungen sich der oft un=
                                    terbrochne
Fluß ins Thal ergießt, und kleine stillflisternde Bäche
Mit Verachtung im hohen Geräusch hellschimmernd
                                    vorbeyrollt.
Seht ihr, kennt ihr den Strom? Er ist der köllni=
                                    sche Rubens,
Er, den Mutter Natur — an ihren Brüsten ge=
                                    säuget —
Ueber den kriechenden Schwall der zitternden Nach=
                                    ahmer aufschwang,
Und hinstellte zum Muster, wie ohne die ängstli=
                                    chen Steige,
Ohne gekünsteltes Regelsystem das freye Genie sich
In dem Maler und Dichter bis zu den Sternen
                                    erhebet.

                                            Al=

Alle Wege sind ihm gebahnt, tragische Sce=
nen, wilde Thierhatzen, und dann muntere Scher=
ze, Feste und Tänze mit Blumen bekränzter Nym=
phen und Satirn, und dann auch die große ländliche
Einfalt in parabisischen Fluren, gefüllt mit zahl=
reichen Heerden.   Doch wessen Feder ist im Stan=
de dem Pinsel des Rubens zu folgen? — Ich
habe genug ausgeschweift, und komme jetzt vom
Maler zum Stecher.   Suyderhoef, der seinen
Lehrer Soutmann übertraf, gefällt dadurch am
meisten, weil er das Malerische der freyen Behand=
lung der Rabirnadel durch den Grabstichel so sehr
unterstützt, daß daraus die schönste Harmonie ent=
springt, und man fast anstehen möchte, ob man
seine Arbeit für rabirt oder gestochen angeben soll.
— Das Blatt, das ich hier beschrieben, und der
größere Engelsturz des Rubens ist, hat eine sehr
beträchtliche Größe, und ich kann nicht umhin, ehe
ich mich davon entferne, auch einen Fehler widers
Kostume zu rügen, der aber den Erfinder angeht.
Warum hat denn Rubens hierinn so viele weibli=
che Figuren angebracht? Da er keinen auch nur
halb vernünftigen Grund, warum er dieß that,
haben konnte, so ist eine Entschuldigung dieses
Fehlers nicht einmal möglich, und dieser Umstand
ist um so weniger erklärbar, als sich in seinem

klei=

kleinern Engelsturze keine Spur eines ähnlichen
Verstoßes findet.

Robert Strange's
Wahl des Herkules, nach Nik. Poussin.

Man darf ein Gemälde des Nik. Poussin vor
die Hand nehmen, welches man will, so entdeckt
man darinn jederzeit sogleich den großen Schüler
der Antiken und des Raphael. — Das gegenwärtige Bild besteht nur aus 4 Figuren. Herkules
steht in der Mitte, die rechte Hand auf seine Keule
gestützt; der linke Arm, über den die Löwenhaut
hängt, ist zurück auf den Rücken gelegt; um seine
Stirne windet sich ein Kranz von Eichenlaube,
und sowohl das Gesicht, als die ganze Stellung
verräth seine große Aufmerksamkeit auf die Lehren der Tugend, gegen die sein Kopf gewendet
ist, und die ihm zur Linken steht. Rechts befindet
sich das Laster oder vielmehr die Wollust, und zu
ihren Füßen steht der kleine Amor mit dem Köcher
auf dem Rücken, wie er mit einer Hand sich an
seiner Mutter festhält, mit der andern dem Herkules Rosen hinauf reichet. Rückwärts der Wollust
ist ein Baum angebracht, daneben sich eine gebir-
gige Gegend in etwas öffnet, und hinterhalb den

beyden

beyden andern Figuren sind schroffichte Felsen.
An der Tugend ist Stellung, Lage der Haare,
Gewand, und Alles höchst einfach. Sie bedarf
keines äußern Glanzes um sich zu empfehlen; da=
her die große Simplicität, die ihr der dichtende
Maler gegeben. — Wie sie da steht, die Gött=
liche, die Rechte erhoben, und mit dem Zeige=
finger auf den Himmel weisend, die Linke leicht
herabgesenkt! das Haupthaar, von einer schmalen
Schleife nachläßig zusammengehalten, wallet sanft
ohne allen Putz den schönen Nacken herunter.
Ernst schwebt auf der kurzen Stirne; das große
Aug, die sanft geblähte Nüsse der Nase, und der
halb geöffnete Mund spricht stolze Verachtung
der Lüste, Genügsamkeit und himmlische Selig=
keit im Bewußtseyn wahrer innerer Größe. Ueber
das ganze herrliche Profil dieses Kopfes ist vielmehr
Seelenhöhe, Friede, und stille Majestät, als ei=
gentlich weibliche Schönheit verbreitet. Der un=
vergleichliche Hals trägt dazu bey die Würde zu
erheben, und die weiße, leichte, dünne, aber
sittsame Kleidung, unter dem keuschen Busen von
einem breiten Gürtel umschlungen, ist ganz an=
gemessen dem jungfräulichen Anstand, der Rei=
nigkeit und Unschuld. Die Faltenwürfe sind un=
vergleichlich. Man kann die Tugend nicht an=

ders

bers vorstellen, als sie Poussin vorgestellet. —
Herkules ist vollkommen gut gezeichnet. Man
kann von ihm beynahe sagen, was Winkelmann
i) von dem schönen Apollo im Belvedere sagt,
„ ein ewiger Frühling bekleide die reitzende
„ (nervöse) Männlichkeit vollkommner Jah-
„ re, und spiele auf dem stolzen Gebäude sei:
„ ner Glieder. " — Herkules, der sein geist-
volles Angesicht, bewachsen mit einem schönen
männlichen Barte gegen die Tugend gewendet
hat, sieht sie gleichwohl nicht an, sondern tief=
sinnig nachdenkend vor sich hin, wie jeder Ab=
strakte thut. Die Muskeln des Gesichtes arbeiten
alle unter der Anstrengung der ernsten Ueberlegung.
Er ist schon mehr als halb überzeugt durch den
ungeschminkten Vortrag ihrer ewigen Wahrheiten.
Die Wollust hat Alles, was sie charakterisiren
kann, so gar bis auf die Haarkräuseley, die Blumen in den Locken, und die minder züchtige Lage
des Gewandes. — Sie geht nicht auf blossen
Füssen wie die Tugend, und in ihrem ganzen
Wesen ist etwas Geziertes. Das Profil des Ko=
pfes ist weiblich schön, aber voll boshafter List
und Frechheit im Auge, voll Lüsternheit im wei=

ten

---

i) S. die neue Ausg. von dessen Geschichte der Kunst des
Alterthums, Wien im akad. Verl. 1776. Seite 814 u. f. w.

ten Munde, und dem kurzen Kinne. Der Hang
nach Müßiggang und Weichlichkeit ist im ganzen
Gesichte und Körper ausgedrückt, so wie auch in
den schalkhaften Mienen und Blicken des Amor.
Indessen hat selbst auch diese weibliche Figur eine ge=
wisse ihr zukommende Würde, die sie vom Pöbel
unterscheidet. Ein anderer Maler, z. B. ein
toller Spranger, hätte der Wollust eine unge=
zogene gaukelnde Stellung, unnatürlich ver=
schränkte Gliedmaßen, und die lächerlichsten Gri=
massen im Gesichte gegeben; er hätte sie zur feil=
sten Dirne und zur schändlichsten Viehmagd her=
abgewürdiget. — Das Verdienst des Kupferste=
chers ist übrigens beynahe so groß, als das des
Malers. Die Richtigkeit und Schönheit der Um=
risse und der Zeichnung, seine kühne Art zu schraf=
firen nebst den wunderlichen oft sich kreuzenden
länglichten Punkten, womit er besonders die
fleischigten Theile und die Muskeln im höchsten
Lichte weich hält, weisen ihm seinen Plaz
unter den Künstlern vom ersten Range an.
Er scheint hier und da den Masson studirt zu
haben, obgleich er von den gewöhnlichen Manie=
ren in vielen Stücken sehr abgeht.

K. Car=

K. Earlom's
Hammer- oder Eisenschmiede, nach Josua Wright.

Wenn ich diese Hammerschmiede des Earlom allen Blättern in der schwarzen Kunst vor-
ziehe, so hat es damit eben dieselbe Bewandniß,
welche es bey der Vergleichung zwischen Edelinks
heiliger Familie, und Maffons Emans hatte.
Maffon war ein größerer Kupferstecher als Edelink, aber Edelink hatte ein größers Original-
gemälde vor sich als jener. — William Pether
übertrift den Earlom nach dem Ausspruche der
Kunstkenner. Allein ob er gleich auch mehreres
nach Jos. Wright, und besonders ebenfalls eine
Schmiede (a Fabriers Sehop.) herrlich gearbeitet: so steht er hierinnfalls doch dem Earlom,
aber nicht weiter, nach, als in wie weit seine
Schmiede der Erfindung der andern, die jener
kopirte, nachsteht. — Das Künstlerlexikon
nennt den Wright einen großen Künstler in Nachtstücken, und rühmt seine Geschicklichkeit im Ausdruck, im Kolorite, im Hellbunkel, und in der
Leichtigkeit des Pinsels; aber es tadelt zugleich
seinen Mangel an gutem Geschmacke, und heißt
seine Figuren plump, und niemal aus der schö-

nen Natur gewählt. Dieses Urtheil ist in Ab=
sicht auf andere Werke von ihm großentheils rich=
tig, und 2 andere Schmieden, davon eben auch
wieder Earlom eine, und die andere, die ich kurz
zuvor genannt habe, worinn ein Gaul vor der
Schmiede angebunden steht, Will. Pether ge=
macht hat, bestättigen es ziemlich. Allein diese
Hammerschmiede, die ich hier zu beschreiben vor=
habe, ist eine so gewaltige Ausnahme, daß ich
vielmehr für so gemeine Leute die Gesichtszüge zu
erhaben finde.

Das Blatt ist nach der Breite und sehr groß.
Einer der Arbeiter hält ein glühendes Stück Ei=
sen mit der Zange über dem Amboß, und neigt
sich auf die Seite, um den Funken auszuweichen.
Der große Hammer ist eben darüber erhöht, und
im Begrif darauf zu fallen; hinterhalb bemerkt
man das Rad, das ihn bewegt, die Feueresse
selbst ist aber stark seitwärts, und nicht eigentlich
sichtbar. — Das ganze Bild hat kein anders
Licht, als das einige glühende Stück Eisen, das
Alles beleuchtet. Ein Alter auf seinen Stock ge=
lehnt sizt im Vorgrunde mit zurückgewandtem
Gesichte; ein Kind stüzt sich mit dem Kopfe und
dem einen Aermchen auf des Alten Schenkel.

Z 2   Hinter

Hinter dem Arbeiter, der das Eisen hält, steht
der Meister selbst mit ineinander verschlungenen
Armen, das Gesicht und den bedeutenden männ=
lich zärtlichen Blick auf das artigste Mädchen,
das ich je geschildert gesehen, gerichtet. Seine
Mütze hängt schief über die Stirne, und bedeckt
das eine Aug und einen Theil der Nase. Neben
ihm ist die Magd (oder soll es seine Frau seyn?
Für diese hat sie mir in Verhältniß mit den an=
dern Figuren zu wenig Edles) im Begriffe das
eben genannte Kind fortzutragen, das sich über
ihre Achsel zurücklehnt, und schalkhaft lächelt.
Dieses Köpfchen ist ganz das wahre Ideal der
kindischen Lebhaftigkeit, unschuldigen Heiterkeit,
und Schönheit; das Feuer der Jugend blitzt so
zu sagen aus den Augen. Um die Magd schlingt
sich ein größeres ohngefähr siebenjähriges Mäd=
chen, das neben ihr steht, und sie im Gehen auf=
halten zu wollen scheint. Auch dieß Mädchen ist
schön, und voll Munterkeit; hinter ihnen ist ein
zottichter Hund. — Die Wirkung von Licht und
Schatten ist unbegreiflich und unmöglich zu be=
schreiben, eben so wenig, als der helle sprüende
Glanz des glühenden Eisens, dem man nahe zu
kommen fürchtet. Die wegspritzenden Funken und
der dünne Rauch, der davon aufsteigt, erheben
die

die Wirkung noch mehr. — Es kann nichts
schöners in der Art geben als diesen Kupferstich,
und wo ist wieder eine andere Manier, die den
Nachtstücken so gut zu statten kömmt, wie die
schwarze Kunst? — Dieses Bild ist übrigens sehr
theuer, kam beym Verleger Boydell 1778 her=
aus, und hat den Titel: An Iron Forge. —
Auch ein, gewisser Green, der sich heut zu Tage
ziemlich auszeichnet, hat sonst viel nach Wright
gearbeitet. — Das eben recensirte Blatt besitzt
hier meines Wissens Niemand als der Hr. Graf
von Leibelfing, der es mir gütigst zur Einsicht
mittheilte, so wie auch das vom Strange und
Porporati.

Chodowiecki's Calas; Livens Lazarus; Por= porati's Tod Abels nach Abr. van der Werf, und Corn. Ploos.

Allen diesen Meistern kann ich nicht mehr,
wie ich wohl Anfangs gesinnet war, jedem einen
eigenen Artikel widmen. Der Verleger und der
Buchdrucker dringen zu sehr in mich meine Ab=
handlung abzukürzen, und die Herausgabe dieses
Bandes zu beschleunigen. Mithin muß ich sie
schon kurz zusammenfassen, und das kann ich um

so

so eher, als von ihnen ohnehin schon oft genug
Meldung geschehen.

Chodowiecki sey der erste. — Sein Johann Calas, den mir Hr. Graf v. la Roſee zur
Einſicht erlaubte, iſt ein Meiſterſtück von der erſten Klaſſe. — Er hat uns gezeigt, daß man
um erhabene Vorſtellungen zu liefern nicht immer
Götter, Halbgötter, Helden und Prinzen wäh-
len müſſe. Er hebt ſeinen Helden aus dem Mit-
telſtande aus, und ſchildert die gefühlvollſte Scene
aus der Geſchichte eines Mannes, davon Zeitungen und Jahrsbücher, Memoiren und Poeſien
voll ſind. —— In unſers ſo empfindſamen
und großen Dichters C. F. Weiße 5ten Theil
ſeiner Trauerſpiele kann man Alles umſtändlich
leſen, und das Trauerſpiel Calas ſelbſt hat die
ganze bis zu Thränen rührende Handlung, wie
ſie Chodowiecki groß und edel gruppirte, ohne
was daran zu ändern, in des 5ten Aktes 4 Auf-
tritt aufgenommen, und dieß ſo gar in einer
Anmerkung S. 298 angeführt. — Dorthin alſo
verweiſe ich den Leſer, Oder ſoll wohl ein Liebhaber des ſchönen Geſchmackes unter uns ſeyn,
der einen Weiße nicht kennt? — Bisher hatte
man immer irrig geglaubt, daß die modernen

Trach-

Trachten und Moden sich für das große Historische
nicht schickten. Allein Chodowiecki hat diesen Irr=
thum am gründlichsten durch seinen Calas wi=
derlegt. Es kömmt nur darauf an, wer
es in seiner Gewalt hat, aus Allem Alles
zu machen, die Freyheit und die Rechte der
Natur zu handhaben, und nichts unbenutzt
zu lassen. — Unter uns kennt man dieses herr=
liche Bild meist nur aus der Kopie in gleicher
Größe und schwarzer Kunst vom Herrn Haid in
Augsburg. Doch so gut auch diese Kopie ist,
so ist der Originalstich gleichwohl weit vortrefli=
cher, und noch besser dünkt mich die nochmalige
Bearbeitung dieses Gegenstandes in Chodowie=
cki's gewöhnlichem sehr kleinen Formate, (er ist,
wie ich schon bemerkt habe, darinn immer glück=
licher) so wie sie vor dem 5ten Bande der wei=
ßischen Trauerspiele erscheint. Da hat er in der
Gruppe des Hintergrundes um eine Figur mehr
angebracht, den einen Fuß, den Kenner sehr ver=
zeichnet gefunden, verbessert, und die Expression
im Gesichte des Calas und seiner Tochter, die
sich über ihn neigt, noch rührender erhoben,
obgleich der freye Schwung der Radir=
nadel, der auf der größern Platte herrscht,
hier freylich nicht statt haben kann, und auch die

Dun=

Dunkelheit des Hintergrundes, und der ganze starke Ton zu sehr, ich weis nicht warum, im Kleinen verändert erscheint, und überhaupt wegen der Form die Parthien näher zusammen gerücket sind. — Bey dem Nachdrucke dieses 5ten Ban= des findet sich eine schlechte Kopie dieses kleinern Originals.

Johann Livens hat eine sehr kostbare und seltene Erweckung des Lazarus im Geschmacke Rembrandts, oder nach Rembrandt, wie einige wollen, in größerm Formate radirt. Klopstock recensirt dieß Blatt in seinen kleinern poetischen und prosaischen Schriften S. 201, und schreibt es geradehin dem Rembrandt zu. Hier sind seine Worte: „ Wer kann einem Rembrandt „ widerstehen, wenn in einer seiner Arbeiten „ der Erlöser in einem weiten und hohen „ Todtengewölbe mit der Stille, und der „ Majestät der Allmacht steht, und weit un= „ ter seinen Füssen der erwachte Lazarus seine „ Arme (nur diese sieht man) aus einem tie= „ fen Grabe nach seinem großen Helfer em= „ porstreckt." — Jedermann sieht beym ersten Anblicke, daß dieß Livens Lazarus ist, und es kömmt nur darauf an, ob vielleicht Klopstock eine

eine Originalzeichnung, oder ein Gemälde des
Rembrandt gesehen, welches etwa Livens nach=
rabirt hatte; denn die bekannte Erweckung, die
Rembrandt selbst herausgegeben, ist eine ganz
andere Zusammensetzung, und, bis auf den Er=
löser selbst, in meinen Augen auch besser. Licht
und Schatten sind dort schöner vertheilt, die Fi=
guren artiger gruppirt, und es ist mehr Interesse
in den Köpfen, obgleich die meisten Stellungen
etwas ins Manirte fallen, und ihnen die edle
Simplicität fehlet. Diese herrscht hier im Li=
vens ganz, und ich sehe All das darinn, was
Klopstock gesehen. Aber nicht alle Augen beob=
achten auf gleiche Art. Ich weis Kenner, die
gerade den Heiland für die schlechteste Figur die=
ses Blattes halten, da sie jenen im Rembrandt,
dessen Kopf Profil ist, und der den einen Arm
hoch erhebt, und den andern auf die Hüfte stützt,
unendlich höher schätzen. — In Livens Laza=
rus mißfällt mir der Kopf des Weibes, das die
Leichentücher wegnimmt, gar sehr, und die lan=
gen zu häufigen Stralen, die um den Sohn
Gottes das ganze hohe Gewölbe ausfüllen, fallen
beynahe ins Kindische.

Aa   Der

Der Tod Abels, den Porporati nach Adr.
van der Werf gestochen, ist in Absicht auf die Zärt=
lichkeit seines Grabeisens, und den weichen Ton ein
gar schätzbares Blatt. Auch die Erfindung und Kom=
position ist groß und edel. Abels Kopf ist völlig an=
tik, und seine Stellung wohl gewählt, aber an der Zeich=
nung könnte man ein und anders aussetzen. So=
gar die Kleinigkeit, daß der todte Abel an der
Hand des einen ausgestreckten Armes den Zeige=
finger so zierlich hinhält, beleidigt mich. Der
Schmerz der Menschenmutter ist im Gesichte, und
der ganzen schönen Figur ungemein rührend aus=
gedrückt, und ich würde dieses Blatt, auch in
Absicht auf die Erfindung, unter die vornehm=
sten in der Welt zählen, wenn Vater Adam mir
nicht so sehr mißfiele. Stellung, Miene, Af=
fekt, Alles ist gezwungen, und das Aug steckt
förmlich verkehrt im Kopfe.

Das Werk des Corn. Ploos, davon ich so
oft geredet, und das allhier nur unser erlauchte
Herr Graf v. Haimhausen besitzt, wird noch
immer durch neue Blätter vermehrt. Der Künst=
ler dedicirte es dem Bürgermeister von Amster=
dam Jonas Witsen den 1. Februar 1765, und
sein jüngstes hier bekanntes Blatt (ihre Anzahl
be=

beläuft sich bisher auf 30) ist nach Terburg und
vom Jahre 1779. — Er arbeitet nach nichts
geringerm als Rubens, van Dyk, Rembrandt,
Ger. Douw, Mieris, Abr. Bloemaert, Osta-
de, Brouwer, Tenier, Berghem, Wouwer-
man, Miel, van Goyen, u. s. w. meist lauter Gemälden, oder Handrissen, die seine eigene
Sammlung zieren. — Seine Manier habe
ich hinlänglich beschrieben, und der Augenschein
sagt hier mehr, als alle Beschreibung.

Ich kann also jetzt füglich schließen, und
meine Leser werden es vergeben, wenn bey aller
Aufmerksamkeit und Nachforschung gleichwohl ein
und anderer berühmter Meister, oder dessen vorzüglichste Arbeit mir entgangen ist. Eine zweyte Auf-
lage, wenns je dazu kömmt, soll keine Lücke mehr
übrig lassen, und vermuthlich um ein paar Abschnitte stärker werden. — Neu konnte ich nicht immer seyn, und mußte vieles, wie in dergleichen
Schriften nicht anders möglich, nachsagen. Aber
ich wählte größtentheils einen andern Standpunkt,
und wahrhaft neu, und ganz mein eigen ist doch
ein starker Drittheil des Werkchens. — So viel
sey wegen jenen erinnert, die außer der Neuheit
kein Verdienst gelten lassen.

www.ingramcontent.com/pod-product-compliance
Lightning Source LLC
Chambersburg PA
CBHW030913270326
41929CB00008B/681